これからの小学校英語教育
―理論と実践―

編集委員長
樋口忠彦

編集委員
金森 強・國方 太司

研究社

はしがき

　グローバル化、情報化の進展にともない、世界の多くの国々で外国語教育の改革・改善が進められている。そしてこの改革・改善のひとつの柱は、小学校での外国語教育の実施である。これは、この時期の子どもたちは外国語や外国文化に対する興味・関心が高く、外国語のコミュニケーションの基礎的な能力や、外国文化や自国文化に対する望ましい態度を育成する上で、適齢期であるという考えに基づくものであろう。

　我が国では、平成14年度から「総合的な学習の時間」で国際理解の一環として英語活動が実施されるようになり、文部科学省の平成17年2月の調査によれば、全国の小学校のうち92.1%で実施されている。このように英語活動実施校が増加する中、中央教育審議会教育課程部会の外国語専門部会で、昨年4月から小学校教育課程における英語の位置づけ、在り方について審議が続けられている。当初、外国語専門部会の答申は、平成17年3月になされる予定であったが17年秋に延期され、最近ではさらに延期されるのではないかと予想されている。答申の遅れは、問題の難しさを如実に示しているようだ。

　ところで、日本児童英語教育学会（JASTEC）関西支部プロジェクトチームでは、平成14年に中・高の英語教員を対象に、また平成16年には小学校の教員を対象に、「小学校における英語の教科化に対する意識調査」を実施した。興味深いことに、小学校の教員、中・高の英語教員とも、「教科化に賛成」が圧倒的多数であったが、その大半は「条件つき賛成」であった。また、小学校の教員と中・高の英語教員があげた教科化の条件はほぼ同様な傾向を示していた。すなわち、小・中・高の英語教育の役割、枠組みを明確にすること、小学校では英語学習に対する興味・関心を高める音声中心の体験的な英語教育を実施すること、担任に研修の機会を十分与えるとともに、小学校の英語教育で中心的な役割を果たす専科教員の養成を計画的に実施すること、などである。教科化には、これら以外にも解決すべき課題がたくさんある。

　小学校英語教育をめぐって留意すべきは、日本のすべての子どもたちに充実した外国語教育を与えなければ、21世紀を地球市民として生きる子どもたちに大きなハンディを背負わせることになるということである。したがって、

今、私たちがなすべきことは、総合の時間の枠内での英語活動の充実化であれ、「コミュニケーションの時間」といった「道徳」などのような「領域」扱いであれ、子どもたちが豊かな外国語学習、異文化学習体験を味わうことができるよう実り多い英語教育を築き上げていくこと、同時に、教科化を実現するために解決すべき課題を計画的かつ着実に解決していき、できるだけ早い時期に教科化することである。

本書はこのような考えに基づき、小学校英語教育の理論研究や実践に長年に渡って携わっておられる先生方に、最新の研究や実践の成果を踏まえて、具体的かつ簡潔に執筆していただいた。本書を通して、小学校の英語教育の現状を把握し、より充実した英語教育展開のためのヒントを得ていただくとともに、これからの小学校の英語教育の在り方や方向性を考えていただけるはずである。小学校で英語教育に関わっておられる先生方、小学校の英語教育に関心をお持ちの中・高・大の先生方、また、将来、小学校の教壇に立つことを希望する学生諸君に、是非、お読みいただきたいと思っている。

次に、本書刊行の過程とお世話になった方々を紹介し、感謝の意を表わしておきたいと思う。

本書全体の内容構成は、樋口が金森 強、國方太司の両氏の協力を得て行い、次の方々に各章の責任者として、担当章の執筆者の人選、内容調整、用語の統一等にあたっていただいた。

1章 樋口忠彦 2章 金森 強 3章 塩澤 正 4章 國方太司 5章 金森 強 6章 矢次和代、國方太司 7章 小泉清裕 8章 築道和明、樋口忠彦 9章 片桐多恵子 10章 大城 賢 11章 樋口忠彦 資料 後藤典彦

最後に、本書は1980年11月に設立された日本児童英語教育学会（JASTEC）の設立25周年記念事業のひとつとして企画したものであるが、本書の刊行をお引き受けいただいた㈱研究社社長 荒木邦起氏に、心より感謝申し上げる。また同社編集部の津田 正、白崎政男の両氏には、本書の企画段階、編集作業の段階で、貴重な助言や細やかな配慮を賜った。ここに厚くお礼を申し上げる。

平成17年9月

編集委員長　樋　口　忠　彦

も く じ

はしがき ……………………………………………………………… iii

1章　諸外国における小学校外国語教育 …………………… 1

1. 中国の小学校外国語教育　1
2. 韓国の初等学校外国語教育　6
3. 台湾の小学校外国語教育　11
4. EU およびスペインの小学校外国語教育　15
5. イギリス(イングランド)の小学校外国語教育　20
6. アメリカの小学校外国語教育　24
7. カナダの小学校外国語教育——オンタリオ州を中心に　28

2章　小学校の英語(外国語)教育で目指すもの ………… 34

1. 小学校の英語(外国語)教育で目指すもの　34
2. 小学校英語(外国語)教育の位置づけと役割　42

3章　関連分野の知見と小学校英語教育への示唆 ……… 50

1. 第二言語習得研究から　51
2. 神経言語学から　56
3. 国際理解教育、異文化コミュニケーションから　61
4. 発達段階と学習心理学から　67

4章　小学生に英語を指導するために知っておきたい教授法 ……………………………………… 74

1. Oral Method (オーラル・メソッド)　74
2. The Comprehensive Approach (聴解アプローチ)　81

3. The Communicative Language Teaching（伝達中心の教授法）　85
　　4. Content-Based Instruction（内容重視の指導法）　90

5章　指導目標、年間指導計画の作り方と具体例 ……… 98

　　1. 指導目標・年間指導計画作成上の留意点　98
　　2. 全体指導目標と低・中・高学年別指導目標の具体例　101
　　3. 年間指導計画の具体例（1年生〜6年生）　105

6章　発達段階にふさわしい活動と活動の進め方 ……… 120

　　1. 歌・ライム・チャントと早口言葉　120
　　2. 新教材導入の方法　123
　　3. クイズ・ゲーム　126
　　4. 絵本の読み聞かせ　130
　　5. 自己表現・コミュニケーション活動の進め方　133
　　6. 文字の導入とリーディング、ライティング指導　138
　　7. 他教科の内容の利用　140
　　8. 国際理解を促す活動　145

7章　児童が主体的に活動する授業運営のための指導技術 ……… 150

　　1. クラスルーム・イングリッシュの活用　150
　　2. いろいろな学習形態の活用法　156
　　3. 視聴覚教材・TV番組の活用法　163
　　4. パソコンの活用法　167

8章　よりよい授業を展開するために──基礎編 ……… 172

　　1. 授業過程の基礎・基本　172
　　2. 学習指導案の作り方　177
　　3. 学習指導案例と授業の実際　180
　　3.1　低学年　180

3.2　中学年　185
　　3.3　高学年　190
　4.　評価の生かし方　195
　　4.1　評価の基礎・基本　195
　　4.2　児童の動機づけのための評価　199
　　4.3　授業改善のための評価　201

9章　よりよい授業を展開するために——発展編　206
　1.　単元学習の進め方と展開例　206
　2.　調べ学習の進め方と展開例　211
　3.　国際交流活動の進め方と展開例　216

10章　指導者と指導者の研修・養成　222
　1.　望ましい指導者の資質・能力を考える　222
　2.　専科教員、担任、ALT、中学校英語教員の役割を考える　226
　3.　指導者研修プログラムを考える　229
　4.　指導者養成プログラムを考える　233

11章　これからの英語教育の方向
　　　——小・中・高一貫の英語教育を考える　237
　1.　諸外国における小・中・高一貫の外国語教育　237
　2.　ナショナル・シラバス試案の構成、内容案　240
　3.　ナショナル・シラバス試案の外国語教育の理念と教育課程　241
　4.　小学校ナショナル・シラバス試案　242
　5.　中学校ナショナル・シラバス試案　247
　6.　高等学校ナショナル・シラバス試案　252
　7.　小・中・高における指導内容　257

資料：JASTEC 25年の歩みと今後の課題　265

執筆者一覧 （五十音順）

（執筆箇所）

氏名	所属	執筆箇所
井狩　幸男	（大阪市立大学大学院准教授）	3–2
泉　恵美子	（京都教育大学准教授）	1–1, 11–5
今井　京	（石川県教育センター指導主事）	9–2
梅本　龍多	（河内長野市立高向小学校教諭）	5–2, 5–3
大城　賢	（琉球大学教授）	10
大村　吉弘	（近畿大学教授）	1–6, 11–6
小川　恵子	（玉川学園小学部教諭）	9–1
加賀田哲也	（大阪商業大学教授）	1–3
掛谷　舞	（近畿大学准教授）	1–5
片桐多恵子	（中部学院大学副学長）	
金森　強	（松山大学教授）	2, 5–1
木地山博美	（浜田市立三隅中学校校長）	8–4–2, 8–4–3
衣笠　知子	（近畿大学非常勤講師/衣笠英語教室）	1–2, 11–4
國方　太司	（大阪成蹊大学教授）	4–2, 4–3, 6–2
國本　和惠	（広島女学院大学非常勤講師/子供英語）	6–3, 6–5
久埜　百合	（中部学院大学客員教授）	4–4
小泉　清裕	（昭和女子大附属昭和小学校教頭）	7–3, 7–4
後藤　典彦	（編集著述業）	資料
小山　俊英	（旭川市立北光小学校教諭）	9–3
塩澤　正	（中部大学教授）	3–1, 3–3
多田　玲子	（神戸親和女子大学非常勤講師/G.E.T.）	6–6, 8–3–3
田辺　義隆	（近畿大学准教授）	1–4
築道　和明	（広島大学教授）	8–1, 8–4–1, 8–4–2, 8–4–3
Tom Merner	（麗澤大学非常勤講師/マーナー英語教室）	7–1
野田かなえ	（前・中部学院大学特任講師）	8–3–1
箱﨑　雄子	（追手門学院大学准教授）	1–7
長谷川信子	（PLS 小学校英語教育研究所）	6–8, 8–3–2
樋口　忠彦	（近畿大学教授）	8–2, 11–1, 11–2, 11–3
藤田　直也	（近畿大学教授）	11–7
箕浦　永生	（English House 校長）	3–4
矢次　和代	（聖セシリア幼稚園）	6–1, 6–4, 6–7
大和美恵子	（桜の聖母学院小学校教諭）	7–2
渡邉　一保	（奈良教育大学教授）	4–1

3章 (p. 60 参照)

〔図1〕 fMRI による母語と第二言語の関係（Kim et al., 1997）

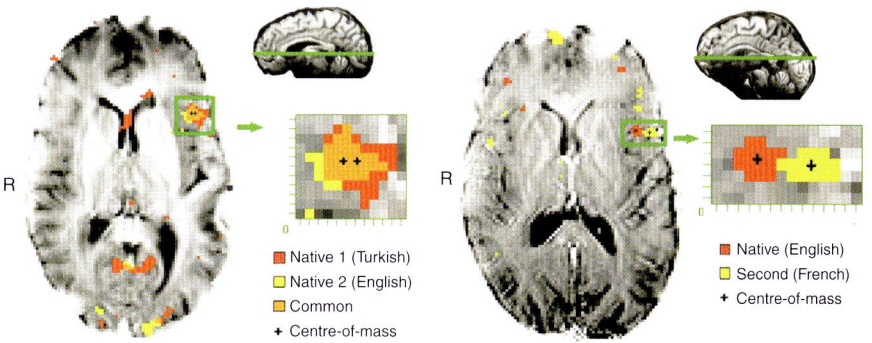

3章 (pp. 60–61 参照)

〔図2〕 脳における言語中枢

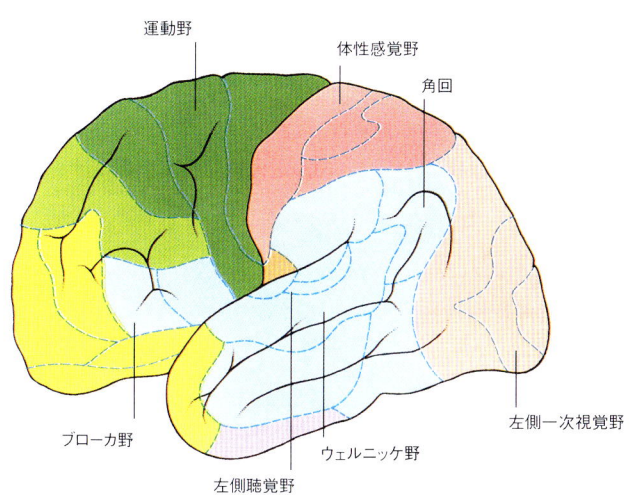

6章(p. 139 参照)

　絵本（*I Spy*: Creative Teaching Press, 1999）を読めるようになった児童が、絵本の文の単語を一部置き換えて自分のストーリーを作り、絵を描いて自分の絵本作りをした例。

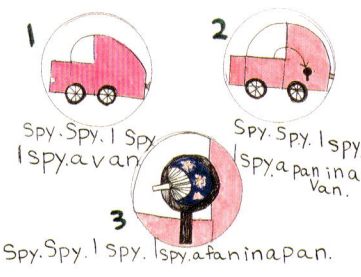

1章　諸外国における小学校外国語教育

　前世紀末、1999年のケルン・サミットで21世紀の教育に関して出された「ケルン憲章」の中で、「グローバル化が進展した世界において、異なる文化への理解の向上や流動性のための外国語学習の増進を図ること」が謳われた。この呼びかけに呼応するかのように、世界の多くの国や地域で外国語教育の改革・改善が進められているが、改革・改善の主要な柱のひとつは、外国語の習得やコミュニケーション、異文化理解に対する積極的な姿勢を育成する上で適齢期であると考えられる小学校からの外国語教育の導入、実施である。

　本章では、日本の小学校英語教育が、現在、直面している課題を解決するヒントを得るために、小学校の外国語教育に積極的に取り組むいくつかの国や地域の現状を概観する。

　まず、日本と外国語教育の条件や環境が近い中国、韓国、台湾といった近隣諸国、次に、民族、言語、文化等がさまざまな加盟国が「多様性の中の統合」を目指して外国語教育を展開するEUと加盟国のひとつであるスペイン、最後に、同じ英語圏にありながら外国語教育に対するスタンスが異なるイギリス、アメリカ、カナダ・オンタリオ州の小学校外国語教育について、以下の項目を中心に簡潔に紹介する。

1. 現状（教育課程における位置づけ、クラスサイズ等）
2. 指導者の研修、養成
3. 指導目標
4. 到達目標
5. 指導内容
6. 教材と指導法
7. 評価

1節　中国の小学校外国語教育

1.　現　状

　中国では、社会の情報化と経済のグローバル化の進展に伴い英語の重要性

が高まったとして、2005年9月(北京市は2003年9月)の新教育課程完全実施を目指し、2001年9月より『小学英語課程教学基本要求(試行)』『全日制義務教育普通中等学校英語課程標準』(以下 課程標準)による教育が試行されている。そして小学校3年から英語を導入し、9年間の初等・中等教育一貫のカリキュラムの中で、実践的な運用力の育成を目指している。

〔表1〕 学年別: 目標言語・時間数・クラスサイズ

学年	目標言語	時間数(年間34週)	クラスサイズ	備 考
3 4	英語	週20分×4回	平均50名 (最大限40名 とすべき)	英語必修 短時間の授業主体
5 6	英語	週20分×2回+ 40分×2回以上		英語必修、長時間と短時間の授業の組み合わせを奨励

2. 指導者の養成と研修

中国では学校種により教員養成機関が異なり、小学校教員は中等師範学校で養成される。ただし、北京市では小学校教員養成機関の大学への格上げにより首都師範大学地方教育学院などに変わっている(木村、2002: 44)。英語を教える教員は資格が必要であり、都市部は教員が多いが、農村部は少ないため、教員の不足を学校間で融通を利かせたり、退職者を活用したり、学級担任と師範学校の学生をアシスタントにすることなどで補っている。

現職教員研修は、教育学院、教師研修学院、教師研修学校、師範学校、教育大学内の研修コースなどの研修機関や、「中国教育テレビ」で研修番組を流すなど、サテライトテレビやインターネット、マルチメディアによる遠隔通信教育などで行われ、修了すれば師範学校卒業と同等の学歴が認められる(沖原、2004: 65)。また北京市では、多くの教員が勤務修了後大学の夜間コースなどに通いながら学位取得を目指しており、現職小学校教員研修では、全員が英語力向上科目、英語教授法理論科目、一般教育理論科目の3つの領域にわたり科目を履修しなければならない(木村、2002: 44–45)。

3. 指導目標

課程標準によると、「英語教育は、生徒が英語の学習や実践活動を通じて、段階的に英語知識と技能を獲得し、英語を実際に使用する能力を高める過程であり、また、生徒が視野を広げ、思考力を開発し、個性を育てる過程でも

ある」とし、以下のことがらを英語授業の目的としている。
- 生徒の英語学習意欲を引き出し、学習に対する自信を持たせ、良い学習習慣と効率的な学習方法を身につけ、自主的に学習する能力と協力する精神を発揮させる。
- 生徒に一定の英語基礎知識と、「聞く、話す、読む、書く」の4技能を育成し、一定の総合的な言語使用能力を養成する。また、生徒の観察力、記憶力、思考力、想像力と創造的な精神を育て、生徒に世界および中国と欧米との違いを理解させ、視野を広げさせ、愛国主義精神と人生に対する考えを育て、生徒の生涯にわたる勉強と発展の土台を築く。

4. 到達目標

課程標準の中で、言語技能(4技能)について9段階レベルの到達目標をあげている。3・4年生で1級を、5・6年生で2級を、7～9年生でそれぞれ3、4、5級を目標とし、後期中等学校段階では、6、7、8級の目標に到達するように設定されている。9級は、外国語学科を有する学校と英語に重点を置く学校の生徒が卒業時に達する目標である。また、言語知識(音声、文法、単語、機能、話題)、意欲・態度、学習ストラテジー、文化理解に関しても、2、4、8級について到達目標をあげている。表2に2級の到達目標を示す。

5. 指導内容

- 題材：数字、色、時間、天気、食品、服装、玩具、動植物、身体、家庭、学校、友達、文化、スポーツ活動、祝祭日など。
- 機能：挨拶、別れ、感謝、謝罪、紹介、お願いなど。
- 単語：600～700の単語と50前後の慣用句。
- 発音：綴りを見て発音、簡単な発音規則やアクセントの理解、明瞭な発音、自然なイントネーション。

6. 教材と指導法

入門期には「聞く」「話す」の豊富な経験を通して、良好なオーラル・コミュニケーションの基礎を固めることとし、授業は英語で進めることが奨励されている。遊びを中心とした体験的学習が重視され、チャントや歌、遊びやゲームなど活動中心の授業や、マルチメディアといった多様で興味を引く教育媒体を適切に活用することも推奨されている。教材は、教員の力量や格

〔表2〕 2級：小学校修了時の到達目標（内容標準）

聞くこと		① 絵、画像、ジェスチャーなどを頼りに、簡単な単語あるいは内容を理解することができる。 ② 簡単な短い物語の内容を理解することができる。 ③ 教室の活動の中で簡単な質問を理解することができる。 ④ 指示された内容を理解し、適切に反応することができる。
	［遊んで演じる、視聴］	① 簡単なゲームをすることができる。 ② 教師の助けのもとでスキットや童話の劇を演じることができる。 ③ 30～40曲の歌や簡単な詩に合わせて演じることができる。（1級の要求内容も含む） ④ 英語の歌30～40曲を歌うことができる。（同上） ⑤ 簡単な英語アニメなどの教育番組を見て理解することができる。小学校全学年で少なくとも10時間（週平均20～25分間）は視聴する。
話すこと		① 発音やアクセントが適切である。 ② 身近な人や家庭状況について短い対話をすることができる。 ③ 日常生活の決まり文句を使うことができる。（挨拶、送別、お礼を言う、謝るなど） ④ 教師の手助けのもとで簡単なスキットを行うことができる。
読むこと		① 学習した単語を読むことができる。 ② 綴りの規則に従って、簡単な単語を読むことができる。 ③ テキストの簡単な内容と指示を読んで理解することができる。 ④ お祝いカードなどに書いてある簡単な情報を読んで理解することができる。 ⑤ 絵を参考にして簡単な話や文を読み、意味を理解することができる。 ⑥ 学習した話または短い文を音読することができる。
書くこと		① 例文を参考にして文を書くことができる。 ② 簡単な挨拶文を書くことができる。 ③ 与えられた絵や実物に関して簡単な見出しや文を書くことができる。 ④ アルファベットの大文字・小文字、句読点を正確に使うことができる。
文化理解		① 英語の最も簡単な、人称、挨拶、別れなどの用語を理解できる。 ② 譽める、お願いするなどに対して、適切な反応ができる。 ③ 国際的に最も重要な文化やスポーツ活動を理解できる。 ④ 英語圏の国々で日常的に用いられている普通の飲み物や食品の名前を理解できる。 ⑤ 英語圏の主な国々の首都と国旗を理解できる。 ⑥ 世界中の主な国々の重要な象徴（シンボル）を理解できる。 ⑦ 英語圏の国々の最も重要な祝祭日を理解できる。

差を補うため検定教科書には生徒用練習帳、ワークブック、CDやテープがついており、教具や視聴覚教材などの支援ツールも完備されている。

　また、レベルに応じた授業事例を数例あげ、活動目的や手順を具体的に示しており、わかりやすく効果的であると考えられる。例えば、1～2級の事例では、学校の建物の位置を示したカードを貼り、絵を見て school, playground, classroom, office, multimedia room, library, language lab などの単語を言ったり、場所を指し示したり、平面図を用い他の生徒に学校の建物の場所を紹介する(例：This is the playground. It is small, but I like it.)といった活動をあげ、実際の状況に即して協力しながら学習を行わせようとしている。

　授業の留意点として、以下の点をあげている。
- すべての生徒を対象として総合的な生涯学習の基礎を築く。
- 生徒の情緒面に注目し、ゆとりのある民主的で和やかな授業雰囲気を作り出す。生き生きとした授業外活動を行い、生徒の英語学習を促進させる。
- 「課題解決型」の学習活動を提案し、生徒の総合的な言語運用能力を養う。
- 生徒の文化的視野を広げ、異文化コミュニケーションの理解と能力を高める。
- 授業の頻度と時間数を増すことによって授業効果を上げるという原則により、授業効果と質を保証する。

7. 評　価

　評価は目標実現のための重要な一部であるとし、教育の質の管理のための評価体制を確立しており、参考として評価事例をあげ、指導と評価の一体化を目指している。また、評価の留意点として以下の点をあげている。
- 課程標準の目標と要求に基づき、授業全体の流れと成果に対して効果的な評価を行い、主体である生徒に学習の進歩と成功を体験させ、自己を認識させ、自信をつけさせ、総合的な言語運用能力を発揮できるようにさせる。
- 教師は、適切な方向に授業を調節して授業レベルを高める。学校は、随時、課程標準の進捗状況を把握し、授業管理を進めて英語課程の発展とさらなる充実に役立てる。
- 英語課程の評価システムにおいては、評価の主体と評価形式を多様にする。(例：授業の学習活動評価、学習効果に対する自己評価、学習ファイル、アンケート、インタビュー、父母による生徒の学習状況の評価、テスト)
- 評価は、生徒の総合的な言語運用能力の発達過程と学習効果を重視し、評

価結果が授業効果に与える波及効果を大切にする。その際生徒の成績は公表せず、試験成績で順位づけなどをしない。

8. 課題と展望

中国は、北京、上海などの大都会で見られるように英語教育が小学校1年生から始まっているところもある一方、英語教員の不足などにより十分な環境が整わず、外国語教育が行き届いていない地域も多い。現時点でもすでに地域格差が激しく、統一した教育レベルを維持する上で大きな問題となっている。また、課程標準を作成し、全土での完全実施を目指しているが、徹底させるには困難と時間が伴うと考えられる。しかしながら、外国語教育における確固とした教育理念と目標、役割を提示し、その上で小学校3年から10年間の一貫した到達目標を定め、英語を含めた外国語能力育成を目指す言語政策と教育体制を意欲的に進めようとしていることは明白であり、今後、都市部を中心として成果が徐々に表れるのではないかと思われる。

2節　韓国の初等学校外国語教育

1. 現　状

韓国では、侵略に苦しんだ歴史的必然性と今日の国際競争力強化の実利的必要性があいまって、外国語教育が重視されている。高等学校では英語の他に7カ国の外国語科目が設けられており、中学校でも必修科目の英語に加えて、2001年度より教科裁量活動の選択科目の一つとして第二外国語(7カ国語)の実施が可能となっている。

初等学校の外国語教育は、英語が1982年に特別活動として、1997年には3年生から教科として導入された。現行の第7次教育課程は、初等学校1年から高等学校1年まで10年一貫の「国民共通基本教育課程」と、高等学校2・3年の「選択中心教育課程」で構成され、英語の意思疎通能力の育成を目

〔表3〕　学年別：目標言語・時間数・クラスサイズ

学年	目標言語	時間数	クラスサイズ
3, 4年	英語	週1時間(1時間は45分)［年34時間］	平均32.9名
5, 6年	英語	週2時間(1時間は45分)［年68時間］	平均32.9名

指して、初・中・高一貫教育が進められている。韓国の小学校外国語教育の現状を表3に示す。

2. 指導者の養成、研修

韓国の初等学校では、英語教育が導入された当初はクラス担任が担当していたが、現在では英語がより得意な教員が他クラスの授業も担当したり、英語専科教員が担当する方向にある。いずれにせよ、ALTに過剰に頼らず自国の教員が担当することを目指す韓国においては、教員養成・研修制度は充実している。例えば、仁川教育大学では以下の通りである。

初等学校の教員養成では、英語専攻課程は7科目21単位で、初等英語教育論、実用英会話Ⅰ・Ⅱ、発音指導法、Listening/Speaking、Reading/Writing、英語学概論である。英語力育成と英語指導法中心の構成である。

また現職教員対象に、大学院修士課程が夜間(週2回、各3時間)と休暇(16日間集中)の2コース設けられている。さらに大学院以外にも、夏期・冬期休暇中に基礎・上級(深化)コース、各20日間、合計245時間の研修が実施されている。基礎コース120時間のうち、58時間は英会話で、他は、理論12時間、指導法15時間、実践例16時間、実習15時間、他4時間と理論と実践がともなった内容である。また上級コースは、英会話78時間、理論と実践に関わる講義、演習が47時間、合計125時間である(木村、2001: 2–3)。

3. 指導目標

音声言語活動を中心に4技能の運用能力の育成を目指している。初等学校3年から高等学校1年まで一貫した指導目標は、次の4項目である。
① 英語に興味と自信を持ち、意思疎通を図れる基本能力を養う。
② 日常生活と一般的な話題に関して無理なく意思疎通ができる能力を養う。
③ 外国の多様な情報を理解し、これを活用できる能力を養う。
④ 外国文化を理解した上で自国の文化を新たに認識し、正しい価値観を養う。

4. 到達目標(4技能「成就基準」)

初等学校3年から高等学校1年まで、学年ごとに、4技能の到達目標と学習内容を合わせた「成就基準」を提示している。初等学校6年の基本課程の

成就基準は表4の通りである。なお、3年生では「聞く」「話す」の2領域のみで、4年生から「読む」、5年生から「書く」が指導されている。

〔表4〕 基本課程の6年生の4技能到達目標（成就基準）

聞くこと	① 日常生活に関するごく簡単な内容の話を聞き、意図や目的を理解する。 ② 簡単な対話を聞いて、主題を理解する。 ③ 簡単な話を聞いて、細部事項を理解する。 ④ これから起こる出来事に関する簡単な話を聞いて、理解する。 ⑤ 理由を尋ねて答える平易な対話を聞いて、理解する。 ⑥ 対象を比較する平易な話を聞いて、理解する。 ⑦ 簡単な電話での対話を理解する。
話すこと	① 日常生活に関するごく簡単な話を聞いて、その内容について尋ねたり答えたりする。 ② 日常的な話題について自分の意見を簡単に述べる。 ③ 簡単な対話を聞いて主題を話す。 ④ 簡単な話を聞いて細部事項を話す。 ⑤ 過去の出来事、これからすることなどについて簡単に尋ねたり答えたりする。 ⑥ 事実に関して簡単に理由を尋ねたり、答えたりする。 ⑦ 簡単な電話での対話をする。
読むこと	① ごく簡単な話や語句を読み、意味を理解する。 ② 口頭で慣れた語句や文章を読む。 ③ ごく簡単な文章を、正しく区切って声に出して読む。 ④ 日常生活に関する平易な短い文章を読み、理解する。
書くこと	① ごく簡単な単語を書く。 ② 口頭で慣れた語句や文・文章を書く。 ③ アルファベットのブロック体の大文字・小文字と句読点、疑問符などを正しく書く。

5. 指導内容

初等学校3年から6年までの指導内容は、次の通りである。
- 題材(話題・場面): 家庭生活、学校生活、社会生活、趣味など、日常生活や身近な話題を中心に選択。
- 機能: 挨拶、紹介、感謝、飲食の勧誘、事実描写、提案、好き嫌い、道案内、食事の注文など49機能。音声言語活動では、機能別に131の例文を示し、過去時制、未来表現、比較表現などが含まれる。

- 語彙：初等学校3年から高等学校1年までに扱う基本語彙として2067語提示。そのうち578語を初等学校で使用を推奨。なお、学年別に導入できる語彙数や単一文の長さは表5の通りである。
- 発音：音と文字の関係、音の連結など音声変化などに留意して言語材料を選ぶことを推奨。
- 文化理解：意思疎通に必要な英語圏の生活様式と言語文化、英語圏の文化的に適切な言語的また非言語的な行動様式、英語圏の文化と自国の文化の言語的また文化的な違い。

〔表5〕 学年別 語彙数・文の長さ

学年	使用できる新語彙数*		文の長さ
3	80～120語	合計450語以内 ＋ 常用外来語**30語	7語以内（and, but, or 使用の文は例外）
4	80～120語		
5	90～130語		9語以内（and, but, or 使用の文は例外）
6	90～130語		

* 人名、地名など固有名詞、月、曜日、基数、序数は新しい語彙とはみなさない。また、単語の変化形は、一つの単語が包括するものとし、1語とみなす。
** 常用外来語とは、外来語のうちで banana, bus などのように身の回りでよく使用する語彙のことで、新しい語彙とはみなさない。

6. 教材と指導法

　初等学校の英語教科書は2001年度以降、教育人的資源部（旧教育部）編集の国定教科書1冊に定められ、CD-ROM など副教材も完備され、英語専科教員もしくは担任の単独指導が可能な状況が準備されている。教科書は3年生用は92ページ、4年生用は98ページ、5、6年生用は各136ページと厚みがあり、各巻末に単語カードが付いている。3、4年生用は8課構成で、各課の内容はLook and Listen、Listen and Repeat、Let's Play、Let's Chant、Look and Speak（3年）/ Let's Read（4年）、Let's Sing、Let's Role-play、Let's Review である。チャント、歌、ロールプレイ、写真や絵を見ながら英語を聞いたり話したりといった学習内容である。5、6年生用は16課構成で、各課の内容に Let's Write と Activity が増え、学習内容に「書く」が加わっている。
　音声言語活動を重視しているため、教科書に文字は少ない。4年生のLet's

Read にアルファベットと各課4個程度の単語が初めて登場し、6年生の Let's Read、Let's Write、Activity、Review に文が掲載されている程度である。6年生最終課の Let's Read では会話表現で書かれた短い手紙(8文、41語)を読み、Let's Write ではごく簡単な返事を書くことが課せられている。

　指導方法は、児童の実生活での感覚や経験に近い、遊びを中心にした体験的な学習が推奨され、教科書からもわかるように、チャントや歌、ゲーム、ロールプレイなど活動中心の授業が目指されている。またマルチメディアのような、多様で興味を引く教育媒体の適切な活用が推奨されている。

7. 評　価
　教育の質の管理のための評価体制の確立および指導と評価の一体化を目指している。評価にあたっては、叙述型主観的評価と表現・態度の観察評価などを奨めている。留意点として、次のような項目があげられている。
- 結果中心の評価ではなく、児童が集中して学習できる雰囲気を作るための刺激であることを認識する。
- ゲームやロールプレイなどの意思疎通活動の際の参加意欲、態度、意思疎通能力などを観察し叙述的に記述する。
- 音声言語使用能力の観察、課題への取り組み方などで評価する。

8. 課題と展望
　韓国の初等学校の英語教育は、英語の意思疎通能力の育成を目的とする初・中・高一貫の教育課程の確立、国定教科書や副教材の開発、充実した教員養成、研修制度など、周到な準備のもとに導入され、それら堅固な土台に支えられて進められている。しかしながら、次のような課題も否めない。
- 意思疎通能力を育成しうる授業を展開できる英語力を持った英語教員は現状ではごく一部である。
- 各児童の学習能力を考慮して、全児童に適用される基本課程の他に深化課程と補充課程が置かれているが、学校によって実施状況に差がある。
- 初等学校の英語教育の目的が、スキル習得に偏っている感が否めない。

　課題もあるが、現行の第7次教育課程は2000年3月から初等学校低学年を皮切りに導入が開始されたばかりである。今後の成果が期待される。

3節　台湾の小学校外国語教育

1. 現　状

　台湾の外国語教育は、従来から英語一辺倒の傾向が見られる。1990年代半ばから、第二外国語(日本語、フランス語、ドイツ語など)が中学・高校で導入されてはいるが、昨今、世間の英語教育に対する関心は高まる一方であり、台湾経済の発展に必要不可欠な道具として捉えられているようである。言い換えれば、国家としての競争力増強の一助として、英語教育が施行されていると言える。小学校英語教育については、1998年、台北市で小学3年生より実施され、2001年には小・中一貫の英語教育を目指して『國民中小學九年一貫課程暫行綱要: 語文學習領域』が公示され、全小学校で実施されるようになった。台湾の小学校外国語教育の現状を表6に示す。

〔表6〕　学年別: 目標言語・時間数・クラスサイズ

学年	目標言語	時間数	クラスサイズ
3～6年	英語	週2時間(1授業時間は40分)＊	30名程度

＊時間数は学校裁量であり、平均的な時間数である。

2. 指導者の養成と研修

　台湾では、2001年からの小学校英語教育全面実施に伴う教員確保の画期的な試みとして、1999年に臨時小学校英語教員採用試験が民間人を対象に行われ、1次・2次の合格者に対しては360時間もの研修が課せられた。その内訳は英語技能(発音、文法、会話等)に関する研修が240時間、小学校での英語指導(教材論、言語習得論、発音指導法、指導計画作成法、評価論等)に関する研修が120時間であった。また、小学校教員養成機関である師範学院の中には、児童英語研究所を設立し本格的に教員養成に取り組んでいるところもある。授業は専科教員の単独授業が主流であるが、昨今では、担任教諭に研修を実施し、専科教員とのTTを実施する学校も見られる。また、公立小学校での英語教育開始当初は、ネイティブスピーカーの導入はほとんど皆無であったが、近年の教員不足を解消するためにネイティブスピーカーを活用する公立小学校も出てきている。一方、現職教員に対しては、夏期休暇や週末、夜間等を利用した研修が精力的に実施されており、週1回は定期的に指導者

研修に充てている学校も少なくない。

3. 指導目標
台湾における小・中一貫の英語教育の指導目標は、次の通りである。
① 学習者の英語による基礎的なコミュニケーション能力の育成
② 学習者の英語学習への興味の高揚および自学学習法の育成
③ 学習者の自国と外国文化および風俗習慣に対する理解の高揚

4. 到達目標
小・中一貫の英語教育における小学校英語の4技能の到達目標(「能力指標」)を表7に示す。小学校段階では、「聞く」「話す」活動を通して、オーラル・コミュニケーションのしっかりとした基礎力を養成することを目指している。「読む」「書く」活動は「適切な時期にカリキュラムに入れる」とされ、学年は明記されていないが、おろそかにされているわけではない。

5. 指導内容
ここでは、『國民中小學九年一貫課程綱要』(2003)に記載されている指導内容(題材、機能、文法、単語、発音、文化理解)について、小学校の指導内容と思われるものを取り上げ、簡潔に示す。
- 題材：家庭生活、学校生活、食べ物、動植物、行事、職業、旅行、運動、休暇など、生活に密着したもの。
- 機能：挨拶・紹介・感謝・謝罪・依頼・飲食の勧誘・好き嫌い・道案内・食事の注文など、日常のコミュニケーションに必要な基本的表現。
- 文法：詳細なガイドラインは明示されていないが、小学校用教科書を見るかぎり、日本の中学1年生用の検定済教科書で扱われている文法事項のほとんどすべてを小学6年次までに指導。
- 単語：小・中学校で扱われる単語は、「常用語彙」が2000語、そのうち1000語は「基本常用語彙」(常用語彙の中で最も基本となる語彙)としてリストされ、小学校では、その基本常用語彙から少なくとも200語を運用でき、そのうち少なくとも80語を綴れるように指導。
- 発音：アメリカ英語の発音で、正確な発音と音の識別の指導。
- 文化理解：外国の主要行事や風習、国内の主要行事の表現法、国際的な基本礼儀などについて理解や認識を高める指導。

〔表7〕 4技能の到達目標（能力指標）

聞くこと	① 基本的な英語の音を識別できる。 ② 基本的な単語や熟語、文のストレスを識別できる。 ③ 疑問文と肯定文の語調を識別できる。 ④ よく使われる教室英語や日常生活における慣用的表現を聞いて理解できる。 ⑤ 簡単な文章および簡単な日常生活の対話を聞いて理解できる。 ⑥ 簡単な歌や詩の大体の内容を聞いて理解できる。 ⑦ 本、人形やジェスチャーなどの視覚情報をもとに、簡単な児童用の物語や短い劇の大体の内容を聞いて理解できる。
話すこと	① アルファベットを正確に発音できる。 ② 「基本常用語彙」を正確に発音できる。 ③ 正確なアクセントと語調で、簡単な文を言える。 ④ 授業中の口頭練習に参加できる。 ⑤ 簡単な英語を用いて、自己紹介ができる。 ⑥ 簡単な教室英語を使用できる。 ⑦ 基本的な社交儀礼の表現を使用できる。 ⑧ 簡単な疑問文とその応答、平叙文が言える。 ⑨ 歌を歌い、詩を音読できる。 ⑩ 簡単な英語を用いて、絵を見て話ができる。 ⑪ 絵や図などを参照しながら、簡単なロールプレイができる。 ⑫ 簡単な児童用の短い劇に参加し、演じることができる。
読むこと	① アルファベットのブロック体を識別できる。 ② フォニックスのルールを使用し、単語を読むことができる。 ③ いくつかの「基本常用語彙」を識別できる。 ④ 簡単な英語の標識を見て理解できる。 ⑤ 物語、詩、歌の中の「基本常用語彙」を識別できる。 ⑥ 簡単な文を見て理解できる。 ⑦ 先生やテープと一緒に歌を歌い、詩を読むことができる。 ⑧ 先生やテープと一緒に教科書の対話や物語を正確に音読できる。 ⑨ 絵や図などの視覚情報をもとに、簡単な児童用の物語や短い劇を読み、大体の内容を理解できる。
書くこと	① ブロック体でアルファベットの大文字、小文字を書くことができる。 ② 自分の氏名を書くことができる。 ③ 既習の単語を書き写すことができる。 ④ 簡単な文を書き写すことができる。 ⑤ 「基本常用語彙」の少なくとも80語を綴ることができる。

（注） 上記は中華民国台湾教育部（2003）資料による。なお、相川の訳を一部修正している。

6. 教材と指導法

　授業はできるだけ英語で行い、インタラクティブな活動を通して、基礎的なコミュニケーション能力の育成を目指している。教科書に加え、ワークブック、音声教材(テープ、ビデオ、CD)、コンピュータ・マルチメディアなどさまざまな教材・教具を用いて指導されている。

　台湾の小学校用英語教科書約10種類のうち、採用率が高い『Darbie, Teach Me!(全8巻)』(康軒文教事業社)の第7巻(6年生用前期)のLesson 2の内容を簡単に紹介する。

　本巻の各lessonは、Let's Listen(本文の聞き取り)、Let's Learn(文法事項の提示)、Let's Find Out(True or False形式による本文の内容理解)、Let's Read(発音練習)、Let's Sing(歌: 本文の内容と関連した歌が多い)、Review Corner(スピーキング活動)のセクションから構成されており、どのセクションにも文字が印刷されている。Lesson 2のLet's Listenの内容は次の通りである。

> It's the Moon Festival. Judy and Darbie are in the kitchen. Judy and Darbie want to make a moon cake. They need some flour, eggs, sugar and butter. Dad gives them some flour. But they need more. Mom gives them some eggs. But they need more.
>
> (中略) Now they have a moon cake. But they want more.

Moon Festival(中秋節)という自国文化を題材にしたかなりまとまった文章を聞き取り、その後、CDのあとについて音読練習する。moon cake(月餅)を作るための必要な食材について、聞いたり話したりすることが本課の機能表現である。次のLet's Learnでは、人称代名詞(目的格)やgiveの用法などが取り扱われている。また、Review Cornerでは、"Do you like . . . ?"という疑問文を使って食べ物の好き・嫌いを尋ね合う発話活動となっている。各レッスンに多様な活動を取り入れながら、聞く・話す活動を中心に、自然と文字に触れ、読む活動が取り入れられているのが特徴である。

7. 評　価

　評価は多角的な方法を採用し、小学校段階では形成的評価やポートフォリオ評価を取り入れながら個人の進歩状況や活動の詳細把握に努めている。リスニングとスピーキングの評価は、できるだけ授業での口頭練習やロールプ

レイ、ペアワーク、グループワークでのパフォーマンスに基づいて行い、筆記試験は最小限にとどめること、また必ずしも数値化する必要はない、としている。

8. 課題と展望

台湾では、2005年度より小学3年生から英語教育が全面実施されることになり、小・中7年一貫教育が実現することになった。さらに、2006年度より高等学校においても新課程綱要が施行される予定であるが、そうなると小・中・高10年一貫した課程綱要が提唱される可能性が高い。

台北市周辺の中学校で実施された調査(相川,2004)によると、中学校教員は、小学校英語学習経験者の「聞く」「話す」能力については非常に高く評価している一方、英語の学力および英語学習に対する態度や意欲面にすでに2極分化が生じてきていることが指摘されている。今後このような2極分化がさらに拡大するという懸念も払拭できない。これらの問題解決にあたっては、今後、韓国に見られるような学習者の習熟度を考慮した「補充課程」および「深化課程」といったシラバスを検討したり、少人数クラス編成を試みることが余儀なくされるであろう。

4節 EUおよびスペインの小学校外国語教育

1. 現 状

「多様性の中の統合」を目指すEUは、「母語＋2言語習得」と「異文化理解」の促進を柱として言語教育政策を推進しており、アイルランドを除くすべてのEU加盟国で小学校の外国語教育は必修である。また大多数の諸国において、中学校または高校で第二外国語を選択必修としている。スペインの外国語教育の実施状況も同様である。また、他のEU諸国と同じように、経済発展と政治的統合を図る上で大きな役割を担っている。

以下、必要に応じてEUの外国語教育に触れながら、スペインの小学校外国語教育について紹介する。

2. 指導者の養成と研修

EU諸国の全体的な傾向として、1999年に行われた調査によると、外国語を担任が教える国と専科教員が教える国の割合はほぼ同率だが、大多数の

〔表8〕 学年別: 目標言語、時間数、クラスサイズ

	学年	目標言語	[(必修)時間数]	クラスサイズ
EU	6～10歳	英語が多く、次いでフランス語、ドイツ語と続く。	[第一外国語] 各学年とも平均週3～4時間	25～30人。国によっては、外国語の授業は他教科の半数と規定。
スペイン	3～6年(ほとんどの自治州で1年から実施)	英語、フランス語	[第一外国語] 各学年とも平均週3時間	平均25人

注1) EUは国によって、スペインは自治州によって実情が異なるため、平均的な傾向を示す。
注2) EU諸国では就学年齢が多様であるため、年齢で示した。

国々では両者を併用している。しかしながら、小学校外国語教育の流れとして、外国語は専科教員が担当する方針に切り替わりつつある。

　他方、スペインの小学校では、外国語は初等教育専門の専科教員が教えている。教職に就くには、教員養成大学の教育学部、または教育学部付設の教員養成学校に3年間通い、教員資格取得後、各自治州の採用試験に合格する必要がある。教職必修科目は、目標言語関連科目28単位、教育学関連科目40単位、一般関連科目28単位、教育実習32単位、計128単位である。

　また、現職教員研修は義務化されていないものの、昇給や昇格の必須条件であり、6年ごとに最低100時間の研修を受けることが条件とされている。EU諸外国と連携し、教員の交換留学も活発である。

3. 指導目標

　EU諸国に共通する指導目標は、次の3点である。
① コミュニケーションの手段として外国語を学習する。
② 異文化学習を通して自己の確立を目指し、他者に対する寛容的な態度と敬意を育成する。
③ 外国語学習を通して児童の認知発達を促進し、自律的な学習を助長する。

　スペインでは、1991年の王室公布令において小学校外国語教育の指導指針を示し、その中で次の9項目をあげている。

① 身近な物、場面、行事に関する、具体的で平易な会話や文章を理解する。
② 授業中のコミュニケーション活動において、他者の意見を尊重しつつ、教師やクラスメイトと外国語を使ってコミュニケーションを図る。
③ 児童になじみのある話題について、平易な文章を書く。
④ 身近な知識、経験、興味に関する平易な文章を、情報収集のために読んで理解する。
⑤ コミュニケーションにおける外国語の意義と、児童自身が内包する外国語を習得する能力に気づき、異言語と異文化に理解と尊重を示す。
⑥ 挨拶、別れなど日常的な場面において、言語的、非言語的な慣習を理解し活用することによって、コミュニケーションをより円滑にする。
⑦ 既習言語の学習経験と知識を活用し、よりよい学習方略を模索する。
⑧ 音と綴りの関係を理解し、目標言語特有の音、リズム、抑揚に気づく。
⑨ コミュニケーション場面において、ジェスチャーなど非言語的な表現も活用する。

4. 到達目標

　2001年、ヨーロッパ評議会より開発された *Common European Framework*（以下 CEF）は、ヨーロッパにおける言語教育の向上に普遍的な基盤を与えることを目的としており、言語熟達度の具体的な指標も詳細に示している。各国はこれに準じてシラバスなどを設定するよう勧奨されているため、到達目標の設定にも自ずとその指標が反映されている。以下、European Commission（2001）において報告されているスペインの4技能および文化理解の指導目標を、本稿では到達目標として表9に紹介する。

5. 指導内容
- 題材（話題・場面）：人物、食べ物、余暇活動など、児童の日常生活に身近な話題・場面から、国際理解、環境問題に関わるものまで幅広い題材。
- 機能：挨拶、所持品の描写、問答や短い社交的な会話など、簡単なコミュニケーション・ニーズを満たすために必要な機能。
- 文法：疑問文、肯定文、否定文、現在時制、過去時制、未来表現など。
- 語彙：色、数、住居など児童の日常生活に身近な語彙、および上記の機能

〔表9〕 スペイン：小学校修了時の4技能および文化理解の到達目標

聞く	① 多様な情報源から発せられたメッセージを理解できる。 ② なじみのある話題に関するメッセージ(口頭または録音)を理解できる。 ③ 簡潔で的を絞ったメッセージ(口頭または録音)を文脈の中で詳細に理解できる。
話す	① 簡単なコミュニケーションを取るための日常表現を使うことができる。 ② 挨拶表現などの既習事項を特定のコミュニケーション場面に応用することができる。 ③ 教室内や日常生活において、急を要する用件を表現することができる。 ④ ロールプレイを演じることができる。 ⑤ 発話に対し反応できる。
読む	① さまざまな文章を理解できる。 ② 直接的なコミュニケーションや個人的な興味に関する短いメッセージの概要を理解できる。 ③ 具体的かつ日常的な話題に関する資料の概要を理解できる。
書く	① 読み手や状況に合わせて文章を書くことができる。 ② 会話文や叙述文に対し、返事を書くことができる。 ③ 聞いた情報、または見た情報を書き留めることができる。
文化理解	① 口頭表現に伴うジェスチャーや抑揚、同年代の子どもの日常生活の様子やレジャー活動、生活習慣の違いなど、目標言語が話されている国の社会的・文化的特徴を、児童の経験を通して認識する。 ② 目標言語が話されている国の社会的、文化的背景になじむ。 ③ 目標言語が話されている国の日常生活、文化、習慣に対する好奇心と敬意を持つ。 ④ 他言語とその言語を話す人々や文化に対して理解と敬意を示す。

　　　を遂行するにあたり必要な語彙。
- 発音：目標言語の特徴的な音、リズム、抑揚、発音と綴りの関係。
- 文化：口頭表現に伴うジェスチャーや抑揚、同年代の子どもの日常生活の様子やレジャー活動、生活習慣の違いなど。

6. 教材と指導法

　スペインの小学校の英語教科書で最もよく使用されているedebé社の *Having fun!* (6年生用)を分析すると、「聞く」活動を多めに4技能がバランスよく配分されている。また、歌、チャント、ゲームなど楽しい活動が豊富であ

り、絵を見ながら CD を聞いて繰り返す Listen and Say、カラフルなイラストを活用して、まとまった英文を聞いて該当する絵を指し示す Listen and Point や、まとまった英文を読んで該当する絵と結びつける Read and Match など、児童の学習意欲を刺激する工夫がなされている。また、ペア活動等で利用するワークブックが付属しており、そこでは「読む」「書く」についても配慮されている。

指導法については、児童に身近な題材に関連した平易で authentic な教材を使い、指導者やクラスメイトと積極的にコミュニケーションを図る授業展開が重視されており、グループ活動や課題解決型の活動も取り入れられている。また、児童の「誤り」については、新たなコミュニケーション形態を理解し習得しつつある証と認識するよう指摘されている。

7. 評　価

スペインでは達成度評価を基準としており、4技能、文法、文化理解に関して大まかな評価基準が提示されている。各自治州がカリキュラムを制定する際、それらに基づき具体的な基準を設定できるように体系化されている。スペースの関係上、小学校の「話す」の評価基準のみあげる。

① 授業中の活動において、場面に応じてある程度流暢かつ正確にメッセージを伝え、質問、要求など基本的な表現を使うことができる。
② 実際のコミュニケーション場面において、既習事項を正確に使うことができる。

また、ヨーロッパ評議会が CEF との関連で言語熟達度の評価に焦点をあてて開発した European Language Portfolio（以下 ELP）も採用されており、幼児、初等、中等、成人の各教育段階におけるスペイン版 ELP が作成され、利用されている。

8. 今後の課題と展望

EU 諸国は適切な教授能力を備えた教員の確保などさまざまな課題を抱えながらも、多くの EU 市民が複数の言語を操っている事実がある。このことは、「多様性の中の統合」を目指し、過去において難民問題や移民の言語問題に対処してきた EU の英知の結晶であり、21 世紀における世界の国々の外国語教育の方向を示唆するものとして、参考とすべき点が多い。

5節　イギリス(イングランド)の小学校外国語教育

1. 現　状

イギリスの義務教育は第1〜11学年、5歳〜16歳で、就学率はほぼ100%である。国家統一カリキュラム(National Curriculum)において義務教育は4段階のKey Stage(以下KS)に分けられている。すなわち、KS 1(1〜2学年、5〜7歳)、KS 2(3〜6学年、7〜11歳)、KS 3(7〜9学年、11歳〜14歳)、KS 4(10〜11学年、14〜16歳)である。そのうちKS 1とKS 2が初等教育であり、日本の初等教育に年齢的に該当するのはKS 1の第2学年、KS 2、およびKS 3の第7学年である。

1991年からKS 3とKS 4において外国語が必修科目となり、1999年度版国家統一カリキュラム・イングランド(National Curriculum for England)において、KS 2の外国語教育のガイドラインが示され、必修ではないものの、各学校長の裁量で外国語教育を導入することが可能となった。KS 1に関するガイドラインは示されていないが、実施している小学校もみられる。2000年の調査によると、KS 2における外国語教育実施率は約20%であり、今後実施を考えている学校も20%近くあるとされている。表10に、ガイドラインを基準とした小学校における外国語教育の現状をまとめる。

〔表10〕　学年別: 目標言語・時間数・クラスサイズ

学年*	目標言語	時間数	クラスサイズ
KS 2(主に5〜6学年、9〜11歳)	EU諸言語（フランス語が最多）	毎日10分程度が望ましいとされる	26名程度

* 日本の小6(12歳)はKS 3(必修)の7学年に相当する。

2. 指導者の養成と研修

イングランドでは、公立学校教員は通常、正規教員資格(Qualified Teacher Status: 以下QTS)が必要で、資格取得のためには、大学などの教育機関で初任者教員教育(Initial Teacher Training: ITT)を修了しなければならない。QTSを取得する方法として、学部レベルで取得する方法と、大学卒業後に大学院研究科教育免許状(Postgraduate Certificate in Education: 以下PGCE)

を取得する方法があるが、PGCEを取得するのが一般的である。

　PGCE課程に入学するためには、3年間の大学教育で学士号を取得する以外に、中等教育修了後に受験する試験で一定以上の成績を修めること、さらに面接試験において目標言語を自由にかつ正確に運用できる能力を示すことが必要である。1年間のPGCE課程に入学すると、大学院で理論を、そして教育実習校で実践訓練を受け、QTSを取得できれば勤務校が決定し、初任の1年目を経て2年目より正規の教員となる。

3. 指導目標

　KS 2、3、4を通して4つの柱となる指導目標が掲げられている。KS 2ではこれらのうち基礎的なものを指導する。4つの柱となる指導目標と下位項目は次の通りである。

① 言語知識と理解: 音と文字の関係、文法、語彙
② 言語技能: 要点と詳細を聞き取る、正しい発音と抑揚、質問し答える、会話力、社会言語的能力、慣れない場面・表現などへの応用力、スキミング・スキャニング能力、ノートを取りながら、話された・書かれた内容の要点をまとめる、推敲能力
③ 言語学習技能: 単語や句を暗記する、知らない単語の意味の類推、母語などの知識を目標言語に応用する、辞書や参考書を有効に活用する、学習における自律性
④ 文化理解: 目標言語圏で実際に使われている本物の言語資料を使用、母語話者とのコミュニケーション、自国文化との比較、目標言語圏の人々の経験や考え方を学ぶ

4. 到達目標

　国家統一カリキュラム・イングランドは、KS 3, 4における、聞き応答する能力、話す能力、読み応答する能力、書く能力の4つの技能に関して、それぞれレベル1（低）から8（高）、さらに例外的に高いレベル9の計9レベルを設定している。KS 2に関してはガイドラインとして、KS 3, 4と同じ項目でレベル4までが設定されている。表11に小学校の最高レベルにあたるKS 2のレベル4の到達目標を示す。

〔表11〕　KS 2 のレベル 4 における到達目標

聞き応答する能力	・既習事項を含む簡単な文章レベルの発話を、ほぼ普通に話される速さで聞き取り、理解することができる。 ・文章の要点とある程度の詳細を、多少の繰り返しを必要とするが、聞き取ることができる。
話す能力	・簡単な 3～4 回のやり取りからなる会話ができる。 ・既習の文法事項を使って、初歩的な単語、語句レベルの置き換えができる。 ・発音は概ね正しく、イントネーションもある程度の正確さを保っている。
読み応答する能力	・タイプ、あるいは丁寧に手書きされた短い物語や、事実情報が書かれたものを理解することができる。 ・要点とある程度の細部を理解できる。 ・自習する際、辞書などを利用するとともに、文脈から知らない単語をある程度類推することができる。
書く能力	・既習の文法事項を使って、簡単な 3～4 文からなるパラグラフを書くことができる。 ・既習の文法事項を使って、初歩的な単語、語句レベルの置き換えができる。 ・既習の単語を辞書などで調べることができる。

5. 指導内容

　指導内容に関する記述は国家統一カリキュラムにはなく、各学校・教員に任されている。しかし KS 2 については、教育技術省（Department for Education and Skills）がネット上の標準サイト（The Standards Site）で、第 5～6 学年を対象にフランス語、ドイツ語、スペイン語の指導案を 12 ユニット（各学年 6 ユニット、1 ユニットに 5 時間を割り当てる計算）分を提示し、ユニットごとに題材（話題・場面）、機能、語彙、発音、文化などについて概要を示している。以下に KS 2 の最終学年（第 6 学年）のフランス語の指導内容の概要を紹介する。

・題材：挨拶、日付、天気、教室用語、数、時刻、学校、教科、色、誕生日、値段、フランス通貨とユーロ、祭りや祝い事、スポーツ、身体の部位、衣服、買い物、道案内、など
・機能：好き嫌いを述べる・尋ね答える、事実情報を尋ね答える（一・二・三

人称)、レストランで注文する、意見を言う、人物を描写する(着ているものなど)、買い物でのやり取り、道案内、など
- 文法:記述なし
- 語彙:話題や機能にそったもの
- 発音:正しい発音とイントネーション
- 文化:自国文化との比較、目標言語圏の人々の経験や考え方を学ぶ、など

6. 教材と指導法

教科書検定制度は存在せず、国家統一カリキュラムに沿った市販のコースブックを、学校あるいは教員が選んで使用する。外国語が必修科目であるKS 3, 4 用の市販のコースブックは多種販売されているが、KS 2 は必修ではないためか市販のコースブックがあまりない。

前述のネット上で公開されている標準モデルの中で、KS 2 の活動として、「聞き応答する」では、歌や詩を繰り返される語句や韻に注意して聞く、視聴覚教材を聞き概要を理解するなどがあげられている。また、聞き取った単語や表現に対して絵カードを指さすなど動作で理解を示す活動が、学習内容の復習や定着のために奨励されている。「話す」では、歌や詩の暗記、Simon Says や Bingo などのゲーム、ペアやグループによる情報交換、買い物ごっこやレストランで注文をするなどのロールプレイ、ビデオなどに歌やプレゼンテーションを録画することが含まれている。「読み応答する」は、単語と絵を合わせるゲームや、辞書の使い方を学ぶ、本をクラス全体で読むことなどである。「書く」は、文字をなぞることから始め、e-mail を送る、詩を作成するなどがある。これらの活動を各ユニットの指導内容に合わせて、「聞き応答する」「話す」を中心に実用的な言語運用能力を重視して授業を進めていくことが奨励されている。また最終ユニットでは、フランスへの旅行計画、フランス語の歌のコンサート開催やフランス語圏の学校の児童とビデオ会議を行うなどの活動が提案されている。

7. 評　価

評価に関しては、①目標基準準拠評価(4技能別に到達目標のレベルを用いて評価する)、②タスク準拠評価(授業で実際に行ったタスクと同じものを用い、目標言語運用能力を評価する)、③継続的評価(筆記、実技試験、観察、ポートフォリオなどさまざまな評価手段を継続的に用いる形成的評価)、の3

つの概念を柱としてより包括的な評価を目指している。さらに、指導者による評価に加え、学習者自身が自己評価を行うことで学習に対する達成感や責任感を感じ、さらなる学習への動機づけにつなげる取り組みもなされている。

8. 課題と展望

イギリスは、国家統一カリキュラムに小・中・高に一貫する外国語学習の指導目標・到達目標を明記することで学習の成果を期待し、学習環境を整え、教員養成にも力を注いでいる。また、政府は 2012 年までに小学校でも外国語を必修化したいという目標を掲げており、早期外国語教育を推進する方針である。しかしながら、小学校への外国語教育導入に関して、授業時間の確保、教員の不足、小・中連携の確立など、解決すべき課題も多い。

6節　アメリカの小学校外国語教育

1. 現　状

アメリカの外国語教育を推進する最も大きな組織は American Council on the Teaching of Foreign Languages (ACTFL) であり、ACTFL が 1996 年に提示した *National Standards in Foreign Language Education* (以下 *National Standards*) を外国語教育の柱として、各州が次々と外国語教育の基準を作成していった。また、1998 年には、幼稚園児から高校生 (K-12) にターゲットを絞った *ACTFL Performance Guidelines for K-12 Learners* (以下 *Guidelines K-12*) が発表され、K-12 学習者向けの外国語教育が拡充されてきている。特に ACTFL は 2005 年を The Year of Languages と制定し、外国語教育の拡充を呼びかけている。

しかし、アメリカには外国語を含むすべての教科においてナショナル・シラバスは存在せず、外国語教育は実にさまざまな形態と規模をとっている。小学校外国語教育を大別すると、イマージョン、Foreign Language in Elementary School (FLES)、そして Foreign Language Exploratory Program (FLEX) がある。イマージョンはその名の通り、英語やごく一部の教科を除き、目標言語で教育するプログラムである。FLES は次の学年へ継続される外国語教育で、日本の英語教育と同じような形態である。FLEX は外国語紹介といった意味合いが強く、1 学期間だけのプログラムを指す。

上記のようにアメリカの小学校外国語教育の現状は多様であるが、ペンシ

ルバニア州 South Lehigh 校区（SL 校区）を例にとって見ていくことにする。SL 校区では、独自に外国語教育プログラムを進めており、最も進んだプログラムの一つである。同校区はスペイン語のイマージョン・プログラムで有名になった後、現在では充実した FLES プログラムを実施している。小学校 3 年生よりスペイン語が必修となっており、毎週 1 回スペイン語の授業を受けなければならない。1 回の授業は 46 分で、クラスサイズは約 25 名である。

2. 指導者の養成と研修——ペンシルバニア州の場合

ペンシルバニア州では、外国語を教えることができるのは、小・中・高共通の外国語教員の免許を持つ教師のみである。教員免許を取得するには、州認定の教育課程を終え、規定の試験に合格することが要求される。教職課程を終えるには、当該外国語を専攻し、かつ教職課程科目から 9 科目、計 9 単位(教育原理 1 単位、教育心理学 1 単位、教授法 1 単位、評価法 0.5 単位、教育実習 3 単位など)を履修しなければならない。また、規定の試験というのは、TOEIC 等を実施している Educational Testing Service（ETS）が行う PRAXIS: Professional Assessments for Beginning Teachers テストのうち、PRAXIS I のリーディング、ライティング、数学の 3 科目と PRAXIS II の専門知識(当該外国語)の計 4 科目に合格しなければならない。

ただし例外的に、2 年以内に免許取得を条件に教員資格取得予定者を臨時採用する特例もある。これは外国語の教員の場合、その言語の母語話者がアメリカ以外の国で大学を卒業していたり、教員免許を取得していたりするケースがあるからである。また、すべての教員は、教員として採用された後も、教員免許を維持するためには、5 年以内ごとに、大学の専門課程・大学院で 6 単位分の新たな科目を履修し続けなければならない。

3. 指導目標

アメリカの外国語教育の指導目標は前述の *National Standards* の 5C's of Foreign Language Education に示されるように、Communication、Cultures、Connections、Comparisons、Communities の 5 項目で構成される。

- コミュニケーション—会話に従事し、情報、感情、意見を交換したり、さまざまな話題の話し言葉、書き言葉を理解し、発表したりする。
- 文化—目標文化の慣習、産物、価値観を理解する。
- 連携—外国語を通して他の教科の学習を深め、外国語や外国文化に特徴的

な情報や視点を身につける。
- 比較―母語と目標言語の比較から言葉の性質を知り、自文化と異文化の比較から文化のコンセプトを知る。
- コミュニティー―個人の教養を深めるため、学習言語を教室外で使用するとともに、継続してその言語を使用する。

4. 到達目標

ACTFL *Guidelines K-12* に示されている、小学校の4技能と文化理解の到達目標は、次の通りである。

〔表12〕 ACTFL *Guidelines K-12* の到達目標（筆者抜粋）

聞くこと	・日常的な話題について、短い簡単な会話を理解できる。 ・日常的な話題に関する名詞や動作を理解できる。
話すこと	・言語学習者との会話に慣れている人に理解される。 ・練習済みのものを表現するときに、ある程度正確な発音・イントネーションを使える。
読むこと	・派生語、接頭辞等を利用して解釈できる。 ・日常的な文脈の中で、文法構造を理解し、内容を理解できる。 ・背景知識を用いて、物語の流れを予測できる。
書くこと	・暗記した語句や文を使える。 ・知っている話題について書くことができる。 ・教師のモデルをまねて、自分で正しい文を書くことができる。
文化理解	・目標文化における習慣、考え方、または産物を知り、理解する。 ・文化的にふさわしい語彙、イディオム、ジェスチャーなどを用いる。

5. 指導内容

Guidelines K-12 には、指導内容として理解度、正確さ、語彙、コミュニケーション・ストラテジー、文化理解の5項目が示されているだけなので、ここでは、州のアカデミック・スタンダードを最も早い時期(1995年)に公表したインディアナ州の例（*Indiana's Academic Standards*）を用いて紹介する。なお、多くの州はこのインディアナ州の例を参考に、外国語のアカデミック・スタンダードを作り上げていった。
- 題材：挨拶、名前・出身地・電話番号といった基本的な情報。家や学校で

の好きな活動、人や物についての好き嫌い。日常の活動や電話の会話など。
- 機能：興味、好き嫌い、自己紹介、簡単な質問と応答。感情や同意表現、道順を聞いたり、個人の要求を伝えたりする。
- 文法：既習の文法構造からなる文の理解。（個々の文法項目はあげられていない。）
- 語彙：身の回りの物や特定の話題に関する行為に関する単語。同語源の単語から未知の単語の意味の類推。
- 発音：外国語学習者に慣れた者に、理解される発音。
- 文化：時間の概念、年中行事、テーブルマナーなど。

6. 教材と指導法

　SL校区の小学校のスペイン語の授業では、テキストは使わず独自の教材で授業が行われる。担当教員たちが校区の定めるシラバスに沿って、協力して独自の教材を開発している。3・4年生の間は、日常生活でよく目にするものを、絵や写真、ビデオ等を用いて、オーセンティックな方法で紹介する。また、活発な教室活動を促進するために、英語と語源を同じくする語彙を積極的にどんどん取り入れていく。3年生の最初に母語である英語も少し交えて、クラスルーム・スパニッシュを教えるが、2週間もすると、すべてスペイン語で授業が進められる。また、3・4年生ではオーラル面のみを重視し、文字はほとんど使用されず、5年生になって初めて、読み書きが正式に導入される。宿題は児童への負担を考え、ほとんど課されない。

7. 評　価

　National Assessment Governing Boardは、Center for Applied Linguistics（以下　CAL）に、評価の観点や方法を定めた*Framework for the 2004 Foreign Language National Assessment of Educational Process*の作成を依頼し、仮出版版が作成されたが、実際の評価は2006年まで延期されることになった。これによると、4技能に加え、異文化知識、他教科との関連、言語への意識、コミュニティーとの関連等も評価すべきだとしている。SL校区の小学校外国語科目の評価は、リスニング、単語テスト、授業参加等から総合的な評価をし、3段階（exceeding, meeting expectation, inconsistent）で評価を行っている。

8. 課題と展望

アメリカでは外国語教育が軽視され、異文化理解や国際交流といった面において、英語を母語とする国がおくれをとっていることは否めない。アメリカの外国語教育における課題は、すべての州において外国語の指導目標、到達目標を含むアカデミック・スタンダードを制定することである。そして、その到達目標を達成するためには、外国語学習を小・中・高校の必修科目とし、大学入学共通試験の Scholastic Aptitude Test（SAT）にも取り入れる必要がある。21世紀に入り、小学校において、外国語学習が拡充してきているのは事実であり、教員の確保、コミュニティーのサポートが得られれば、今後さらなる発展が期待できそうである。

7節　カナダの小学校外国語教育
——オンタリオ州を中心に

1. 現　状

カナダは、100以上の言語が話される多言語国家であり、国策として多文化主義を採用している。また、英語とフランス語の2言語を公用語とするバイリンガル国家でもあり、第二言語教育を重要視している。

カナダでは教育管轄権は州の独占的事項と憲法で定められており、教育事情は州によって異なる。オンタリオ州では、義務教育は6歳からの10年間である。英語を教育言語とする公立小学校では、4年生から8年生までフランス語は必修科目となっている。Core French と呼ばれるプログラムの授業時間数は5年間で最低600時間である。この他に Extended French と French Immersion がある。前者はフランス語で授業が行われる割合が最低25％で、「フランス語」のほかに最低1科目がフランス語で授業が行われる。後者はフランス語での授業の割合が最低50％で、「フランス語」のほかに最低2科目がフランス語で授業が行われる。なお、初等教育における2002年度の在籍者の比率は、Core French が86％、Extended French が3％、French Immersion が11％である。表13にオンタリオ州の小学校における外国語教育についてプログラム別にまとめる。

2. 指導者の養成、研修

カナダで教員免許状を取得するには、通常、大学の学部修了後、教育学士

〔表13〕 プログラム別：目標言語・時間数・クラスサイズ

プログラムおよび学年	言語	時間数*	クラスサイズ**
Core French （4～8年）	仏語	5年間で最低600時間 （→週4.3時間）	平均 24.5名 以下
Extended French （4～8年）	仏語	5年間で最低1260時間 （→週9.0時間）	
French Immersion （1～8年）	仏語	4～8年の5年間で最低 3800時間（→週27.4時間）	

* 週あたりの授業時間数は、年間授業日数を194日（オンタリオ州の規定最低日数）として計算。
** 現在、3年生以下のクラスサイズの上限を20名に設定することを目指している。

号を出している大学で1年間の教職課程を修めることになっている。オンタリオ州では教員免許状が交付されると、①幼稚園～6年、②4～10年、③7～12年のいずれかで教えることができる。

 2002年に教員評価制度が導入され、技能、知識、態度に関する16項目の基準に基づいて評価が行われている。現職教員に対しては3年ごと、新任教員に対しては着任後2年間は年に2度実施され、基準に満たない場合は免許状が取り消されることもある。なお、教員評価には児童・生徒や保護者も加わる。日本と比較すると、教員になるにも、教員になってからも、厳しいハードルを越えなければならないことがわかる。

3. 指導目標

 ここからはオンタリオ州において学習者の割合が圧倒的に高いCore Frenchを中心に考察する。*The Ontario Curriculum: French As a Second Language*（以下 *Ontario Curriculum*）は、日本の学習指導要領に相当するものであるが、初等教育における指導目標として次の3点をあげている。
 ① フランス語での基礎的なコミュニケーション能力の育成。
 ② 言語の本質に対する理解の向上。
 ③ カナダおよび世界のフランス語圏の文化に対する認識の向上。

4. 到達目標

 *Ontario Curriculum*には学年別に4技能の到達目標が具体的に提示されて

いる。だだし、聞く能力と話す能力は同時に育成することになっており、「聞く・話す」がまとめて示されている。日本の小学校最終学年に相当する6年のCore Frenchにおける4技能の到達目標は、表14の通りである。学習時間数の関係もあり、レベルは非常に高く設定されている。なお文化理解については、4年から8年の5年間で「カナダおよび世界のフランス語圏の文化に対する理解を深める」ことになっている。

5. 指導内容

Ontario Curriculum に示されている4～6年の指導内容を紹介する。
- 題材：家族、天候、季節、スポーツ、食事など、身近な話題が中心。
- 機能：記載なし。
- 文法：代名詞 (je, j', tu, vous, il, elle)、複数形の -s、定冠詞、不定冠詞、現在形 (être, avoir)、女性形容詞語尾の -e、疑問文、部分冠詞 (du, de la, de l', des)、命令形、接続詞など。
- 語彙：色、数字(1～100)、教室にある物の名前、時間、カレンダー、家族、食事、メニュー、レストラン、家、空間に関するもの。なお、語彙を増やすために、5年から英仏辞書の使用を奨励。6年では綴り字をチェックするために仏英辞書の使用を奨励。
- 発音：適切な発音とイントネーション、リエゾンの習得。感情移入を伴った音読。多様な発音(年齢、なまり、速度)で録音された音声教材の使用。
- 文化理解：記載なし。

6. 教材と指導法

オンタリオ州の公立小学校の4年で使用されている教科書 *Acti-Vie* 1 は、学校、動物、天候など、児童に身近な8つのテーマに分かれており、テーマごとに分冊である。各課には、各テーマに合った音楽テープが完備され、聞き取りを行ったり、ゲームなどの活動を行うときに流したりできるなどの工夫が凝らされている。

Ontario Curriculum に記載されている指導法に関する指針は、以下の通りである。
① 授業中の会話をフランス語で行うことによって、児童がフランス語で話したり、聞いたりするための環境を整える。

〔表14〕 Core French における6年の到達目標

聞く・話す	① 文レベルで簡単な質問をしたり、答えたりできる。 ② 精通した状況においては、適切な発音、リエゾン、イントネーションで話すことができる。 ③ テープから流れてくる質問に答えるなど、音声言語に応答できる。 ④ 調査結果の報告など、10～15文で口頭発表できる。 ⑤ 資料や教師、クラスメートからの反応や意見を参考に、自分が発言したことに関して、詳細を付け加えたり、語順の間違いなどを修正したりできる。
読む	① 150～200語の平易な文章を読んで理解できる。 ② パンフレットや小冊子など、最低9点の簡単なパッセージや物語などを理解できる。 ③ 正しい発音やイントネーションで、一斉音読など、さまざまな読む活動に参加できる。 ④ 読んだものを正しい順序に並べ替えたり、簡単な文で説明したりできる。 ⑤ トピック文やトピック支持文を指摘できる。 ⑥ 巻末の用語解説や辞書を使って、単語の意味や文章を理解できる。
書く	① 既習の語彙や構文を使って文章を書ける。 ② パラグラフやダイアローグなど、さまざまな形式の文章を書ける。 ③ 教師の指導を受けたり、クラスメートと協力したりして、モデルを参考に、パンフレットや小冊子などを書いたり、原稿を校閲したりできる。 ④ 学年に合った語彙を使ったり、綴ったりできる。

② 「聞く・話す」「読む」「書く」活動のうち、「聞く・話す」活動を中心とする。ただし「話す」活動の前に「聞く」機会を十分に与える。
③ 他教科とも連動するような活動を通して、人々のつながり、考え方や気持ちの共通点や相違点などを児童に認識させる。
④ インタビュー、口頭発表、ロールプレイ、スキット、ゲームなど、児童が興味・関心を持つ、児童の発達段階に応じた意味のある活動を行う。
⑤ ペアやグループなどさまざまな学習形態を取り入れることによって、児童が意見交換をしたり、協力したりする機会を提供する。

7. 評　価

現在、4つの観点（① Communication、② Comprehension、③ Organization of Ideas、④ Application of Language Knowledge）に関して評価が行われている。2004年に評価基準の草案が作成され、新たに4つの観点（①

Knowledge and Understanding、② Thinking、③ Communication、④ Application)が提案されている。4年から8年まで同一の評価基準が使用され、各学年において、学習事項の80%以上を習得できていれば「レベル4」、70～79%であれば「レベル3」、60～69%であれば「レベル2」、50～59%であれば「レベル1」と評価される。州の標準であるレベル3は、「授業で聞いた内容や読んだ内容の概要を理解できる。返答の選択肢があらかじめ用意されているような周到に組み立てられた会話や、ときには自由に行われる会話において、既習事項を用いて自己表現ができる。基本的な語句や構文を用いてコミュニケーションを図ることができる。たまに間違いをするが、学習した語句、表現、文法の大半を実際に使うことができる」レベルである。なお通信簿には、① Oral Communication、② Reading、③ Writing の3項目についての5段階評価と総合的な評価コメントが記載される。

8. 今後の課題と展望

現在、オンタリオ州ではさまざまな教育改革が進められているが、特に、クラスサイズの縮小は重要課題のひとつとされている。これが外国語教育にどの程度の効果を生み出すのか、今後の検証が注目される。

最後に、フランス語以外の外国語教育について触れておこう。現在、公用語以外の言語については児童25名以上の要請でクラスを開講できるが、初等教育では基本的には単位認定はない。存続が危ぶまれる「遺産言語」を外国語教育においてどう位置づけるのか、今後とも検討される必要があろう。

〔参考文献〕
大谷泰照, 沖原勝昭他(編著)(2004) 『世界の外国語教育政策・日本の外国語教育の再構築にむけて』 東京: 東信堂.
樋口忠彦, 泉惠美子, 田邉義隆(2004) 「小学校の英語教育はいま ②——諸外国における小学校英語教育」『英語教育』11月号, 大修館書店, pp. 48–50.
―――, 他(2005) 「諸外国の言語教育政策と日本の外国語教育への示唆」『語学教育部ジャーナル』創刊号, 近畿大学語学教育部, pp. 1–61.
木村裕三(2002) 「東アジアにおける英語教育からの示唆 ② 中国のEFL」『英語教育』8月号, 大修館書店. pp. 43–45.
中華人民共和国教育部(国家教育委員会)(編)(2001) 『小学英語課程教学基本要求(試行)』 日本語版(渡邉寛治, 田中慎也他訳).
中華人民共和国教育部(国家教育委員会)(編)(2002) 『全日制義務教育普通中等学校英語課程標準』 日本語版(渡邉寛治, 田中慎也他訳).

大韓民国教育部(1997) 『初・中等学校教育課程──国民共通基本教育課程』 第1997–15号, 別冊1. ソウル: 大韓教科書(株).

大韓民国教育人的資源部(2004) *ELEMENTARY SCHOOL ENGLISH 3, 4, 5, 6*. ソウル: 大韓教科書(株).

木村裕三(2001) 「公立小学校における小学校英語担当教員養成・研修の課題と展望──東アジア2カ国の先行事例からの示唆」 (日本児童英語教育学会第21回秋季大会研究発表資料, 2001年11月).

相川真佐夫(2004) 「台北市周辺の公立国民中学における英語教育の現状と課題」『中部地区英語教育学会紀要』第34号, pp. 1–8.

中華民国台湾教育部(2003) (相川真佐夫翻訳)『國民中小學九年一貫課程綱要: 語文學習領域』台北.

Council of Europe (2001) *A Common European Framework of Reference for Languages: Learning, Teaching, Assessment*.
http://culture2.coe.int/portfolio//documents/0521803136txt.pdf

European Commission (2001) *Foreign Language Teaching in Schools in Europe*.
http://www.eurydice.org/Documents/Flt/En/FrameSet.htm

Department for Education and Employment (DfEE) & Qualifications and Curriculum Authority (QCA) (1999) *Modern foreign languages, The national curriculum for England*. London: The Stationery Office.

Department for Education and Skills *The standards site, MFL at key stage 2*. Retrieved December 27, 2004, from
http://www.standards.dfes.gov.uk/schemes/primary_mfl

ACTFL (1996) *National Standards in Foreign Language Education*. ACTFL, Yonkers: NY.

ACTFL (1998) *ACTFL Performance Guidelines for K-12 Learners*. ACTFL, Yonkers: NY.

Center for Applied Linguistics (2000) *Framework for the 2004 Foreign Language National Assessment of Educational Process*. Pre-publication edition. Center for Applied Linguistics, Washington, D.C.

オンタリオ州教育省ホームページ (http://www.edu.gov.on.ca/)

The Ministry of Education (2002) *Teacher Performance Appraisal Manual and Approved Forms and Guidelines, 2002*.

The Ministry of Education (2000) *The Ontario Student Record (OSR): Guideline, 2000*.

The Ministry of Education (1998) *The Ontario Curriculum: French As a Second Language — Core French, Grades 4–8, 1988*.

2章　小学校の英語(外国語)教育で目指すもの

　小学校段階における英語(外国語)教育で育むべき資質とはいかなるものであろうか。目標言語である英語(外国語)の運用能力だけに限られるのであろうか。また、これまでの中学校以降の英語教育において目標とされてきた学力と同じなのであろうか。本章では、国の枠を超えて統一した理念を持つ欧州の多言語教育の目標・内容を参考にしながら、小学校の英語(外国語)教育で目指すものおよびその位置づけについて考察する。

1節　小学校の英語(外国語)教育で目指すもの

1. 外国語学習の意義

　欧州には、言語学習者、指導者、教育行政関係者等のために作られた多言語教育に関する包括的なガイドライン *Common European Framework of Reference for Languages: Learning, Teaching, Assessment*（以下 CEF）がある。この CEF は、Council of Europe（欧州評議会、以下 COE）において作られたものである。CEF では、母語を含む多言語教育を通して育まれる資質とその役割として、言語能力の育成だけではなく、他言語・他文化に対する理解や寛容な態度の育成を含めている。

- 複言語主義 (plurilingualism) の促進
  すべての人は、いくつかの言語でコミュニケーションする能力を生涯にわたり、必要に応じて向上させる権利がある。
- 言語の多様性 (linguistic diversity) の促進
  ヨーロッパは多言語 (multilingual) 社会であり、すべての言語はコミュニケーションやアイデンティティの表現方式として等しく重要である。すべての人は自分の言語を学ぶ権利がある。
- 相互理解 (mutual understanding) の推進
  他の言語を学ぶことは、文化の違いを認め、異文化コミュニケーションを促進するための重要な条件である。

- 民主的市民(democratic citizenship)の推進
 多言語社会での個人の民主的、社会的プロセスへの参加は、それぞれが複言語能力(plurilingual competence)を持つことにより実現することができる。

〔表1〕 CEF: 共通参照レベル (吉島, 2004: 25)

熟達した言語使用者	C2	聞いたり、読んだりしたほぼすべてのものを容易に理解することができる。 いろいろな話し言葉や書き言葉から得た情報をまとめ、根拠も論点も一貫した方法で再構成できる。 自然に、流暢かつ正確に自己表現ができ、非常に複雑な状況でも細かい意味の違い、区別を表現できる。
	C1	いろいろな種類の高度な内容のかなり長いテクストを理解することができ、含意を把握できる。 言葉を探しているという印象を与えずに、流暢に、また自然に自己表現ができる。 社会的、学問的、職業上の目的に応じた、柔軟な、しかも効果的な言葉遣いができる。 複雑な話題について明確で、しっかりとした構成の、詳細なテクストを作ることができる。その際テクストを構成する字句や接続表現、結束表現の用法をマスターしていることがうかがえる。
自立した言語使用者	B2	自分の専門分野の技術的な議論も含めて、抽象的かつ具体的な話題の複雑なテクストの主要な内容を理解できる。 お互いに緊張しないで母語話者とやり取りができるくらい流暢かつ自然である。 かなり広汎な範囲の話題について、明確で詳細なテクストを作ることができ、さまざまな選択肢について長所や短所を示しながら自己の視点を説明できる。
	B1	仕事、学校、娯楽で普段出会うような身近な話題について、標準的な話し方であれば主要点を理解できる。 その言葉が話されている地域を旅行しているときに起こりそうな、たいていの事態に対処することができる。 身近で個人的にも関心のある話題について、単純な方法で結びつけられた、脈絡のあるテクストを作ることができる。 経験、出来事、夢、希望、野心を説明し、意見や計画の理由、説明を短く述べることができる。

基礎段階の言語使用者	A2	ごく基本的な個人的情報や家族情報、買い物、近所、仕事など、直接的関係がある領域に関する、よく使われる文や表現が理解できる。 簡単で日常的な範囲なら、身近で日常の事柄についての情報交換に応ずることができる。 自分の背景や身の回りの状況や、直接的な必要性のある領域の事柄を簡単な言葉で説明できる。
	A1	具体的な欲求を満足させるための、よく使われる日常的表現と基本的な言い回しは理解し、用いることもできる。 自分や他人を紹介することができ、どこに住んでいるか、だれと知り合いか、持ち物などの個人的情報について、質問をしたり、答えたりできる。 もし、相手がゆっくり、はっきりと話して、助け船を出してくれるなら、簡単なやり取りをすることができる。

- 社会的結束（social cohesion）の促進
  個人の成長や教育、雇用、情報へのアクセス、文化的向上における機会の均等は、生涯を通した言語学習によるところが大きい。

(国際交流基金，2005: 20)

　フィンランドではこの参照枠をさらに細かく分けて設定し（表2参照）、到達すべきレベルを示している。長い年月をかけ、実際に現場でのパイロット研究を行い、フィードバックを得ながら作られてきた参照枠ではあるが、学校教育課程にふさわしい目標とするためには、さらに各国の実態に応じた工夫が必要となることがわかる。

　ドイツの小学校外国語学習の「指導書」では、(1) 自分とは異質のもの、他者に対して関心と好奇心を起こさせ、未知のものへの不安を取り除く、(2) 外国語能力の基礎を与える、(3) 他の言語、文化共同体に対する開かれた態度を涵養することにおいては平和教育の一部をなす、という3点が、重要な目標としてあげられている（Doye, 2004: 160）。

　また、スイスでは、児童が諸言語と自分の言語に対して新しい関係を築くように促す授業として、幼稚園から義務教育の最終学年までを対象としたプログラム（EOLE教育法）が存在するが、この教育法では言語・コミュニケーションの多様性に触れることを通して「ともに生きる術を学ぶための学習」という命題があり、複言語・複文化主義の社会に生きる子どもたちにとって必要な資質育成を目指していると考えられる（Perregaux, 2004）。

　このように欧州においては、多言語教育を通して、他者への関心を持ち、

〔表2〕 CEF: 共通参照レベルとフィンランドのカリキュラムにおける到達目標

	CEF	Finland		
			到達する学年	
			Productive Ability	Receptive Ability
熟達した言語使用者	C2	C.2		
	C1	C.1		
自立した言語使用者	B2	B.2.2		
		B.2.1	12年生	12年生
	B1	B.1.2		
		B.1.1		9年生
基礎段階の言語使用者	A2	A.2.2	9年生	
		A.2.1		6年生
	A1	A.1.3	6年生	
		A.1.2		
		A.1.1		

繊細な感覚で多様な言語や文化に触れ、他者に関わる「開かれた態度の育成」を目標とすることが示されている。志賀 (2004) は EOLE カリキュラムを、欧州における複言語・複文化主義の理念が言語教育政策に現れたものと捉え、「持続的な多文化社会における生活への準備という新たに認識された課題を担った異文化教育の実践である」としている。

　一方で、COE 加盟国の大臣レベルが集まった会議においては、言語運用能力を育てることが重要な目標となること、加盟国において多言語運用能力育成のための条件整備や予算措置がなされるべきであることが確認されていることも忘れてはならない。言語能力の到達目標の統一参照レベルが示され、CEF に基づいた言語学習、指導、評価の実際の記録である European Language Portfolio (ELP) の周知と普及を進める一方、欧州に共通の言語能力を証明する Language Passport を発行し、なおかつ、教員養成においても欧州に統一したコアカリキュラムによる質の高い水準を保つ制度を整えるなど、学習者が生涯学習として多言語運用能力の向上に取り組むための動機づけに

まで配慮した多言語教育政策をシステムとして作り上げてきている。このことは、多言語教育が欧州全体の繁栄、成熟した市民の育成に重要な鍵となることが政治的レベルで認識されていることを示すものでもある。

2. CEFが示唆すること

これからの世界に生きる子どもたちに求められることとして、世界における相互依存の関係に気づき、地球規模の視点を持ちながら、自己の能力を発揮し、各自の生活の場所でグローカルに生きていくための資質を養うことが考えられる。この点において、国際理解教育、外国語教育の果たす役割はより重要となるはずである。

日本が欧州とは異なる社会状況・言語環境であることを考慮すると、CEFの示す多言語教育の意義や目的がそのまま日本にあてはまるものではないと言えるだろう。しかし、母語に加え、外国語によるコミュニケーション能力の育成を進めながら、国際理解の資質を育て、他言語・他文化への認識を高めることは、これから子どもたちが生きていく世界において必要であることに変わりはない。今後、日本において地球市民的資質の育成を目指す教育が進められるとすれば、CEFの理念の中に、日本の外国語教育の目標として必要となる部分を見出すことができるはずである。また、到達目標を示し、目標言語で何ができるようになるのかを示している点は参考にすべき点である。

3. 英語を第一外国語として選ぶ理由

学校教育、特に義務教育において学ぶべき目標外国語の決定には、現状の社会、政治・経済における当該言語の価値、役割、将来的な展望を含めて十分に検討がなされる必要がある。

グローバル化の進む21世紀を生きる人間にとって、IT能力とともに外国語能力は欠かせない資質の一つであると考えられている。現在、世界の国際補助言語として英語の果たす役割は重要であり、多くのアジアの国々でも、学校教育において英語が指導されており、必修教科としての小学校への英語の導入は、日本に先駆けて進められている場合が多い。日本の中学校の教育課程においても「英語」は必修科目となっているが、このこと自体が、日本においてすでにその重要性が認められているという証でもある。

今後、たとえ、国際補助言語として機能する他の言語が生じてきたとしても、その言語がすぐに英語と匹敵するほどの役割を果たすようになるとは考

えにくい。また、そのことによって即座に英語の果たす役割がなくなるということもないだろう。

　将来的には在日外国人の増加も予想され、日本語を母語としない学習者のために、教育課程においてそれぞれの母語を学ぶ、あるいは母語で各教科を学ぶ機会の保障を、制度として準備する必要もあるだろう。しかし、多くの日本人にとっては、英語が第一外国語に選ばれる理由は十分にある。特に、中学校で必修化されている英語との連携を考えれば、小学校で英語以外の外国語を学ぶことについては、十分な説得力は持てないはずである。

　また、CEFでは、第二外国語の学習の機会を持つことが、ステレオタイプ化した言語観や文化観の助長への抑止効果となるとし、その重要性を説いている。今後日本においても、高等学校、あるいは中学校において第二外国語教育の導入を実施することの検討も含め、多言語教育政策の一環としての第一外国語教育のあり方、導入の時期を議論する必要があると考える。

4. 小学校における英語（外国語）教育の意義

　小学校における英語教育は、すでに総合的な学習の時間において英語活動として実施されている。松川（2004）は、英語活動を実施する小学校の参考になるように作られた『小学校英語活動実践の手引』（以下『手引』）制作までの経緯、内容、さらに同書に対する評価を示し、その課題を明らかにしている。従来の「英語教育」の概念にとらわれない新しい小学校における英語教育実践を、各学校の創意工夫や自発的な取り組みから生み出すためには、「当初から小学校における英語活動の目的を明確にすべきであった」と指摘している。

> …小学校英語活動が中学校英語の前倒しではなく、真に新しい可能性を持つものであるなら、目的の明確化とその具体的な形としての目標の設定は避けられない課題です。それを示すことこそが新しく始めることへの「手引」になるはずで、それなしでは「手引」の意味はないのです。
> 　　　　　　　　　　　　　　　　　　　　　　　　（松川，2004: 63）

　松川の示すように、小学校段階における英語教育・外国語教育実施の意義を明らかにすることがまずは必要である。その上で、各段階の目的に合った教材や指導法の開発が行われ、充実した内容を提供できる教員養成・研修が実施されることになるのである。

5. 言語・コミュニケーション能力の基礎力育成

　小学校での英語(外国語)教育を、単に後の継続的な外国語運用能力育成の入門期として位置づけるのではなく、小学校で英語(外国語)に触れること自体に教育的な意義を見出すことも可能である。つまり、一つの言語(英語)の運用能力育成を目標として学ぶだけではなく、外国語(英語)を学習することが「言語・コミュニケーション」について異なる視点から捉えることを可能とし、母語を振り返り、言葉について知る機会となること、その目標言語(英語)によるコミュニケーション体験を通して他文化・他国民を知ることに意義があることも忘れてはならない。児童期は他文化に対する心理的バリアが低く、自分と異なる文化や言語、人に対しての偏見が少ない。日本語や日本文化と異なるものとの遭遇を通して文化の相対性に触れることが、偏見のない開かれた心を育てることにつながることが期待できる。

　ただし、もし外国語教育の目標を、他文化や他言語についての認識を高めることだけに限るのであれば、児童期ではなく、認知能力も高く、知識も豊かになり、世界観が広がる中学校、あるいは高等学校以降に外国語・外国の文化に触れることでも、ある程度の効果は得られるはずである。諸外国の言語政策においてみてみると、児童期から第一外国語に触れさせることの理由は、小学校からの継続的な学習が、言語運用能力育成に効果的に働くと捉えられているからであろう。

　例えば、複雑な多言語教育政策を取るフィンランドのナショナルカリキュラムにおいては、その到達目標は、小学校から英語学習を開始した場合と中学校に入ってから始める場合とで異なっている。つまり、到達できる言語運用能力のレベルが、開始時期によって異なることがこれまでの知見によってわかっているのである。外国語運用能力の向上において、中学校で授業時数を増やすのではなく、小学校において外国語教育を実施するだけの意義があるということである。また、日本、中国、韓国の高校生を対象に実施した英語力についての調査では、小学校から英語を始めた韓国の生徒の英語力、特にリスニング能力には、前年度と比べると大きな向上が見られ、この伸びは小学校から英語を学んだ成果であると報告されている(ベネッセコーポレーション国際教育事業部編, 2005)。

　これまで、国内では、小学校での英語学習の言語運用面での成果の測定、測定方法の開発はあまり進められてこなかった。このため、小学校での英語活動の成果に関するデータは十分とは言えない。今後、さらに継続的な幅広

い研究が実施されることで、英語力に加えて、日本語力、またコミュニケーションへの興味・関心など、より多様なデータが集められることを期待したい。

今後、小学校の教育課程において英語(外国語)の指導を本格的に開始するのであれば、小学校段階における英語(外国語)教育の目的として(1)短期的な目的(objectives)、(2)長期的な目的(aims)、(3)直接的なスキル習得の目的(performance objectives)、(4)間接的な教育的目的(pedagogical objectives)に分けて考えることも必要となる。目標設定を明らかにすることが教育課程においてその地位を確立するための必要条件であるとも言えるだろう。

6. 小学校での英語(外国語)運用能力に関する到達目標

外国語(英語)運用能力の育成に関して、小学校での到達目標を考えるのであれば、まずは、最終的に成人した段階で社会が求める英語力を考えることから始めるべきである。その後に各学校段階での目標を考えることで、児童期に目標とする到達地点が明らかになってくる。CEFで示されているような、成人に至るまでの各言語学習の到達レベルを設定し、ナショナルカリキュラムにおいて各学校段階でどこまでを到達目標とするのかを明確にしないかぎり、小学校で実施される英語(外国語)教育の目標・内容も明らかにはならない。

現在のような「総合的な学習の時間」における実施では、たとえ国際理解教育の一環としての実施であっても、外国語学習でありながら言語運用能力面での到達目標ははっきりしないままであり、このままやみくもに導入だけが進められれば、その結果として混乱を招くばかりであろう。実際、「教科」として実施している学校や教育特別区域(以下「特区」)での取り組みと、「総合的な学習の時間」で行われている英語活動の内容や授業時間数とでは、隔たりがある。

また、「教科」となれば「評価」「評定」が強く意識されることになる。児童の特性や発達段階を無視して、評価しやすいことだけを指導するようなことになれば、語彙やフレーズ、文字などを覚えるといったことが、授業内容の多くを占めることにもなりかねない。学校外学習の機会を持てる児童にはできることでも、教室の中だけでは定着できないことが増えていけば、早いうちから英語に対して苦手意識を持つことになり、英語嫌いが生まれると

いった新たな問題が出てくることは想像に難くない。

　小学校で行われるべきは、中学校の前倒しではなく、小学校でこそやっておくべき英語の授業でなくてはならない。もしも、後に学んでもよいこと、あるいは中学校や高校で学んだほうが効果的なものであれば、わざわざ早期に進める必要はない。「小中一貫のカリキュラム作り」を目指すと言いながら、結局は中学校以降の英語教育の前倒し的なカリキュラムが進められることになってはならないはずである。

　小学校から高校までの大きな外国語教育カリキュラム全体を念頭に置いた上で、小学校で育てるべき英語力の検討がなされる必要がある。結果として、中学校での実施内容の一部が小学校で実施されることも起こるかもしれない。しかし、たとえそうなったとしても、学習者の発達段階に応じた指導方法と内容について十分に吟味されることが求められることに変わりはない。少なくとも、小学校―中学校で一貫した指導計画を立てることは必要である。まずは、継続的な学習の成果として、義務教育の終わりである中学校卒業時に、目指すべき英語力が育成されていることを目標に考えるとよいだろう。今後、小学校において音声受容語彙としての十分な指導がなされることによって中学卒業までに指導される語彙数を増やすことも可能となるはずであり、中学以降の英語学習内容・活動を広げる点においてその意義は大きい。

2節　小学校英語(外国語)教育の位置づけと役割

　これまで、研究開発学校や自主的に英語活動に取り組んできた小学校では、どのような内容が実施されてきているのであろうか。また、実施を通して得られた知見とはどのようなものであろうか。

1.　現在の取り組み

　小学校英語活動実施状況調査(文部科学省、2005年)によれば「英語活動」の実施状況は全国2万2481校中2万700校で、92.1%を超えている。実施の際の教育課程上の位置づけとしては「総合的な学習の時間」のほかにクラブ活動や学校行事に用いられる「特別活動の時間」、休み時間、放課後など「その他」の時間も使用されているという。

　英語活動に費やされた年間平均実施時間数は表3のようになっているが、年間実施時間数別学校数をみると、年間1〜3時間の学校から71時間以上実

〔表3〕 英語活動年間平均実施時間数 （文部科学省調べ，2005）

	総合学習	特別活動	その他	計
第一学年		2.8 時間	4.8 時間	7.6 時間
第二学年		2.9 時間	4.9 時間	7.8 時間
第三学年	10.4 時間	0.3 時間	1.0 時間	11.7 時間
第四学年	10.4 時間	0.6 時間	0.9 時間	12.0 時間
第五学年	10.8 時間	0.7 時間	1.0 時間	12.4 時間
第六学年	11.3 時間	0.6 時間	1.0 時間	12.9 時間

施した学校まで、さまざまであることがわかる。その差が生まれる理由は、英語活動が「総合的な学習の時間」で実施されることにある。韓国や中国、台湾などで実施されている週1～2時間の英語教育と、日本で「総合的な学習の時間」に行われている英語活動では、授業時数だけを考えても、その目的や成果に大きな違いが生まれることは明らかである。

2. 「総合的な学習の時間」における英語活動

　「総合的な学習の時間」の実施においては、国が「英語活動」を強制するものでもないし、英語活動の教育内容を細かく指定するものでもない。各学校の実態に合った「英語活動」の実施が認められているのである。ただし、実施する際のガイドラインとして、文部科学省が『小学校英語活動実践の手引』の形で言語材料、実践例を示したことで、ある程度の基準を示したとも言える。さらに、文部科学省が主催する教員研修（英語活動研修講座）の実施という形で現場へのサポートを開始したこともあり、各都道府県の研究開発学校指定とともに次第に内容の均一化が図られ、また、その実施も広まってきたようである。

　文部科学省の調査結果（2005）によれば、英語活動として指導されている内容としては「歌やゲームなど英語に親しむ活動」「簡単な英会話の練習」が多く、15分など短いコマや45分以上の大きいコマで運用されている場合があるが、ほとんどは45分を1コマとして指導されている。英語活動の主たる指導者は圧倒的に学級担任である場合が多く、特別非常勤講師の採用は5％にも達していない。担任と専科教員による望ましい指導体制の開発も含め、

今後は現職教員の研修、養成に十分な予算措置が必要であることがわかる。
　あらゆる教育実践において、達成できる目標は実施できる授業時数によって変わるはずである。現状を考えると、「総合的な学習の時間」の中での実施である場合、英語活動の年間授業時数は平均で13時間にも満たない。この時間数を考えた場合、言語運用能力育成を目指すには決して十分な時間とは言えない。実は、「英語活動」という言葉自体に、中学校における「英語科」とは異なる理念がはっきりと示されているのである。その言葉の使用自体に賛否両論はあっても、英語学習と呼ばないことには意味がある。松川(2004)は、冨田祐一氏が『手引』の功績として、その呼び方を「英語活動」としたことをあげている。

> 『手引』が教科的な色彩の強い「英語学習」ではなく、国際理解教育の一環としての「英語活動」と言う言葉を使っていることは『手引』の功績だといえる。小学校で行うのは「学習」ではなく「活動」であることを示したのは優れた見識だ。(『内外教育』2001年6月22日付)
>
> 　　　　　　　　　　　　　　　　　　　　　　　　（松川，2004: 60）

つまり「総合的な学習の時間」での英語活動の成果は、児童の英語運用能力だけを測ることで判断されるべきではないのである。「活動」として取り組んだ研究開発学校や各自治体で取り組んでいる実践から得られた知見を今後どのように生かすかが重要であり、現場から得られたデータにこそ、小学校段階における望ましい英語活動のヒントが凝縮されているはずなのである。

3.　「教科」としての取り組み

　研究開発学校の中には、教科的な扱いとして英語に取り組んでいる学校もある。最近では、研究開発学校以外にも、特区などにおいて「教科」として小中一貫教育の英語教育に取り組む地方自治体が出てきている。「教科」として実施している学校が、総合的な学習の時間で取り組んでいる学校と異なる点は、そのねらいや目標に、英語運用能力の定着を図ることも含まれるという点である。つまり、授業を通して英語で「何ができるようになったか」「何を知りえたか」も明らかにしようとしているわけである。
　ただし、小学校の段階においてどのような英語力を育てなければならないのかについては、今後研究の余地が残るところである。これまで中学校の1年次に育てていた力を、そのまま小学校に降ろしてくるだけでよいといった

ものではない。少なくとも、小・中連携のカリキュラムは、学習者の発達段階を考慮したものでなくてはならないはずである。

例えば、語彙指導と言ったとき、「文字を見てその意味がわかる力」と「音声で聞いてその単語の意味がわかる力」、「音声で文やフレーズを聞いて、その中からその単語を認識する力」では、それぞれ異なる力が必要となるわけであり、したがって指導される内容も当然変わってくる。

要するに、児童期にこそ育てておくべき力はどんな力であるのかを決定し、さらにどのように評価をし、その成果を測るのかを考えることが大切となる。

4. 小学校教育課程にふさわしい英語(外国語)教育の位置づけ

児童期にこそ必要な授業内容の準備がなされなければ、中学校や高校での英語授業時数を増やすことでもよいはずである。

宮城県仙台市立東二番丁小学校では、平成13年度より総合的な学習の時間において英語活動に取り組み、平成17年度には年間30時間の英語活動の時間を確保している。授業作りの5つのエレメントとして、① コミュニティー作りの視点 ② オリジナリティの視点 ③ グループワークの視点 ④ 自己表現を高める視点 ⑤ 既習内容を生かす視点などを持っており、全人教育として行う小学校の英語活動の特色がよく現れている。

また、島根県金城町立雲城小学校は、平成16年度より「小学校段階にふさわしい英語教育の在り方――英語表現科の創造を通して」を研究主題にし、年間70時間(3年生以降、1,2年生は20時間)の指導を行う研究開発学校である。英語の授業を通した子どもたちの自己表現力の育成をねらいとしており、聞く活動や英語劇への取り組みによりその実践を図っている。

大阪府河内長野市立天野小学校は、平成8年度より研究開発学校として英語活動を実施してきた学校である。平成17年現在は、「国際社会に生きる表現力豊かな子どもの育成――小・中学校9年間を見通した英語教育のあり方」を研究主題に、教科として年間70時間(3年生以上、1,2年生はそれぞれ34時間、35時間)の実践に取り組んでいる。英語による表現力と同時に、日本語によるコミュニケーション能力や表現力・読解力を「関連する能力」として含めた研究の取り組みが進められていることは大変興味深い。

研究開発学校の国語力の変容などについてはデータが残されていないようであるが、これまで、このような小学校における英語授業の新しい位置づけや役割の研究に取り組む学校がほとんど出てきていないのは大変残念なこと

である。現存の教科の切り方自体を変えるような発想、例えば、低学年から中学年までは、「言語科」「コミュニケーション科」等として日本語と外国語を効果的に利用した言語教育を進め、高学年になって「国語」と「英語」に分けて指導するような試みがなされてもよかったのかもしれない。

英語を用いて何ができるようになるのかという到達目標を記述した欧州のCEFの最低レベルA1の内容（pp. 35–36 表1参照）を見ると、日本の小学校ではさらにその下のレベルを設定する必要があることがわかる。小学校段階において「英語でできること」について、子どもたちに多くを期待することはできない。ただし、だからといって、「アルファベットの名前を覚える」「アルファベットの表す音声を言える」「発音された単音を聞いて対応する文字がわかる」「文字を見てその意味がわかる」などの能力を育てることだけを、継続的な英語運用能力育成の基礎・基本としてはならないはずである。

英語の4技能を総合的に育てることが英語教育の最終的な目標であったとしても、少ない授業時数を考えれば、小学校段階でやるべきことは限られてくる。たとえ見栄えはよくても、総花的に音声から文字指導まですべてを年間カリキュラムに入れるべきであるかどうかについては検討の余地があろう。

筆者は2005年3月、台湾の台北市、台北県の小学校、中学校の英語実態調査を行った。その際協力いただいた、国立台湾師範大学助教授で台北市の小学校英語について指導的立場にあるYaming Tia氏によれば、すでに小学校で英語を導入している台湾では、中学校側からの圧力で語彙や文字指導に力を入れることが求められたことで当初のころと指導内容が変わってきているという。知識としての英語学習の色が濃くなっており、塾や児童英会話スクールなどへ通う子どもが増える一方で、研究者の間ではコミュニカティブな活動を授業に入れることの必要性が唱えられるようになっており、そのための研究が始められているという。公式に発表されている指導要領等に表される情報だけからでは見えない部分が多いが、すでに小学校から英語を必修にしている韓国や台湾の成果から得られることもあるはずである。

5. 国際理解教育の一環としての役割

児童期に育てるべき国際理解教育の基本的な資質として、自尊心、他者尊重、人と関わるコミュニケーション能力があげられるが、他者を尊重する心の育成は、自尊心を育てることなしには難しい。英語活動を通してコミュニケーション体験を持たせながら、「通じる」「通い合う」「できる」「わかる」体

験をたくさん持たせることが、「自尊心」を持った、自律的な(外国語)学習者としての資質を育むことにもつながるはずである。

そのためにも、指導者、また、友達とのペア活動やグループでの活動が、コミュニケーションを持つ楽しさやその意義を感じられる内容であることも大切である。また、友達と協力する姿勢を育む活動、友達と一緒に取り組むことにより達成感も持たせられるような活動を心がけ、英語学習活動を通して、目標言語および目標言語圏の文化だけではなく、多様な文化・言語への興味や関心が育まれることが理想である。結果として、人と関わる態度を育てるだけではなく、外国語・外国文化へのさらなる興味や関心を促すような指導でありたい。偏った世界観を与えるような指導が行われてはならない。国際理解教育としての意義を十分に果たす教材作成は今後の課題として残されたままであり、今後に期待される部分でもある。

言語・文化に関する知識・理解を進めるためには、児童自らが考え、他言語・他文化に積極的に取り組もうとする態度や、外国語の学び方を模索しようとする姿も評価されるべきである。したがって、そのために必要な学習活動が指導計画の中に盛り込まれていなければならない。『手引』で示された英語活動、調べ学習、交流活動の三位一体のカリキュラム作成はその意味において意義のあることであり、そこからさらに広げたクロスカリキュラ的な取り組みこそが期待されるものでもある。

言語運用能力の定着を図ることに加えて、コミュニケーションへの関心・意欲・態度面の育成や、異なる文化・言語に触れる体験を通した国際理解教育面の資質育成が、継続的な言語運用能力の向上に効果的な影響を与える可能性も高く、その意義は十分検討されるべきである。

6. 継続的な言語運用能力育成の基礎的学びとしての役割

外国語運用能力を身につけるには、大変な時間と労力がかかるものである。仮に毎週1時間、英語の授業を実施したとしても、1週間後には指導したはずの運用能力も知識も定着していないことのほうが多い。しかしそれは自然なことでもある。英語授業において、身近な英語表現に触れさせる機会や音声英語によるコミュニケーション活動を多く持たせることはもちろん、英語授業が、生涯学習として外国語とつき合うためのきっかけや動機づけとなることも大切である。

大切なのは、「先取り」ではなく「適切な目標の設定」である。大人がやる

ようなことを子どもができるようになれば、一見すばらしい成功のように思えるかもしれない。しかし、その力が「大きな幹となって生涯学習につながる力」なのか、あるいは「最短距離を走ってたどり着いただけの力」なのかでは、大きな違いがある。

　小学校では児童の興味と発達段階に応じて柔軟な指導を行いながら、児童が消化できる範囲の内容を与えるようにするべきである。「できない」「わからない」体験が増えれば英語への苦手意識が強まるだけであり、生涯を通じて外国語を学ぶ資質を育てることにはつながらない。児童が積極的に英語表現活動に取り組むこと、英語表現に慣れ親しむことを通して、目標とする力の育成を目指すことが重要となる。その場合、すべての子どもが参加でき、達成感を得られるような授業であるように努めたい。児童の興味・関心を引く授業内容であるとともに、それぞれの児童の能力を発揮して取り組めるような活動が実施されていれば、「参加できない」子どもが多く出るようなことはない。もし多くの児童が取り組めない授業内容であれば、目標、教材、あるいは指導法に大きな誤りがあると考える必要がある。

　しかし反対に、活動を通して言語運用能力を全く育てられないとしたら、子どもたちが達成感を得ることも、外国語によるコミュニケーション活動に興味を持つことも期待できない。児童に身近で簡単な表現を用いながら、達成可能な体験、興味を持って取り組める活動を準備することが必要となる。言語表現に慣れながら、自分で考えたことや感じたことを発話する機会、発せられた情報を興味を持って受け取る機会、児童自身のアイディアや個性が生きるような自己表現の機会を作り、新しい情報の交換が起こるような活動を作ることが期待される。そのためには、語彙やフレーズに触れるドリル的な活動から、既習表現を用いて情報の交換を体験するコミュニケーション活動、さらに高島（2005）が示す Task Oriented Activity を活動の中に組み込んでいくような工夫が必要となる。同時に、児童の発達段階に応じて他教科や他の学校行事等の取り組みとのクロスカリキュラ（教科横断）的な方法で実施できる内容を、教育課程全体とのバランスを考慮した上で実施したい。

〔参考文献〕

ベネッセコーポレーション編（2005）　東アジア高校英語教育 GTEC 調査「高校生の意識と行動から見る英語教育の成果と課題」岡山:（株）ベネッセコーポレーション．

Crystal, D.（1997）　*English as a Global Language*. Cambridge University Press.

独立行政法人国際交流基金（2005）「ヨーロッパにおける日本語教育と Common European Framework of Reference for Languages」．

Doye, P.（2004）「小学校の教員養成および研修のためのプログラム」訳・註: 吉島茂『外国語教育 III　幼稚園・小学校篇』吉島茂・長谷川弘基編著．東京: 朝日出版．

European Language Portfolio　Foreign Language Learning: A European Priority. http://www.eurydice.org

Eurydice（2005）*Key Data on Teaching Languages at School in Europe.* The Information Network on Education in Europe.

Finish National Board of Education（2003）*National Core Curriculum for Basic Education 2004.*

後藤典彦，冨田祐一（2002）『はじめよう！　小学校英語活動』東京: アプリコット．

Graddol, D.（1999）*English in a Changing World*（AILA Review）．English Company.

樋口忠彦，行廣泰三編（2002）『小学校の英語教育』名古屋: 中央出版．

金森　強編（2003）『小学校の英語教育』東京: 教育出版．

松川禮子(2004)『明日の小学校英語を拓く』東京: アプリコット．

宮城県仙台市立東二番丁小学校(2001)「実践報告書」．

文部科学省（2001）『小学校英語活動実践の手引』東京: 開隆堂出版．

―――（2005）　小学校英語活動実施状況調査結果概要(平成 16 年度)．

大阪府河内長野市立天野小学校・西中学校(2004)「研究開発実施報告書」．

Perregaux, C.（2004）「『諸言語に対して開かれた心』を育てる教育を小学校において実践するための教員養成」訳・註: 志賀淑子『外国語教育 III　幼稚園・小学校篇』吉島茂・長谷川弘基編著．東京: 朝日出版．

志賀淑子（2004）「フランス語圏スイスの EOLE アプローチ」『外国語教育 III　幼稚園・小学校篇』吉島茂・長谷川弘基編著．東京: 朝日出版．

島根県金城町(現，浜田市)立雲城小学校（2004）「研究開発実施報告書」．

白畑知彦（1999）「小学校の英語導入が抱える問題」『英語教育』10 月号，大修館書店，pp. 14–16．

―――，若林茂則（2004）『英語習得の「常識」「非常識」』　東京: 大修館書店．

高島英幸編著（2005）『英語のタスク活動とタスク』東京: 大修館書店．

吉島茂，大橋理枝（2004）『外国語教育 II 外国語の学習，教授，評価のためのヨーロッパ共通参照枠』東京: 朝日出版社．

3章　関連分野の知見と小学校英語教育への示唆

　本章では小学校に英語を導入するにあたって、知っておきたい4つの関連分野の知見とその児童英語教育への示唆を紹介する。

　最初に扱うのは、第二言語習得論である。第二言語習得論は外国語の習得の過程やメカニズムを解明しようとする学問である。教授法やその効果などを扱う「言語教育学」と似ているが、第二言語習得研究は基礎科学である点で別ものといってもいい。しかし、人間が「いかに言語を習得するか」という研究は「いかに学べば効率的か、いかに教えるべきか」という命題に示唆を与えてくれることは間違いない。

　次に、神経言語学の分野を概観する。この分野は近年特に発達が著しい。これは、脳内の血流や磁場を検査する医療装置が開発され、今までは目に見えなかった脳の動きを映像やグラフなどで表記することが可能になったことによる。年齢と言語習得の関係は、脳の機能と脳内言語処理の関係だとも言い換えられる。今後、この学問領域からの知見に、児童英語教育論は大きく左右されることは間違いない。本章で紹介されるいくつかの実験結果は非常に興味深い。

　3番目は国際理解教育、異文化間コミュニケーションである。言語は文化の一部であり、言語により人々が結びつき、特定のコミュニケーションスタイルが形成され、特定の文化が保たれることを考えれば、言語教育とは切り離せない領域である。また、異文化への寛容さや積極的にコミュニケーションを図る態度は、児童期において最も素直に受け入れられやすいことを考えると、児童英語教育の領域でぜひ扱いたい分野である。

　最後に扱う領域は児童期の学習心理・行動学である。低学年の児童は、まだ自我が目覚めていないうえ、分析的な認知能力は発達していない。反対に、高学年の児童は、学習目的がはっきりしない言語学習活動にはなかなか参加しない。児童といっても多様なのである。よって、その年齢や認知発達に応じた扱いが成功へのカギとなる。この節では、児童を観察することの大切さや、発達段階に見合った教材を、見合った方法で、見合った時期に与えるこ

との大切さを示す。

1節　第二言語習得研究から

　第二言語学習者の大半がその習得に失敗することを考えると、第二言語習得は単なる動機づけの有無や学習方法の良し悪しでは説明できないことがわかる。方法論以外に何か複雑な要素が絡み合っている。年齢、認知、脳神経、社会・心理的要因、母語との関係などがあると想像されるが、絶対的なものはわからない。このメカニズムを言語学、心理学、行動科学、脳科学、教育学などの知見を応用しながら解明しようとするのが第二言語習得論である。

　本節では特に児童英語教育と関わりが深いと思われる3つの下部領域や仮説を紹介し、そこから児童英語教育への示唆を探ってみたい。

1. 母語習得から考える

　まず児童英語教育の話をするときに避けて通れない第一言語習得のメカニズムに関して触れておきたい。それはだいたい以下のような仕組みだと考えられている。

　子供は言語を獲得する能力を生まれながらにして備えている。これを普遍文法（Universal Grammar、以下 UG）、あるいは言語獲得装置（Language Acquisition Device）と呼ぶ。そして、与えられる言語刺激により、普遍文法から個別の言語の元となる「核文法」が作られる。これをさらに、自分で調節して（文法を自ら考え、調整し、構築しながら）、英語圏に生まれた者は英語を、日本に生まれた者は日本語を獲得する。

　なぜ、人間は言語を獲得する能力を生得的に備えているといえるのだろうか。それは以下のような考え方からである。

　子どもに与えられる大人からの言語的インプットは、子どもが発するアウトプットから判断すると、質的にも量的にも十分とはいえない。にもかかわらず、子どもはその限られた言語情報（「刺激の貧窮」と呼ばれる）から文法をいつの間にか獲得し、聞いたことがないような文を自ら生成する能力を身につける。これは人間は生まれながらにして、言語を獲得する能力や仕組みを持っているからである。そうでなければ、生まれてから4歳くらいまでに基本的な言語体系をすべて身につけ、しかも、だれ一人失敗する者はいない、という事実を説明できない。

この一連のチョムスキーらの言語習得理論はいったい本当なのだろうか。それは、今のところだれにもわからない。ただし、最近、言語遺伝子ではないかと思われる遺伝子が発見され（Enard et al., 2002）、がぜん信憑性を帯びてきた。何世代にもわたって発話障害を持つイギリスの家系を調べたところ、第7染色体の *FOXP2* という遺伝子が欠如していたことがわかったのである。言語操作に関連する遺伝子が存在するということは、少なくとも生物として、人間は言語を話すことを前提として作られているということがわかる。もちろん、生まれた後の環境も同じ程度に人間の言語習得に影響を与えるということを示す研究結果もたくさんある。特に第二言語習得においては、言語環境が及ぼす影響を無視するわけにはいかない。

　さて、第二言語も第一言語と同じようなメカニズムで習得されるのだろうか。それは、まだまだ解明されるに至っていない。少なくとも大人においてはかなり異なることは間違いない。しかし、クラッシェンらは大人になってもそのUGへのアクセスは可能であり、そのためにはインプットが大切であるということを主張している。しかし、もし、少なくとも小さな子どもにおいてはそのメカニズムが似ているとすれば、今までの言語習得研究から、例えば以下のような示唆を得ることができそうである。

① インプットが大切だ
　UGが存在するなら、母語習得の場合と同じような量のインプットを与えれば、子どもは、自らその言語を獲得していくはずである。だが、同じだけの量は到底与えられない。となると、厳選したインプットの質と提供の仕方が重要となる。

② 文法的な誤りを正すのはほとんど効果がない
　幼児に対して、文法の誤りを正す親はいない。幼児は、言語の構造ではなく、意味にしか注目していない。彼らはこう言うのが正しいのだというインプット（「肯定証拠」という）を基に言語とその構造を習得していく。

③ リピートは疑問符
　母語は親の発話の模倣によって習得されていくわけではない。親は常に正しい言語情報を提供しているにもかかわらず、子どもは *Nobody don't like me. などという非文法的な言葉を話すことからも明らかである。

④ 教えたことを学べるわけではない
　母語習得には一定の段階がある。教えたことは、一時的にできるようにな

るかもしれないが、長期的には一定の筋道を通って言語を習得していく。昨日教えたことが明日定着していなくても教師はいらいらする必要はない。
⑤　動機づけより、インプットの量が大切
　幼児は、動機づけ、知能指数など全く関係なく母語を習得する。やる気より、それにより生まれてくるインプットの量や時間の長さが大切である。

2.　臨界期仮説から考える

　早期英語教育の肯定的要因の一つとして、必ず引き合いに出されるのが「臨界期仮説」である。言語習得にはもっとも適した時期があり、その時期を越えると不完全にしか言語が習得できなくなる、という考え方である。その境界は曖昧なものだということで「敏感期」や「最適期」と呼ぶ者もいる。確かに動物にはある時期に学ばないと生涯学べないものがあることは知られている。例えば、猫はある時期縦じま模様ばかり見せられると、横じま模様を認識できなくなる。アヒルも孵化(ふか)後、短期間でついばみを学ばなければ、永遠についばむことができなくなる。

　言語の習得にも臨界期があると言い出したのはレネバーク(1967)である。彼は脳になんらかの障害を受け、失語症になった子どもと大人の母語能力の回復度などを調査し、言語習得が可能な時期は思春期(12～15歳ころ)までとした。左脳に障害を受けた子どもは、右脳が代理をし、言語機能を回復するが、大人はそのまま完全に言語を失ってしまう。この差は脳の機能が分化する脳の「一側化」が原因であるという仮説を立てた。だから、脳の機能が分化する前に言語を獲得しなければ、獲得が困難であるとした。

　臨界期をもっと早い時期に設定している者もいる。クラッシェン(1973)は脳の一側化は5歳までに終了するとし、ジョンソン(1992)は7歳までに目標言語が話されている国で生活すれば、例外なく母語話者と同じレベルで言語が習得されるが、8歳以降は年齢が高くなるにつれて、個人差が大きくなるという報告をしている。これは臨界期は7歳であるということを示唆している。またJASTECプロジェクト・チームの研究では低年齢(6.7歳、8.9歳)で英語学習を開始した児童のほうが、規則を内在化し始めれば急速に伸びていくと報告している(樋口他,1997)。ロングは6歳までならすべての面で母語話者と同等の能力を習得できるとしている(Long, 1990)。ワーカー他(1993)は、生後10～12カ月にはすでに、自分の母語以外の音素は認識できなくなってしまうという。

反対に、サインランゲージの習得の研究からは、12歳を過ぎても能力は劣るものの、言語習得が不可能ではないという報告もある（Johnson and Newport, 1989）。白畑（2004）は小学校で210時間の英語教育を受けた日本人学習者と児童英語教育を受けてこなかった学習者との間で、高校3年時のときの文法能力の習熟度に関して比較したが、結果は特に差はなかったと報告している。また、8歳でフランス語学習を始めたグループと11歳で始めたグループを、双方が16歳で比較した研究報告があるが、これによると、11歳で始めたグループのほうが4技能のうち、リスニングを除いて他の3技能では優れていたという（Burstal, 1975）。さらに、小学校で1000時間のフランス語の学習を受けた後、低学年と高学年の動詞の活用形の習熟度を調べた結果、高学年のほうがはるかに高得点だったという報告もある（Harley, 1986）。

この一見相反するように見える研究結果も、私たちに多くの示唆を提供してくれている。まとめてみよう。

① 臨界期は音声面でのみその存在が認められている

母語習得の臨界期の存在を裏づける研究はまだ少ない。特に第二言語習得研究では、あるともないともまだ言えない状態である。わかっていることは、発音に関しては、早く始めたほうがいいかもしれないということのみである。

② 母語話者並みを目指すこと自体がおかしいのでは

臨界期の研究は母語話者並みに言語が習得できるかどうかの限界年齢があるかどうかを探っている。しかし、もともと英語を外国語として学習する日本人が母語話者並みを目指す必要などないうえ、まずなれない。よって、臨界期を気にすること自体があまり意味がない。

③ 気にすべきは年齢にあった教え方

同じ授業時間なら、年少者より年長者のほうが習熟度が高くなる傾向にある。よって臨界期より、年齢に合った教え方のほうを気にするべきである。特に日本の状況ではインプットを提供できる場所は教室が唯一の場所であることを考えると、年齢に合った教え方が特に重要な意味を持つ。

④ 臨界期を過ぎても母語話者並みになれる

臨界期は全員が母語話者並みに第二言語を習得できるかどうかの境をさしている。しかし、8歳、あるいは12歳を過ぎても母語話者並みの言語能力を身につけるものもたくさんいる。個人差があるということだけである。

3. インプット仮説から考える

　過去20年間でチョムスキーのUG理論の次にインパクトが強かった言語習得理論はクラッシェンの「インプット理論」であろう。彼が初めて言語習得を理論上一応説明できる形にして世に問い、議論を巻き起こした。その影響はさらなる新しい言語習得論に関する仮説を生み出したという意味でも、彼の貢献と影響は大きい。

　彼の理論はご存じの一連の「習得―学習仮説」、「自然習得順序仮説」、「モニター仮説」、「インプット仮説」、「情意フィルター仮説」からなる。簡単に言えば、以下の通りである。

　言語は「学習」されるのではなく、無意識のうちに「習得」されていくものであり、それは第二言語習得にも言える。学習は自分の発話をモニターする役割しか担わない。その習得には母語や学習の順序にかかわらず自然な習得順序がある。人間が言語を習得する唯一の方法はメッセージを理解しようとすることである。よって、理解可能なインプットや、やや上のレベルのインプットを与えることが大切である。インプットが入りやすいように心的障害を低くするような環境を提供することが重要である。

　学習の役割をモニターに限定したところが批判の的となったが、インプットの重要性、特に理解可能なインプットが言語習得には不可欠であるという点に現在も異議を唱えるものはほとんどいない。これに対して、アウトプットが必要不可欠であると主張したのはスウェイン（1985）である。人間はアウトプットにより自分は言いたいが言えない表現の「穴」があることに気づく。この「気づき」によって自分の言語規則の修正ができる。さらに流暢さが高まる。これが「アウトプット仮説」である。さらにロング（1990）はインタラクションを通して意味の交渉を行うことによって言語習得が促されるという「インタラクション仮説」を展開した。さらにドーティーらはFocus on Formという指導技術が言語習得を促すとして、一連の教授法を提案している（Doughty & Williams, 1998）。これは、意味ある言語活動を行いながら、適宜、言語形式にも注意を向けさせるような教え方である。これにより正確さ、流暢さ、複雑さ3拍子そろった言語能力の習得ができるとしている。インプット仮説から始まるこれらの一連の仮説が示唆しているものは、以下のようにまとめられる。

① 意味ある伝達活動が大切

どの仮説も示唆していることは、言語は「多くの有意味なインプットと伝達活動（インタラクション）」が最も言語習得を促進するということである。単語一つ学習する場合も、本人にとってその単語が何らかの形で身近なもの、意味のあるものであることが大切である。
② アウトプット、インタラクションはインテイクを促す
　無理やり発話させる必要は全くないが、アウトプットはフィードバックを可能にし、言語習得を促進させる。これにより学習者は「中間言語」を確認し、深め、誤っている場合には自ら修正することができる。インプットが意味をなす言語要素として「インテイク」されていく。
③ 文法説明も必要な場合がある
　暗示的 (implicit) な言語材料の提示のほうが長い目では言語習得を促すが、高学年には明示的 (explicit) な文法規則などの提示が必要になる場合がある。しかし、その場合も、意味のあるやり取りを通して行うことが大切である。

4. まとめ

　第二言語習得論の理論にしっかり裏打ちされた実践が理想であることは間違いない。しかし、実践から理論が導き出されることもある。双方は互いに影響を及ぼし合いながら、より効率的な児童英語教育の実践と人間の第二言語獲得のメカニズムの解明に寄与していくべきであろう。特に児童英語教育と言語習得論は「年齢と言語習得の関係」が重要な研究領域である点で、実践と理論がコインの表裏のように離れているようで実は最も近い領域ではないだろうか。実践者は理論を、研究者は実践をもっともっと学び合う姿勢が大切である。

2節　神経言語学から

　オブラー＆ジュアロー (2002) は、「神経言語学 (neurolinguistics) は、名前からもわかる通り、脳 (neuro) がどのようにして私たちが言葉 (linguistics) を持つことを可能にしているかを研究する」と述べている。つまり、脳と言語の関係について考える分野が神経言語学ということになる。また、神経言語学は、言語獲得を扱う心理言語学、言語障害を扱う神経心理学と密接な関係にある。本節では、これらの分野の研究から得られた知見を踏まえ、小学校英語教育の可能性について考察する。

1. 脳科学研究から見た早期教育

小学校の英語教育について、賛成・反対の立場から活発に議論されている。しかし、残念なことに客観的かつ科学的根拠に基づかない議論が散見される。果たして、脳科学は早期教育をどのように捉えているのだろうか。

> これまで述べてきたように、今のところ、早期教育において信頼のできる科学的データは報告されていないのが現状です。さらに言えば、どういう刺激を、どの程度、どの年齢に与えれば効果的かつ安心できるものなのかということも分かっていません。刺激の質についてはなおさらのことで、「科学的根拠」という場合、脳科学はもちろんのこと、行動観察や実験心理、聞き取り調査など、多くの子どもを対象とした長期間にわたる追跡調査を行った上で、改めて検討する必要があるのです。
>
> （小西，2004）

およそ脳科学の研究に関係する専門家の意見は、このあたりに集約される。また、この見解は、早期教育を積極的に支持するような科学的根拠や説明を見出すことが難しい状況を端的に表している。

このような状況の中で、文部科学省の初等中等教育局は、平成 14 年 3 月に「脳科学と教育」研究に関する検討会の開催を宣言し、これまで 9 回にわたり会合を開き、審議を行っている。その途中でまとめられた文書の中から本節に関係のある部分を以下に抜粋する。

「脳科学と教育」研究において取り組むべき研究領域
　（1）　教育の役割に応えるための研究
　　　① 教育課程・方法などの開発のための知識の集積に関する融合的研究
　　　　・学習の基礎となる人の記憶の仕組みの解明
　　　　・教育方法が脳機能に与える影響に関する非侵襲計測による解明
　　　　・知識、思考、創造力の学習過程に関する脳の仕組みの解明
　　　　・教育効果の脳科学に基礎をおいた客観的把握方法の開発
　　　　・学習意欲に関連する脳機能の解明
　　　　・性差に基づく脳機能の差異の解明
　（2）　教育を取り巻く環境の変化に対応するための研究
　　　⑧ コミュニケーション能力の育成に関する研究

- 乳幼児の言語獲得の過程と脳の形態的・機能的発達との関係の解明
- 外国語習得度と習得開始年齢との関係(第二言語獲得の臨界期)の明確化と脳の発達過程の解明
- その他のコミュニケーション能力発達の発達心理学的あるいは非侵襲計測による解明

http://www.mext.go.jp/b_menu/shingi/chousa/gijyutu/003/toushin/03071003/004.htm

（通し番号は、一部そのまま、一部改編）

　上述の研究テーマに関しては、今後、「脳科学と教育」プロジェクトにおいて、順次検討されることになっており、その成果が期待される。

　また、科学技術振興機構において「脳の機能発達と学習メカニズムの解明」に向けた研究が現在進められていて、こちらの成果についても見守りたい。

　他方、私立や公立の小学校において、脳科学研究の成果を待たずに、さまざまな考えに基づき、試行錯誤を繰り返しながら「英語教育」が行われているという現実がある。このような状況の中で、従来の神経言語学研究から得られる知見を基に、小学校英語教育を行う際に考慮すべき点について、以下で考察する。

2. 子どもの言語能力をどう見るか

　言語習得は生得的な能力に依るのか、経験を基盤とするのかという問題は、チョムスキーが言語能力の生得性を主張して以来、現在に至るまで繰り返し議論されてきている。この問題に関する最近の脳科学研究の見解は、概ね次の通りである。

　　今日では、出生児の脳は何も書かれていない石版で、経験によってそこに文字が記されていくのだと本気で主張する人はいないし、逆に遺伝子によって前もって定められ、変えることのできない行動のしかた、考え方、感じ方の傾向の貯蔵所だと本気で主張する人もいない。そうではなくて、脳の回路は遺伝的・非遺伝的影響の組み合わせの中で生ずるという考えが広く支持されている。そして論点は「氏か育ちか」の二元論

よりも、氏と育ちがどのように脳の形成に寄与するのかに移っている。
(ルドゥー, 2004)

つまり、人間は遺伝によって組み込まれたシステムを生まれながら備えているが、生後、神経細胞レベルで環境に対して柔軟に対応できる能力を持っているということである。このことから、小学校の英語教育への応用の可能性を考えると、遺伝的要素と非遺伝的要素を十分に考慮した対応が重要になる。具体的には、小学校で英語を始める場合、認知発達に見合った言語環境を提供することが求められる。ピアジェの発達理論を参考にすると、小学校の低学年・中学年は、具体的操作段階に当たる。この時期の子どもは、特に意識することなく言語に接することができるので、五感を使った活動をうまく取り入れるように心がける。他方、高学年は、抽象的操作段階に入りかける時期なので、言語を少し意識させる活動を取り入れるのもよい。

3. 神経言語学的にみて言語習得に最適な時期はあるか

言語能力の生得性と後天性の問題を扱い、言語習得過程では両方の要素が相互に関係し合うことは前述した。元来、生得性・後天性の問題は母語獲得と密接に関わる。他方、第二言語習得に目を向けると、臨界期が、また別の重要な問題として扱われる。ここではその問題を脳科学の側面から取り上げる。

レネバーグは、獲得性失語症の臨床例から得られた考察を基に、脳の可塑性という視点から、言語獲得の臨界期という仮説を立てた。この仮説は、奇しくも、同時期に発見され、虐待のためにほとんど言葉の世界から隔離されていたジニーと呼ばれる少女の言語回復が困難な事実によっても支持されることとなった。この仮説はもともと母語に関するものであったが、その後第二言語習得にも適用され、今日に至っている。

さて、この臨界期という仮説は、早期英語教育を促進する原動力となっているが、必ずしも、研究者の間で意見が一致しているわけではない。臨界期を支持する研究者は、実験・調査から得られたデータを基にその有効性を主張し、支持しない研究者は、臨界期を超えた言語学習者の成功例をもって無効だと述べる傾向がある。そして、どちらの立場も、まだ十分支持するだけの証拠が見当たらない。神経言語学の分野では、小学校から英語教育を始める効果については、まだ確証が得られていない。

臨界期仮説に関連して、Kim et al.（1997）は、同時バイリンガルと継続バイリンガルを対象とした第一言語と第二言語の処理部位の違いについて、fMRIを利用し考察している。

　図1（巻頭の口絵参照）において、画像の上が脳の前方、下が後方で、左右は逆である（Rは右側を表す）。拡大図で扱われている部位は、言語産出に関係するブローカ野に当たる。左の画像は、トルコ語と英語の同時バイリンガル（母語と第二言語をほぼ同時期に獲得）が話しているときの状態を示している。右の画像は、英語が母語で、フランス語が第二言語の継続バイリンガル（第二言語を母語よりかなり後になって獲得）が話している状態である。この画像の違いは、臨界期とは直接関係はないが、第二言語を習得する時期の違いにより、脳内に形成される処理部位が異なる可能性を示唆している点で興味深い。ちなみに、言語理解に関係するウェルニッケ野では、継続バイリンガルの場合でも、同時バイリンガルと同様に、母語と第二言語の間で共通使用領域が認められる。

　この脳機能イメージングの技術を利用して小学生と中学生を被験者とした追跡調査を実行することにより、小学校英語教育の有効性について、何らかのデータを得ることが期待される。

4. 言葉は脳の中でどのように処理されるか

　本節の最後に、脳の機能と言語の関係について考察する。これまでの神経言語学の研究から、右利きの約9割、左利きの約7割が、左脳に言語中枢のあることがわかっている。また、図2（巻頭の口絵参照）に示されているように、前頭葉後部にはブローカ野、側頭葉にはウェルニッケ野があって、それぞれ音声言語の産出と理解に深く関わっている。

　それでは、図2の脳における言語機能を踏まえて、神経言語学の観点から、実際の音声がどのように処理されるのかを見てみることにする。

　　　音声言語は、まず聴覚を介して、側頭葉の聴覚野で受け取られる。それも両側で受け取られる。この部位で言語性の音声か、非言語性の音響かの仕分けが行われる。言語性の音声は右半球で受け取られたものも、左半球で受け取られたものも、言語優位半球のウェルニッケ領域と呼ばれる領域へ持ち込まれる…

　　　このウェルニッケ領域で、受け取られた音声が日本語のどの音韻に属

するかの同定が行われる。さらに、自分の持っている単語音のレパートリーとも照合され、どの音韻形に合うのかが決定される。簡単な常套句などのセンテンスも、ある程度はここで照合される。この照合過程は、単位音がまず分析され、その集合として単語音が同定されるというふうに、要素から全体へと処理されてゆくのではなく、まず、音声のある時間的かたまりが、全体として知覚され、その知覚されたかたまりがセンテンス、ついで単語、さらに構成単音へと、同定されてゆく。分析の過程はあくまで全体から部分へと流れる。　　　　　　　（山鳥，1998）

　山鳥は、日本語(話し言葉)の理解の過程でどのような脳内処理が行われているのかについて考察している。この音声言語処理は、英語でも同様である。また、母語に限定されるものではなく、言語および認知能力の発達段階に依存するが、第二言語においても適用可能である。このことから、小学校で音声英語の指導を行う際には、細かな発音指導を行うよりも、イントネーション等をうまく利用しながら、意味のまとまりを単位として英語表現を扱うことが望ましいことがわかる。

5. まとめ
　本論では、神経言語学、ならびに、その関連領域の研究から得られる知見を基に、小学校英語の可能性をいくつかの側面から考察した。今回は、紙面の関係で、記憶や気づきの問題、あるいは、第二言語の母語への影響等について扱うことはできなかった。これは、また別の機会に譲ることとする。
　脳科学研究の成果が言語教育に反映されるまでには、まだかなりの時間を要すると思われるが、早期英語教育への指針が示されることを期待する。

3節　国際理解教育、異文化間コミュニケーションから

　「国際理解教育」「異文化間コミュニケーション」は、それぞれ「英語教育」とは実は想像以上にかけ離れた学問領域である。「国際理解教育」は、2度の世界大戦の反省をもとに、ユネスコがその設立当初から人間の理想、正義、国家主義への警戒、人種・民族の平等などを掲げて、人類の平和を保つための世界的な教育政策として展開してきたものである。「異文化間コミュニ

ケーション」は、レトリック研究を中心としていたアメリカのスピーチコミュニケーション学が、心理学、政治交渉論、マスメディア論などからの知見を取り入れ、コミュニケーション学として発展し、その一領域として生まれてきたものである。よって、その研究対象や目的は英語教育とは全く別物である。しかし、国際理解には相手の話している言語を学ぶことが不可欠であり、異文化間コミュニケーションに必要な主な媒体は言語であることは間違いない。次第に密接な関係が生まれるのは必然である。本節では、この2つの領域から、特に児童英語教育に関わる知見をいくつか紹介したい。

1. 国際理解教育の変遷

　まず、国際理解教育の変遷とその概要を簡単に紹介したい。「国際理解のための教育」はユネスコ設立当初の教育局に国際理解課が特設されたことに始まる。当時は国際理解とは戦争を引き起こさないための「国家間の相互理解」を意味していた。しかし、1974年にはユネスコ総会で「国際理解および国際平和のための教育ならびに人権および基本的自由についての教育に関する勧告」が採択され、その重心は従来の国家を中心とした「他国理解」ではなく、民族や人間そのものを中心とした「文化の多様性の理解」にシフトした。この「勧告」は、国際理解教育は世界的、地球的な重点課題であり、その推進には各国に道義的な義務があるとしている。そのキーワードとしては、1）人権の尊重、2）文化の多様性の理解、3）国際社会の相互依存の理解、4）人々とのコミュニケーション能力の育成、5）環境、開発、人権、平和等の世界的な共通課題の理解、6）教育に国際的側面、および世界的視野を持たせる、ことなどがあげられる。ここで初めて4）の "Abilities to communicate with others" が登場し、外国語教育の重要性が認識された。その後、95年に採択された行動計画では、「国際理解」という言葉は消え、平和、人権、民主主義が、「21世紀の新しい国際教育」の理念として掲げられ、国際より、国内、さらに、人間にウェイトが置かれた。

　一方、国内ではユネスコの勧告が出た同じ74年に中央教育審議会が「国際社会において積極的に活躍できる日本人」「各国民との友好関係の推進を積極的に思考する国際性豊かな日本人」の育成を提言したことが国際理解教育の始まりとされている。87年には「国際化に対応した教育」の推進が、臨時教育審議会より答申され、具体的に学校現場で国際理解教育が実施される下地ができていったのである。そして、2002年の「総合的な学習の時間」の導入

により、国際理解が小学校の授業でも本格的に取り上げられるようになり、その一環として「英語活動」が導入されるに至った。

2. 国際理解教育からの示唆

児童英語教育は国際理解教育からどのような知見を学びとることができるのだろうか。それは「21世紀の地球市民」のあり方を提示したその崇高な考え方である。単なる、自国文化理解や異文化理解から始まった国際理解教育は、現在は「人権尊重、人間理解、グローバルイッシューの理解と解決、国際社会の相互依存の理解」へと、平和・人権教育にその重心を移している。そして、この一つの具体的手段として外国語教育が掲げられている。よって、英語教育は「平和な文化と共生のための教育」の一端を担っていると言えるのである。特に小学校における英語教育は人格がまだ形成途上である「児童」が対象であるだけに、英語担当教員は他の教科担当教員以上に、常に英語を通しての人間教育に携わっていることを自覚すべきである。確かに、英語はコミュニケーションの道具として教えるのだが、外国語を教える目的の一つは、「異なる背景を持った人々を理解し」、「平和に共生していく」ためであることを忘れてはならないだろう。

児童は英語を学ぶことで、異質なものの存在に気づき、体験的に触れることができる。これは国際理解教育の第一歩である。ALTが教室を訪問すれば、不思議な外国語をしゃべり、不思議な振る舞い方をする不思議な人がいることに気づく。そして、お互いに英語という言葉を通して、意志を伝え合うことができる。この喜びと大切さに気づかせることが、児童英語教師に課せられた最低限の国際理解教育であろう。金森（2003）が言うように、「自尊心」「他者尊重」の心を生み出すための自己表現を可能とするコミュニケーションを通した「触れ合い」こそが平和教育においてまずは大切となるところであり、「人権」の意識にもつながるのである。英語はその触れ合いを可能とする一つの教材なのである。

3. 異文化間コミュニケーションと英語教育でいう「文化」とは

異文化間コミュニケーションとは、その文字が示す通り「文化を異にする人たちの間で交わされる意思疎通行為」である。文化とは「一定の時期にある特定の集団によって形成され共有される生活様式の総体系」である。もちろん、ここでいう「文化」とは「高等文化」や「芸術文化」ではなく、日常

生活様式としての「一般文化」を意味している。その中には価値観、思考様式などに代表される「精神文化」、言語・非言語行動の特徴などを含む「行動文化」、衣食住などの「物質文化」の3つの重要文化領域が含まれる。

　さて、言語学習・教育で扱う文化とはいったいどのようなものであるべきなのだろうか。それはもちろん「一般文化」だが、特にコミュニケーションの道具として英語を学ぶときに扱う必要があるのは行動文化であり、精神文化、物質文化は付随的となる。具体的には以下のような領域を扱うこととなる。

① コミュニケーションスタイル・ストラテジー
　　挨拶、スモールトーク、会話のルール、コミュニケーションを取ろうとする態度、方法など
② 周辺言語
　　声(あいづち、擬態語、トーン、ボリュームなど)、沈黙(沈黙の意味など)、その他(あくび、笑い声、いびき、鼻をかむ音など)
③ 非言語コミュニケーション
　　身体動作学(表情、目、体の動作)、近接学(対人距離の概念)、接触学(ハグ、キス、握手)、対物学(装い、髪の毛、飾り、物の意味)、時間学(時間の概念)、嗅覚学(何を臭いと思うかなど)、視線学(アイコンタクトなど)
④ 価値観
　　集団と個人、競争と協調、創造主義と知識主義、依存と自立、形式と自由、論理性と主観性、察しと言語文化、緊張と柔軟、自然に対する態度、時間の概念、これらの価値観の理由となる価値前提など
⑤ 生活習慣と社会機能
　　生活スタイル、家族関係、男女関係、贈り物の意味、社会常識、ステレオタイプ、偏見・差別、祭り、風俗、衣装、食べ物、家など

　これは、文化という生活様式の総体を、言語教育という枠の中で扱い易いように、筆者が単純化して分類したものである。教師が教材作成や教材選びのヒントになるかもしれない。しかし、これらの項目の一つ一つを取り上げ、児童に英語で教えようとすると必ず失敗する。なぜなら、それは英語という池の中で、文化という鯨を泳がせようとすることにほかならないからだ。小

学生に英語で上記のことを考えさせることは不可能に近いうえ、日本語で扱うならそれはすでに英語学習ではない。あくまで、児童の認知の発達に応じて英語活動を通して、体験的に学習するものなのである。戦争の悲惨さに関する映像を見せたり、コミュニケーションの難しさについて話をしても、高学年を除いて全くその意味さえ理解できないかもしれない。

4. どのように文化を扱うか

　では英語を教えながら文化を扱うことなど、小学生には無理ではないかと思われるかもしれない。ところが、小学生の認知や英語の発達段階を考慮しながら、上手に扱えば英語と文化を関係づけることは不可能でない。（詳細は6章8節「国際理解を促す活動」を参照。）

　まず、上記のような異文化理解のための細かい項目を以下のような大まかなものに書き換える必要がある。異文化間コミュニケーションの領域で小学生が英語を操る上で重要なのは、以下のような文化に対する考え方であろう。

① 英語では日本語と同じような発想ではうまくいかないことがあるらしい。
② 言葉として出てこなくても、何とか通じさせる方法はありそうだ。
③ コミュニケーションを取ろうとする積極的な態度が大切なようだ。
④ 効率的に、コミュニケーションを取るために必要なのはやはり言語だ。
⑤ わからない言葉をしゃべる人との接触は、不安だけどおもしろそうだ。
⑥ 世界はいろいろな人がいる。もっと知りたい。

これなら、英語を教えながら小学生にも体験的に理解してもらえるはずだ。一つ例をあげたい。例えば以下のような会話があったとする。

　　T: Isn't this interesting?
　　S: No, it's interesting.
　　T: You mean "Yes, it's interesting."

高学年なら、こんな会話が英語活動の中にあるだけでも、英語をしゃべる人は「YesとNoをひっくり返しているのか？」などと疑問を持つ。①の英語と日本語の発想の違いなどに注目させることはできそうだ。低学年ではジェスチャーなどをふんだんに利用して、すべて英語で授業することが一般的だ。②の非言語コミュニケーションの重要性に気づかせることができる。また、

この楽しい経験が積極的なコミュニケーション態度の養成にもつながる ③。さまざまな国の人が小学校を訪問し、英語でゲームや楽器を叩く練習をすれば、④ の言語の重要性、⑤ のコミュニケーションのおもしろさ、⑥ の異文化を持つ人の存在を意識することにもつながる。民族衣装を着た海外からの訪問者が音楽演奏をすれば、まさに「物質文化」に触れることにもなる。

これらは一見、英語を使って異文化理解を促しているようだが、実は英語をコミュニケーションの手段として使い、児童に身近な話題で「有意味学習」をしながら多くのインプットを提供し、インタラクションを行っている。考えてみれば非常に効率的な言語習得方法なのだ。

5. 異文化間コミュニケーションと言語教育の関係

言語能力は異文化間コミュニケーション能力の一部にすぎない。異文化間コミュニケーション能力とは、1）価値判断を控える能力、2）問題解決能力、3）自分の行動を修正できる能力、3）観察力、4）他人の立場に立つことのできる能力、5）言語能力、6）異文化に対する知識と積極的態度、7）自文化の特性を客観的に理解する能力、8）相手を信用・信頼する態度、9）曖昧さへの寛容さ、10）忍耐力、などである。ここでは異文化に対する「認知」ばかりではなく、「行動」や「感情」までを含めた「コミュニケーション能力の三局面」すべてを意味している。もちろん、英語を教える者が上記すべての能力要請に関わることは難しい。言語を教える目的はあくまでその「運用能力の養成」にあるべきである。しかし、言語をコミュニケーションの手段と考えるとき、英語教師は必然的にコミュニケーションの教師でもあることを認識すべきである。

特に児童に英語を教える教師に課せられた責務は重い。小さな子供の中では「情報」「感情」「行動」は分離していない。知ったことは恥ずかしいという感情も持たずに、すぐに行動に移していく。このときこそ、異文化コミュニケーション能力の三つのレベルを同時に訓練できる「最適期」である。この時期に、異文化コミュニケーションで最も重要な、異文化に対する寛容性、コミュニケーションを取ろうとする積極的態度を英語を通して要請していかなければならない。これは児童英語教育に携わる教師の特権でもあり、義務である。

6. まとめ

「西洋人とは握手しましょう」などと、知識として特定の国の人とのコミュニケーションスタイルの違いを教えることはほとんど意味がない。西欧人以外にもさまざまな人が世界にはいるからだ。重要なのは文化の違いに気づき、対応できる能力や態度や技術である。この考え方を「文化一般」（vs. 文化特定）という。お腹がすいている人に、魚を与えるのではなく、魚の釣り方を教えるキリストと同じ考え方だ。こうすれば、いつでもおなかを満たすことができる。異文化コミュニケーション能力とはこの文化一般の共通能力であり、外国語の運用能力はその一般能力の一つである。しかし、一つではあるが、それを通して、他の異文化間コミュニケーション能力の重要性も認識できる最も重要な能力であり、言語教育に携わる者は、その重要な領域を扱っていることを常に認識しておく必要があるだろう。この意味では外国語は別に英語でなくてもよいこともつけ加えておきたい。

4節　発達段階と学習心理学から

1. 子どもはそのようにできている

人参を横に切って、根の部分を水につけておく（写真1）。数日すると葉が出てくる（写真2）。この部分は食べられないということで捨てられるはずだった人参の部分から葉が出てくるのだ。さらに数日すると、ひとつひとつの葉は大きさ・色・形を異にし、いろいろな方向に向かってさらに伸びていく（写真3）。

子どもも同じだ。「まだ日本語もろくにしっかりしていないのに英語を学ばせても、子どもの頭を混乱させるだけだ。」の批判のもと、英語を与えられなかったかもしれない子どもが、実際はすばらしい英語の力を発揮することが

写真1 　　　　　　写真2 　　　　　　写真3

ある。もし英語という言語環境の中にいれば、生得的に備わった言語獲得装置（LAD: Language Acquisition Device）が働いて、英語を獲得するようになったであろう。水に入れたときは大きいか小さいかくらいの差だった人参が、葉が出てくるとひとつひとつ違ったものに見えてくる。人参の「個」だ。そしてこの「個」は成長するに従って、「個性」となってさらに伸びていくようにできている。同様に子どもも「個」が出てくるようにできている。幼稚園の延長の感があった小学校低学年から、次第に「個」が芽生え、高学年になると「個性」となって現れる。

　小学校の英語教育に携わるとき、彼らの様子を観察しながら、彼らの発達段階に見合った教材を、見合った方法で、見合った時期に与えたい。彼らの発達段階の特性を知って、それを英語教育に生かしたい。それが彼らの英語を一番効果的に伸ばすことになるうえ、それでこそ彼らの人生に大人が責任を持てることになる。

2.　やってくる一大転換

　子どもと接していて何とも避けがたい時期が訪れる。私たち大人も、すべてその時期を経てきた。その時期の前と後では、子どもが大きく変わる。したがって、指導者側もその指導方法・活動・教材・指導態度を変化させる必要がある。その一大転換の時期は9歳だ。「9歳の壁」と呼ばれている。それ以前は右脳が生き生きとした時期で、それ以降は左脳が徐々に右脳をしのぎ、大人に近づいていく時期だ。だから両者の特徴は、右脳と左脳の特徴とも言える。

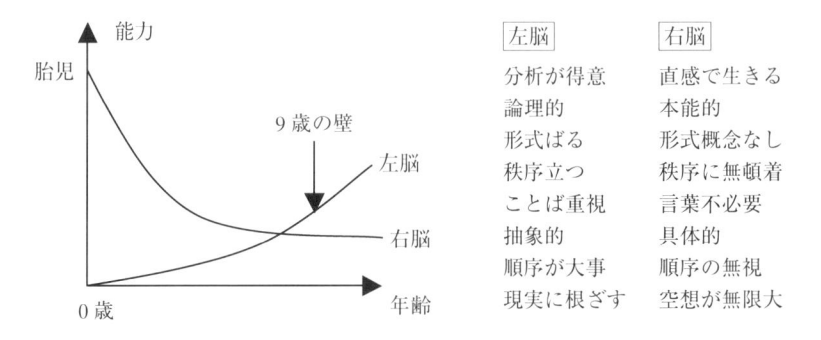

左脳	右脳
分析が得意	直感で生きる
論理的	本能的
形式ばる	形式概念なし
秩序立つ	秩序に無頓着
ことば重視	言葉不必要
抽象的	具体的
順序が大事	順序の無視
現実に根ざす	空想が無限大

　ただし、9歳以前の子どもはこうで、9歳以降はこうだという固定観念を

持って子どもに向かうと、子どもをそのように扱ったり、操作しがちになる。固定観念の奴隷になってはいけない。子どもを観察すると、その特性がよく見えてくる。当然、それに見合った指導をすべきである。

3. 一輪車に乗れないことと最適期

　2つの理由で筆者は一輪車に乗れない。1つには、バランス感覚・運動能力・体力にすぐれた時期を逃したことだ。「あのときやっておけばなあ！」と後悔しきりである。一輪車に乗るには最適期がある。この時期を逃すと多くの労力・時間・費用を要するばかりで成果は薄い。子どもの英語学習においても最適期（臨界期という人もいる）があり、それは「音」の獲得について如実に現れる。ここに、子どもに英語をいっぱい聞かせたい理由がある。英語教育は9歳までには始めたいのもこのためである。

　2つ目は、今さら恥ずかしくて人前では練習できないことだ。人に見られて笑われたらどうしよう、転んだらカッコ悪いとか考えてしまう。心の抵抗がある。心にフィルターのかかった状態になる。私たちはだれしもこうした心のフィルター（affective filter）を持っている。何かに夢中になっているときはフィルターが下がり、緊張しているときはフィルターが上がる。教室の中の言語活動の場合、不安・当惑・迷い・緊張感・自信のなさなどがインテイクを妨げるフィルターとして働く。子どもは遊んでいるとき、フィルターが下がっている。フィルターは下がっているほうがいい。

4. 9歳の壁について知る

　小学生に英語を指導するために知っておきたい彼らの発達段階とその学習特性をみていく。これを知っていることで、次の工夫につなげられる。壁にぶつかったときも落ち込まず、あわてず、乱れず、勇気を持って子どもの英語教育に邁進できる。あれだけ張り切って大きな声で体育館で校歌を歌っていた子が、声を出さなくなる。校歌の指導者はそのことにショックを受ける。頭にくるし、怒る。しかし「それが発達過程のひとつなのだ！」「大人に向かっている証拠だ！」と理解し冷静になることで善処できる。

　細分化すると、その特徴にとらわれすぎ、固定観念で子どもを見がちになる。子どもの個人差ももちろんある。そこで小学生時代を大きく2つに分ける。「9歳の壁」を境にし、それ以前とそれ以降だ。

特徴	9歳以前	9歳以降
発音	・聞いたように躊躇なく発音する。 ・発した発音が人にどう聞こえるか気にしない。 ・Saturday を「さるディ」のように、大人からはこれでいいの？という音を発してはばからない。 ・気が向くと発音する。気が向かないと発音しない。	・日本語の音で代用して発音する。 ・発した発音が人にどう聞こえるか気になる。そのため人前で発音することをためらう。 ・sport が su-po-o-tsu のように、子音の後に母音をつける日本語のくせが出る。 ・発音の仕方の説明を欲する。"Repeat after me" 的に指示されて発音したい。
集中力	・リズムに乗って体を動かし、おもしろいと感じる間、集中する。 ・おもしろくないことにはそっぽを向き、無関心。よりおもしろいことに思いが向かう。やりたくないことはやらない。 ・映像を見ているだけで集中する。	・興味・関心のあること、知的好奇心の起こることに集中する。 ・頭で理解し、「今集中しなくては」という勉強観念で向かう。努力・我慢するという気持ちがある。 ・理解できないことには集中できない。
Photographic Memory（写真に撮ったような、一瞬のうちに入る鮮明な記憶）	・一部を見て、全体像をつかむのが早い。 ・絵を逆さに見ても何かわかる。 ・絵を裏から見ても何かわかる。どうして先生がそうするのか、詮索しない。 ・サッと見せても何かわかる。	・一部を見せられ全体像をあてることがゲーム感覚となり、活動に引きつけられる。 ・絵を逆さに見せられることをゲームの一種と考え、活動を楽しむ子と、先生はふざけていると反感を持つ子に分かれる。 ・絵を裏から見せられることをゲーム感覚で楽しむ子と、その意味・意義・意図を理解しないと活動に乗ってこない子に分かれる。 ・普段ぼけっとしてる子が急に活動に燃えだす。

	• クラスで見た絵とその位置が、家に帰ってからも残る。	• 教室を出るとやったことは忘れる。覚えるようにという指示が出されるとか宿題にされないと、やったことを覚えていない。
英語に対する意識	• 外国語という意識はない。「日本語と違う別の言い方」という程度。 • なぜ英語をやるのか理解していない。	• 英語を学ぶことで外国の人とコミュニケーションがとれて、世界が広くなるという意識がある。 • 勉強科目のひとつととらえる。学べば中学での英語で役立つと考える。
間違えることについて	• 間違えることへの自意識はない。または薄い。	• 人前で間違えること、恥をかくことを恐れ、避ける。事前に回避しようともする。
歌・歌うこと	• 歌詞の意味がわからなくても気にしない。 • 体を自然に動かして歌を楽しむ。 • 音程をはずし、大声でどなるように歌うことがある。	• 歌詞のわからない箇所の意味が気になる。自分で調べる。 • 体を曲に合わせて動かさない。歌の最中に自意識がある。のめり込めない。 • 小さな声で歌う。声を出さず口パクになることもある。
日本語訳や説明	• 例えばセサミ・ストリートを画像だけで見つづけることができる。 • 日本語訳・解説なしで内容を推測して楽しむ。 • 個々のわからない点を気にしない。わかるところがひとつでもあることがうれしい。 • わかってもわからなくても先生の言うことを聞く。	• 字幕なしでは洋画を楽しめない。 • 日本語訳・解説がないとわからないからつまらないと言う。 • わからないところがひとつあると、気にかかる。日本語の意味を知りたがる。 • 「何言ってるかわからない！」を連発する。日本人の先生には日本語訳や説明を求める。
覚え方・学び方	• 歌・チャント・文を数回聞いて、全体を口ずさむ。	• 各語・各行を確実に理解・暗記しようとする。

	● 意味のわからないところに無頓着。 ● 文法を聞いても理解しない。	● 意味のわからないところは先生に質問したり、自分で調べる。 ● 文法の理解が早い。納得したがる。
読むこと	● 人に読んでもらうことが好き。自分では読めない。 ● 絵本のどこを読んでいるかわからない。絵の方を見る。	● 読むこと・読めることがうれしい。 ● 単語を見て、聞いたり発音するうちに発音と文字の関連に慣れる。
書くこと	● 字が大きくなったり、はみ出す。鏡文字も起こる。bとdやpとqなど。 ● 書くことに向いていない。 ● 書くことの意義・意味がわからない。	● 丁寧にきちんと書く。 ● 書けることがうれしい。 ● 口に出している英語をどう書くのかに興味がある。
繰り返し	● 楽しいうちは何度でも繰り返しをいとわない。	● 機械的な繰り返し・意味の見出せない繰り返しが苦痛。

5. まとめ

　小学校1年生の子どもとキャッチボールをするときに、硬式ボールを振りかぶって豪速球で投げる大人はいない。柔らかい少し大きめのボールで、取りやすい位置にヒョイッと下から投げてやるだろう。キャッチボールは楽しいという思いを伝えたいと願って、成長に合わせて、ボールの種類・大きさ・硬さ・投げ方を変えていくはずだ。そして小学校6年生に成長した彼らは、みちがえる姿でキャッチボールをしていることだろう。子どもの発達段階を観察すること。子どもの学習特性を心得ていること。これらを踏まえて小学生の英語指導にあたりたい。

〔参考文献〕

Burstal, C.（1975）　"Factors affecting foreign-language learning: a consideration of some relevant research findings." *Language Teaching and Linguistics Abstracts* 8: 105–125.

Doughty, C. & Williams, J.（1998）　*Focus on form in classroom second language acquisition.* Cambridge: Cambridge University Press.

Enard, W. et al. (2002) "Molecular evolution of FOXP2, a gene involved in speech and language." *Nature* 418: 869–872.

Harley, B. (1986) *Age in Second Language Acquisition.* Avon: Multilingual Matters.

樋口忠彦ほか編 (1997) 『小学校からの外国語教育』 東京: 研究社.

石井　敏 (1997) 『異文化コミュニケーション・ハンドブック』 東京: 有斐閣.

Johnson, J. S. (1992) "Critical period effects in second language acquisition: the effect of written versus auditory materials on the assessment of grammatical competence." *Language Learning* 42: 217–248.

Johnson and Newport. (1989) "Critical period effects in second language learning: The influence of maturational state on the acquisition of English as a second language." *Cognitive Psychology*, 21: 60–99.

金森　強 (2003) 『小学校の英語教育』東京: 教育出版.

Kim, K. H. S., Relkin, N. R., Lee, Kyoung-Min and Hirsch, J. (1997) "Distinct cortical areas associated with native and second languages" *Nature* 388: 171–174.

小西行郎 (2004) 『早期教育と脳』東京: 光文社.

Krashen, S. (1973) "Lateralization, language learning, and the critical period," *Language Learning* 23: 63–74.

Lenneberg, E. (1967) *Biological Foundations of Language.* New York: Wiley & Sons.

Long, M. H. (1990) "Maturational constraints on Language development." *Studies in Second Language Acquisition*, 12, 3, 285.

オブラー, L. K. & ジュアロー, K. (2002) 『言語と脳――神経言語学入門』若林茂則監訳　割田杏子共訳　東京: 新曜社.

Pellerin, M. & Hammerly (1986) "L'e expression orale après treize ans d'immersion Françoise." *Canadian Modern Language Review* 42: 592–606.

ルドゥー, J. (2004) 『シナプスが人格をつくる――脳細胞から自己の総体へ』森憲作監修　谷垣暁美訳　東京: みすず書房.

白畑知彦 (2004) 『英語習得の「常識」「非常識」』東京: 大修館書店.

Swain, M. (1985) "Communicative competence: some roles of comprehensible input and comprehensible output in its development." in Gass, S. M. and Madden, C. G. (eds.) 235–253.

Werker & Polka (1993) "Developmental changes in speech perceptions: new challenges and new directions." *Journal of Phonetics* 21: 83–101.

山鳥　重 (1998) 『ヒトはなぜことばを使えるか――脳と心のふしぎ』　東京: 講談社.

4章　小学生に英語を指導するために知っておきたい教授法

　外国語の教え方について今まで数多くの教授法が考案され生み出されてきた。本章では児童に英語を教える上で、指導者が知っておきたい指導法に絞って紹介する。まず、わが国の英語教育に多大な影響を与えたハロルド・パーマーの主張する「オーラル・メソッド」を紹介する。母語を介さず外国語を学習する直接教授法を基にしながら、当時の言語学の知見を加味した教授法である。現在でも、授業で使われる指導技術は、パーマーの主張する教授法に端を発するものが多くみられる。次に、子どもたちの母語を獲得する過程を観察し、聴解能力の育成を優先させる指導法である「聴解アプローチ」、特に、耳による理解を体の反応で示す Total Physical Response アプローチを紹介する。次に、外国語の学習は単に目標言語の言語構造を学習するだけでなく、メッセージを伝えるコミュニケーション能力の育成が不可欠であるとする Communicative Language Teaching を紹介する。この教授法は現在の中学校、高等学校の学習指導要領にも多大な影響を与えている。最後に、カナダのイマージョンプログラムに代表される、教科の内容を目標言語を通して学習させる Content-Based Instruction を紹介する。ただし、日本でこの指導法を導入する場合、児童がすでに学んでいる他教科の内容を利用する「内容重視の指導法」として紹介する。小学校の英語教育では、必ずしも特定の教授法に執着する必要はなく、それぞれの教授法からよりよい指導のヒントを得ていただければ幸いである。

1節　Oral Method（オーラル・メソッド）

1.　オーラル・メソッドの理論的背景

　まずオーラル・メソッドとよく似た口頭練習重視の教授法が2つあるので注意したい。ディレクト・メソッドとオーラル・アプローチである。前者はパーマーがベルギー時代に経験したベルリッツ方式に代表されるもので、生徒の母語の使用が禁止され、英語の母語話者が先生で少人数教育、また大人

が主体の私立の会話学校で行われる場合が多い。場面を重視し、最初は易しい表現を使うものの教材の選択は必ずしも言語学的に系統的にはなっていない。後者はアメリカの構造言語学と行動主義心理学の両方の影響を受けている。ネイティブ・アメリカンの言語を一緒に暮らしながら体験学習し、音から独自の品詞分類で分析した構造言語学的手法を英語にも適用したのがフリーズで、習慣形成を重要視する行動主義心理学を取り入れて合体させ独自の体系を作り上げた[1]。わが国ではとりわけ、いわゆるパタン・プラクティスと呼ばれる口頭練習で知られるようになった。ただしこの方式では、口頭で自動的に発話ができかつやり取りができるようになることが目標で、そこに至るプロセスの補助手段として、例えば文字を使ったりしてもかまわないということは案外知られていないようである。またこの方式はアメリカの大学や大学院に留学する目的で来た世界各国からの学生のために用意した英語集中プログラム用に考案されたもので、一歩外に出れば英語が話されているという理想的な環境が存在することは暗黙の了解であった。

　オーラル・メソッドはこの2つとは少しずつ違っている。まず母語使用は基本的に禁ずるものの、単語単位程度なら母語使用が効果的な場合これを認める。また先生は非母語話者でも力量があれば教えることができ、人数が少し多いめの公立の学校でも使うことができる。場面重視で使う言語材料は、伝統文法の枠組みであるが、それなりに分析され、易しいものから難しいものへと合理的に配列されている。しかも習慣形成重視で、正確さを最初から比較的厳しく要求する。オーラル・アプローチとは習慣形成重視、正確さを要求することなど共通点がある。パタン・プラクティスなどは口頭練習が主であるが、パーマーによる文を作り出していくシステムとしてのサブスティチューション・テーブルと基本的に同じと考えることもできる。長沼直兄も自分がパーマーらの影響も受けて編集し、パーマーが序文を書いた1931年発行の標準日本語読本が、第二次大戦中にアメリカ合衆国において軍の言語将校ないしは日本占領要員養成のための集中訓練用の教科書として使われた。その教科書で取り入れられていたサブスティチューション・テーブルが、その後パタン・プラクティスに発展していったことは興味あることであると述べている[2]。

　オーラル・メソッドはまずソシュールに習い、言語をスピーチ（パロール：言語活動）とコード（ラング：文法）に分け、まずスピーチから入るのが適切であるとしている。パーマーは4技能の中でもまず聞き取りと話すことに専念

すべきだと考えた。この聞き取りと話すことは読んだり、書いたりすることより大事だというのではなく、一番先に習得すべき基本の技能であるという意味で第一次伝達技能と呼んだ。この技能がなんとか使えるようになってから第二次伝達技能である読み書きに進む。ただし第一次伝達技能は使い続けるという前提条件がある。第一次伝達技能のうちでも聞き取りが言語習得に重大な役割を果たしており、意識下での漠然とした言語生成装置の形成に役立っていることが認識できたのはパーマーの見識と言える[3]。この意味で、クラッシェンなどが現在もその正当性にゆるぎない信念をもっている1980年代から主張してきているインプット仮説を、60年も先取りしていたとみなすこともできる[4]。

　パーマーは具体的な指導法を考えるにあたり、幼児の言語習得からヒントを得て言語習得の5習性を設定した[5]。即ち ① 音の識別 ② 口頭による模倣 ③ 口頭による反復 ④ 意味づけ ⑤ 類推による口頭作文（発話）である。とりわけ ③ と ④ が練習の核心となると思う。④ の意味づけが完了した後でも ③ の反復を徹底的に行う必要があろう。この点についての重要性は一部の同時通訳に関心のある者を除けばあまり周知されていない。この5習性を養成する方法としては ① 音素識別練習 ② 発音練習 ③ 反復練習 ④ 再生練習 ⑤ 置換練習 ⑥ 命令練習 ⑦ 定型会話の7種類があげてあるが、⑥ の命令練習は、1960年代後半から活躍したアッシャーの Total Physical Response と通じるところがあり、特に初期の学習者に有効である[6]。⑦ は自由な会話ではなく質問の英語表現を積極的に使いながら素早く答える練習である。

　日本においてパーマーの方式を有名にしたのは、5習性とその養成法を念頭においた指導技術の一つオーラル・イントロダクションである。これはオーラル・アプローチのいうオーラル・イントロダクションが言語材料の提示のことを意味するのに対して、内容をより易しい英語（恐らくクラッシェン風に言えば i + 1）で説明することを言う。ただし小篠氏によればこの用語はパーマーが使ったものではなく、パーマー方式に則って授業を演じた加藤寿雄が1935年第12回英語教授研究大会において初めて使ったと言う[7]。そしてこのオーラル・イントロダクションの後、用意しておいたたくさんの英語の質問をしながらやり取りをして、内容が理解できているかどうかを確認する。この一連の学習は、内容の聞き取りを主にしつつ、定型会話を経て類推による発話までもカバーしていると言える。

2. オーラル・メソッドの特徴

　われわれ日本人学習者の大多数は現在でも英語を読んだり聞いたりするときに、極端に言えば、頭の中で一語ずつ日本語に置き換えないと意味が取れなくなるという経験をもつ。パーマーはこの mental translation という習慣こそが外国語習得の最大の障害となっており、この習慣を克服するためには、ある概念とその概念を表す言語音の結びつきを強化するのが一番だと考えた。例えば、日本語の母語話者の頭の中では犬という動物の概念は /イヌ/ という日本語音声のイメージ（聴覚像: acoustic image）[8] と強く結びついているので、ほとんど表裏一体のような気がして、犬という概念を思い浮かべれば /イヌ/ という言語音が自動的に反射的に頭に浮かぶ。パーマーは外国語習得の場合も基本的には同様のことが言えるのではないかと考えた。犬という概念に対しては英語の場合は /イヌ/ でなく /dɔɡ/ という聴覚像が自然に思い浮かび、これを直ちに音声化できるように練習を積むのがよいと主張するのである。

　パーマーによればこの概念と聴覚像の結びつきは、話された言葉を聞いて、それを了解する経路、すなわち第一次伝達経路で特に顕著である。しかし書かれた言語を見てあるいは読んで、その意味内容を了解する第二次伝達経路の場合は注意を要する。書かれた言語と概念を直結する経路はなく、どうしても読み取り行為によって得た文字イメージをさらに聴覚像に還元してからでないと概念を得ることができないからである。したがって第二次伝達の習得には、第一次伝達の特徴ともいえるこの概念と外国語の聴覚像の結びつきに習熟していることが望ましいのである。この結びつきが弱いと、どうしても母語とそれと一体となった聴覚像が介入してくるのを許すことになり、その結果、理解に時間がかかりすぎたり、表現の際不適切な表現が浮かんだり、わけがわからなくなったりする原因ともなる。

　オーラル・メソッドの長所とは、実物提示、実演などを伴ったオーラル・イントロダクションなどで聞いて意味を取る練習を十分し、次第に定型会話などで聞いて答える練習を通して少しずつ話す練習に移行し、第一次伝達技能にある程度習熟してから、このオーラル技能を存分に使いながら読み書きに取り組むので、パーマーが避けようとした頭の中での翻訳の頻度が少なくなる。まとまった英語が冷静に聞けるようになるだけでなく、素早い反応、自然な表現、発音が身につきオーラル・コミュニケーションに自信が出てくる。自信が出てくるということは動機づけも高まることを意味する。話した

り聞いたりする力は学力差はそれほど出ないので皆がそれなりに満足できる。口頭練習が中心となるので短時間のうちに大量の内容を教えることができる。またやり取りの中で学習者の理解度がたちまち把握できる。直読直解ができるようになる可能性も高くなるので読む量も自ずから増え、これは語彙を増やし表現力を増すことに貢献する。最後に教師の英語コミュニケーション能力をも高めることも忘れてはならない。

　短所とは、終始口頭で教師中心で授業を行うため教師の負担が大きい。話す、聞く技能に自信のない教師は尻込みしてしまう。口頭中心であるため週当たりの授業数が少なかったり、復習や家庭学習への配慮が不足したり、個人差を無視すると英語の定着率が低くなる場合もある。多人数クラスの場合、復習を行っても生徒の理解が不十分なまま進んでしまう場合もある。また最初は正確に模倣再生することが大切にされるので、主体的、創造的な活動がどうしても制限されると見られる場合もある。工夫をしないと教師が話す機会が多い反面、生徒が表現する機会が少なくなる恐れもある。その他、文法指導がおろそかになるのではないか、あるいは母語能力との関わりを軽視するのではないかという懸念もある。

3.　授業への応用

　この方式はよい教師さえ得られれば、中学校や高等学校だけでなく小学校においても応用可能であると信じている。何度も見てきたように、第一次伝達技能が中心となって第二次伝達技能をも効率よく養成していく方式なので、小学校においてその効果が一番出るとも言える。この方式は中学や高校の一部で実践されてきていると聞くが、小学校での実践はあまり聞かない。以下、かつて大阪の中学校で活躍された黒田進と民間児童英語教育実践研究家の渡邉孝子の実践を紹介し、小学校英語教育におけるこの方式の意義と展望を考えてみたい。

　パーマーは入門期の指導の進め方について指針を出している[9]。最初の30時間は文字を見せず、実物提示による教師の自問自答、生徒との簡単な問答、TPR（次節参照）などが中心となる。この間に発音の基本、約450の重要語を基本的な文の中で教えるとなっているが、黒田はパーマーの趣旨を理解した上で、例えば30時間を短縮するとか各学校の事情に即して行うのがよいと提案している。夏休み以降は教科書中心の本格的な総合指導が始まる。授業の進め方は、① 前時の教材の音読とその内容についての英問英答による復習 ②

新教材のオーラル・イントロダクション ③ 口頭で説明した内容についての英問英答 ④ 黙読 ⑤ 口頭作文 ⑥ 整理、となるという。具体的な展開例は黒田の説明を参照してほしい[10]。40名程度の比較的規律正しい生徒を授業の運営が上手な先生が行うとうまくいくであろう。

　黒田の場合は教科書中心で無駄がなく、余分な英語表現を学ぶ機会がないのであるが、渡邉の場合はむしろ一見余分であると思えるような英語のやり取り、例えばさまざまな挨拶や曜日、天候、趣味、したことなどを言わせて、いちいち当意即妙に英語で対応していく。クラッシェンのやり方にも通ずるところがある。その積み重ねを心がけており、それが復習となっている。日本語は全くといってよいほど使わないが子どもたちは理解し、週に1回なのに力を着実につけている。これは少人数(5～10名)だから可能だとも言えるが、教師の英語力と使命感が確かで、子どもとの関わりと子どもの成長をわが子のように見守る気持ちがなければ成り立たない。具体的にはパーマーと同様オーラルの指導に概ね30時間、ただし週1回なので、家庭学習を課すなどで補い第一次伝達技能の習熟をまず目指す。しかし早くからオーラルだけの練習では英語の定着が弱いと気づいていたので、その後、難易度別の絵入りの読本や絵本を使いリーディングを取り入れていった。結果的にパーマーと同様に第二次伝達技能の養成も絡めた総合的でより系統的な英語指導システムの開発に取り組んだことになる。ただし英語だけを使用した授業の姿勢は変わることはなかった。この方式で英語力を着実につけていった子どもたちは、小学生3年生くらいからライティングにまで挑戦するまでになった[11]。

4. まとめ

　やっとパーマーが唱導しようとしたことが実践できる土壌が日本にできてきたと言える。オーラル面中心の英語教育は社会も文科省も要求しており、英米の大衆文化(映画、音楽など)の影響で若い世代の英語の感覚がこの方式の実践に向くようになっている。3.「授業への応用」の実践例はいずれも小学校における教科としての英語教育に関係しているが、題材を工夫すれば国際理解教育に関連づけられなくもない。教師の英語の力量はまだまだだが、やる気があればオーラル・イントロダクションを必死に繰り返すことで、生徒とともに成長することができる。

　文字から入るといつまでたってもものにならないが、かといって動機づけや定着を考えると小学生であってもオーラルだけやっていたらよいというも

のでもない。楽しいということでゲームや歌だけを繰り返し、言語習得の基礎だからといつまでも単語だけ教えるのもどうかと思う。パーマーを参考にオーラルを中心にしながらも読み書きを視野に入れた指導の体系をまず頭に描く必要がある。創造的な活動には間違った表現がつきものだが適宜やってよい。しかしコミュニケーション重視ということを前面に出すあまり、正しい英語表現の地味な繰り返しや英語を十分聴いて観察することの大切さを忘れてはならないだろう。またオーラル・メソッドのような効率のよい指導法により、英語教育を単なる技術の獲得に終わらせず、思考力や思想を鍛え上げる手段としたいものである。

〔注〕
1) C. C. Fries（1945） *Teaching and Learning English as a Foreign Language*. University of Michigan Press.
2) 言語文化研究所編（1981）『長沼直兄と日本語教育』東京: 開拓社，p. 212.
3) H. E. Palmer（1917） *The Scientific Study and Teaching of Languages*. p. 142 に subconscious comprehension の説明がある。
4) A. P. R. Howatt（1984） 'Harold Palmer and the teaching of spoken language' *A History of English Language Teaching*. Oxford University Press.
   Stephen D. Krashen（2003） *Explorations in Language Acquisition and Use*. Heinemann.
5) H. E. Palmer（1927） 'The Five Speech-Learning Habits'.
6) J. Asher（1969） 'The Total Physical Response Approach to the Second Language Learning' *The Modern Language Journal* 53.
7) 小篠敏明（1995）『Harold E. Palmer の英語教授法に関する研究』広島: 第一学習社．p. 202.
8) H. E. Palmer（1924） *Memorandum of Problems of English-Teaching in the Light of New Theory*.
9) H. E. Palmer（1934） *The First Six Weeks of English*. 他にも H. E. Palmer and Dorothee Palmer（1925） *English through Actions*. Kaitakusha, がある。
10) 黒田 進（1980）「オーラル・メソッドを中心に」第3章 英語科教育の方法（1）——授業の展開と方法」『英語科教育の理論と展開』織田稔・小村幹夫編 東京: 第一法規．
11) Kazuo Watanabe and Takako Watanabe（2000） 'Developmentally-Appropriate EFL Writing for Japanese Elementary School Children' 『日本児童英語教育学会研究紀要』第 19 号．

2節　The Comprehensive Approach
　　　（聴解アプローチ）

1.　基本理念

　学習は習慣形成により成り立っているとする行動心理学に影響を受けたオーラル・アプローチなどの教授法では、初期の段階から目標言語の音声アウトプット（話すこと）が重視されていた。つまり、目標文を繰り返し口頭で練習させることにより、目標文を学習させる方法である。ところが幼児の母語習得研究においてインプット（聞くこと）だけで言語習得が可能か、それともアウトプット（話すこと）が必要であるのか、とする論争がある。外国語の学習において、音声インプットの重要性を主張する研究者が数多くいる。例えば、南カリフォルニア大学の S. クラッシェンは「言語習得は、母語も外国語も言語内容を理解することによってのみ起こる」というインプット仮説を主張している。なかなか話し始めない子どもが、話し始めたら完全な正しい文を話す、ということを証拠としてあげている。つまり、十分なインプットが与えられ、理解することによって、その言語を創り出すシステム（文法）が脳内に構築され、そのシステムによって言語をアウトプットするという仮説である。このようにインプットを十分に与え、アウトプットを遅らせることにより効果を上げている教授法を総称して、The Comprehensive Approach（聴解アプローチ）と呼ばれている。

　例えば、アメリカ国防省言語研究所のバレリアン・ポストフスキーのロシア語の実験では、12週間のうち、最初の4週間をディクテーションなどの練習をしたグループと最初から話すことと聞くことの両方の訓練を受けたグループを比較した結果、前者が後者と比べ、総合力で上回り、また訓練を遅らせた話す能力も勝っていた。これは、聴解能力の向上が他の技能（話す、読む、書く）にも転移する、ということを示している。

　以下、聴解アプローチの教授法のうち代表的な Total Physical Response Approach（全身反応教授法）を取り上げる。

2.　理論的背景

　Total Physical Response Approach（以下 TPR とする）は、アメリカの言語心理学者ジェームズ・アッシャーによって提唱される教授法で、体全体を

使って学習させることから「全身反応教授法（TPR）」と呼ばれている。アッシャーは、幼児の母語習得の過程の観察に基づき、外国語の指導においても次の3点を重視すべきであるとしている。
① 聴く作業が話す作業よりはるかに先行する。

一語文すら話せない幼児でさえ、周りの大人が "Pick up your red truck and bring it to me!"（赤いトラックを選んで、私に持ってきて）のような複雑な文を理解することがよく知られている。このことより、幼児は話し始める以前に複雑な文を理解する能力のあることがわかる。
② 体で反応することで理解を確認する。

聴く作業が話す作業より先行するだけでなく、幼児は聴いた内容を理解し、体で反応する。大人が子どもに話す言葉の多くは、子どもが体を使って反応できるものが多く見られる。例えば、"Don't make a fist when I'm trying to put on your coat."（コートを着せようとしているときには、手をグーの形にしないでね）"Pick up the red truck and put it in the toy box in your room."（赤い車を取って、子ども部屋のおもちゃ箱にしまいなさい）などである。子どもは聴いた内容を理解し、理解できたことを体で反応することで自分の理解が正しいかどうかを確認することによって、学習が進む、と考えられる。
③ 聴く作業は、話し始める "readiness"（レディネス）として働く。

アッシャーは、言葉を話し始めることは、幼児が歩き始めることと同様であると考える。すなわち、歩く準備ができていない段階で無理に歩かせることはないのと同様に、話す準備ができていない段階で話す作業を強制することは効率的でないとしている。

以上、幼児の母語習得の観察より、アッシャーは、言語習得は生得的にプログラミングされているのであるから、母語であれ第二言語であれ、聴く作業は話す作業に先行するという自然な流れと、言葉と体の動きを一致させるという方法で学ぶことが可能である、と主張する。

アッシャーは、聴く作業が話す作業に先行するという指摘だけでなく、この教授法が効果的なのは「話すこと」と「理解すること」が、脳の異なった部分で起こっていることを理由としている。話す作業は左脳前頭葉後部のブローカ野で処理され、理解する作業は左脳側頭葉のウェルニッケ野で処理されている。この脳の処理する場所の違いにより、学習者に理解と話す作業を同時に課すことは、脳内での処理に負担を強いることとなり、学習がスムーズに進まない原因になるとしている。

3. 教授法の特徴

　幼児の母語習得の過程を外国語の学習に応用した TPR は、目標言語を通して直接的に外国語を学習するのに適している。学習者は個人または集団で指導者の命令を聞いて動作で反応するので、話すことを強制されず、緊張感を感じることがない。また後になって役割を交代し、自主的に命令を発するようになるが、学習者が十分にアウトプットする準備ができる段階まで学習者を観察し、個々の学習者の学習のスピードに応じて進めることができる。また、学習事項の記憶が長期にわたって保持されるとの研究報告もある。しかし、動作を伴う命令文を利用するため、動作に結びつけられない語句や文の指導に限界がある、「聞くこと」以外の技能への配慮があまりない、また機能語や文法事項について教えにくい、などが留意点としてあげられる。

　以下、具体的な指導の手順を、Asher（1996）の *Learning Another Language Through Actions* に基づき紹介する。

① 指導者が児童とともにモデルを示す。

　最初は手まねきで、4人の児童を教室の前に出させて、指導者の両側に2人ずつ立たせる。他の児童は、指導者と4人の児童と対面する形となる。指導者は "Sit down." と言って、4人の児童とともに座る。このとき、他の児童が指導者の言ったことを繰り返し言おうとした場合、「静かに！」ということを示すように、指を口の前に持っていく。次に "Stand up." と言って、4人の児童とともに立つ。以上のように、指導者と4人の児童がモデルを示す。他の児童がこの命令文の意味を理解し、体で反応するようになると、"Walk.", "Stop.", "Turn.", "Jump." 等の動きをさせる。このとき指導者は命令文に対して曖昧な動きをしないように注意し、明確な体の動きをつけるようにする。次に、導入する命令文は "Point to the door." などの指さしの動作を行う。以上の表現になれた段階で、"Point to the door. Walk to the door. Touch the door." のようにつながりのある動作に移る。モデルを示して、他の児童がスムーズな動きができるようになるまで繰り返す。ここまでは指導者とともにクラス全体で活動する。

② 指導者の指示で児童を動かす。

　次の段階では指導者は動かず、指導者の指示で個別に児童に一連の動きをさせる。次に、今までの指導者の指示になかった、新しい組み合わせの指示文を出す。例えば、"Jump to the door." などの指示文である。児童はこれまでに "Jump." と "Walk to the door." の指示文は聞いたことがあるが、これら

を組み合わせた "Jump to the door." のような指示文は聞いたことがない。もし新しい指示文に適切な動作ができなかった場合は、指導者がモデルを示し、その動作をさせる。

③ 新しい語彙を導入する。

以上のような指示文に児童が適切に反応できるようになれば、新しい語彙（例えば、ceiling、clock、wall 等）を導入する。新しい語彙は3語ぐらいとし、一度に多くの語彙は導入しないように心がけることが大切である。

以上のように、段階的により複雑な構文や語彙を導入しながら、およそ10時間程度を経過した後、それまでに学習し、児童が理解した語彙、構文をまとめたプリントを配布する。このとき指導者は命令文を読み上げながら、動作を示す。なお、児童に、声を出させたり、繰り返させたりする必要はない。約15時間程度が経過した後、「役割交代（Role Reversal）」をする。これまで聞くことを通して話す作業の準備をしていた児童が、話し始める。つまり、指導者に代わって、児童が他の児童に指示を出すことになる。この際、児童は今までに聞いたことがないような表現を組み合わせて指示文を作るようになる。以後の授業においても同様に進める。

4. 授業への応用

小学校の英語授業で、初期の段階でクラスルーム・イングリッシュの導入や、教室内にあるものの語彙の導入に利用できる。また、動作を伴って反応させて、理解の確認のために利用することもできる。十分に児童に聞かせ、話すことへの準備段階が整うまで、話すことを遅らせて指導するという特徴をよく理解し、活用することが大切である。

例えば、前置詞の導入では、以下のような一連の動作を指導者はボランティアの児童とともに行う。① Pick up the book. ② Put it under the table. ③ Pick up the pencil. ④ Put it under the table. ⑤ Pick up the book. ⑥ Put it under the chair. ⑦ Put it under the table. ⑧ Put it under the chair. ⑨ The book is under the chair. （⑨は動作をさせないが、状態を示すことになる。）数度、繰り返した後、クラス全体で行う。ほとんどの児童が指導者の発話に反応できるようになった時点で、新たな語彙（on, a piece of paper）を加えて、同様に動作をさせる。次の段階で役割交代をして、児童同士で活動させることもできる。また、高学年の児童には、授業の最後にリーディングとして、一連の動作を書いたプリントを配布し、音読させることも効果的である。

3節 The Communicative Language Teaching （伝達中心の教授法）

1. 基本理念

　外国語学習の目標が目標言語の言語構造の理解からコミュニケーション能力（メッセージの伝達能力）の育成へと変化した。このような目標の変化に対して、言語の構造の違いを学習する構造シラバスに代わって言語の働きに着目した概念、機能シラバスが提案されたり、言語構造を制限した教材ではなく生の教材（オーセンティック・マテリアル）を使用する授業、先生と生徒、生徒同士の相互作用（インタラクション）を重視する授業、ロールプレイやペアワークによる言語活動を取り入れた授業などが提案された。このような側面を持った指導法を総称して Communicative Language Teaching（以下 CLT）と呼んでいる。

　外国語学習の目標が言語構造の理解からコミュニケーション能力の育成へと変化した背景には、アメリカの社会言語学者 Hymes が「言語使用の規則があり、それを知らないと文法の規則が無用になってしまう」とし、コミュニケーション能力という概念を提唱したことが大きな影響を及ぼしている。すなわち、目標言語の構造の理解だけでなく、コミュニケーション能力を育成する活動を指導法にどのように組み込んでいくか、といったことが検討されるようになった。また、ヨーロッパでは政治的、経済的な交流の必要性から、The Council of Europe がヨーロッパの成人にとって最低必要限度（Threshold Level）の外国語の伝達能力を保証しようとするプロジェクトを発足させた。ここでは、言語の構造でなく、言語によって伝えられる概念と意味を基準にした概念、機能シラバスが提案された。これらの研究成果が CLT の背景となっている。

2. 理論的背景

　CLT は、言語の伝達機能とコミュニケーション能力の育成に焦点をあてた指導法である。理論的背景として言語の伝達機能を重視する立場の Halliday の言語観があげられる。彼は、言語発達の初期段階において子どもが習得する基本的な言語機能として、次の7つの機能をあげている。以下の機能は母語についての機能であるが、第二言語の場合にもこれらの機能を習得し、使

えるようになることが大切であるとしている。
① 道具的機能：物を手に入れるための言語使用
② 規制的機能：相手を規制するための言語使用
③ 相互作用機能：他人との相互作用のための言語使用
④ 自己的機能：自己の感情・存在を表現するための言語使用
⑤ 発見的機能：知識の習得や発見のための言語使用
⑥ 想像的機能：想像の世界を作るための言語使用
⑦ 情報的機能：新しい情報を伝える言語使用

従来の教授法は目標言語の構造理解に重点を置いていたが、CLT は上記の言語観に基づき、言語構造だけでなく言語機能の獲得を目指して、「メッセージの伝達」を重視する。

では、「メッセージの伝達＝コミュニケーション」とはどのようなものであろうか。次の Canale があげるコミュニケーションの7つの性質が示唆に富む。したがって、コミュニケーション能力を育成するには、授業において、これらの点に配慮することが不可欠である。
① 社会的な相互作用の一形態であり、通常は社会的な相互作用の中で獲得され、使用される。
② 形式とメッセージの面で、かなりの予測不可能性と創造性を伴う。
③ 談話や社会的文化的な状況の中で生じ、適切な言語使用に制約を与えたり、発話の正しい解釈に手がかりを提供する。
④ 記憶の制約、疲労、散漫といった心理的に制約のある条件のもとで行われる。
⑤ 常に目的がある。
⑥ 人為的に手を加えた言語ではなく、生の言語が使われる。
⑦ 成功したかどうかは、実際の結果をもとに判断される。

次にコミュニケーション能力とは何かを考えてみる。Chomsky に代表される生成文法学者は言語能力（Linguistic Competence）を研究対象とし、主に言語を理解し、生み出す言語に関する知識について関心が高かった。一方、現実の発話を重視する立場から、Hymes は言語能力だけでさまざまな状況に対処しえる伝達能力を記述することは不可能であるとして、コミュニケーション能力（Communicative Competence）という概念を導入し、効果的なコミュニケーションを行うために、「話し手は自分の使用する言語の文法的な発話の産出だけでなく、その適切な使い方についても知らなければならな

い」とし、言語使用の適切さの重要性を指摘した。またWiddowsonは言語体系の要素として言語項目の機能であるUsage（用法）とコミュニケーション体系の一部として言語項目の機能であるUse（使用）を区別し、学習者はたとえ言語の用法を知っていても、その言語が使用できない場合がある、とした。このことから、子どもたちが実際にコミュニケーションをする機会が教室内で必要であることがわかる。

　習得すべきコミュニケーション能力の内容について、Canaleはコミュニケーション能力について下位分類し、初期の段階から育成すべきであるとしている。指導者は、どの能力の育成を目指してコミュニケーション活動を提供するのかを常に考えるとともに、計画的にコミュニケーションに取り組ませる必要があろう。

① 文法能力（Grammatical Competence）：言語を理解する、産出するために必要なルールの体系としての文法知識
② 社会言語的能力（Sociolinguistic Competence）：社会的、文化的に適切な言語使用をしているかどうかについての知識
③ 談話能力（Discourse Competence）：一貫性のある談話を作るために文法的な形式と意味をいかに結びつけるかについての知識
④ 方略的能力（Strategic Competence）：コミュニケーションの効果を高めたり、不十分な言語知識をどのように補うかについての知識

3. 教授法の特徴

　言語の伝達機能を重視し、コミュニケーション能力の育成を目指すCLTの特徴として、以下の8点があげられる。

① コミュニケーション能力の育成に直結する。

　学習者が外国語を使って実際に行ってみたいことを具体的に行ってみることが重要である。例えば、話す活動では、ファーストフード店で注文するなどの実際にコミュニケーションに直接関わる活動を中心に組み立てることが大切である。このような活動のために、言語構造の練習も欠かせないが、機械的なドリル練習でなく、意味のある活動を通して練習させる工夫が必要となる。

② 学習の初期の段階からコミュニケーション活動を行う。

　WiddowsonがUsage（用法）とUse（使用）を区別したように、いくら用法を学んだとしても、実際にコミュニケーションできるようになるとは限らな

い。したがって、学習者が主体的に活動に取り組み言語を使用することによってコミュニケーション能力の育成が可能である。学習者が体験を通して学習できるような工夫が必要となる。

③　文法の正確さより伝達の成果を重視する。

学習者の誤りについて、従来の習慣形成の学習理論では、正しい形式の文を何度も練習することで言語を習得すると考えられていたので、誤りについて厳しい対応をしてきた。しかし、誤りは言葉の学習では必ず伴うものであり、Corderは「学習者の誤りは、学習者が目標言語についての仮説を試している証拠であり、誤りを訂正することは仮説を検証する機会を奪うことになる」としている。これに加えて、正確さだけを問題にすると、コミュニケーションを行おうとする意欲や自信をそぐ恐れがある。そのため、コミュニケーション能力を伸ばすために、コミュニケーションを行おうとする意欲を育てるという観点から、言語使用の正確さ（accuracy）より言語使用の流暢さ（fluency）を優先すべきである。ただ、誤解を避けるために付け加えると、誤りに対して無関心ではなく、活動の目的に応じて、誤りに対して柔軟に対応することが大切である。

④　社会的に適切な言語使用を目指す。

コミュニケーション能力を育成するために、特定の社会・文化的な背景の中で、その社会の構成員の一人としてコミュニケーションの方法を学ばせることが大切である。そのため、話し手と聞き手に関する状況、コミュニケーションが行われる場面等を適切に設定し、言語使用の場面と言葉の働きに留意し、カリキュラムや活動を考えることが大切である。

⑤　結果よりも過程を重視する。

実際のコミュニケーションでは、最初から結果のわかっているコミュニケーションが行われることはない。コミュニケーションの過程を経て、特定の結果が得られるわけである。したがって、活動自体がコミュニカティブであることが大切な要素となる。活動をコミュニカティブにする要素として次の3点があげられる。

- インフォメーション・ギャップがある。

  通常、コミュニケーションは互いに知らない情報をやり取りするわけである。よって、互いに対話者の間に知らない事柄（インフォーメーション・ギャップ）を作り、伝えたり、尋ねたりする活動をさせる。

- 選択の自由がある。

通常コミュニケーションでは発話の内容、またどのように表現するか（形式）の選択権は話し手にある。その意味では内容・形式をあらかじめ決めた活動は避けることが大切である。
- フィードバックがある。
  コミュニケーションの意図が達成されたかどうかについて、互いにフィードバックが与えられるように工夫する必要がある。

⑥ 学習者中心で教師も伝達活動に参加する。

　教師主導型の教授法では教師は知識の伝達者であったが、CLTにおける教師は2つの役割を果たすことになる。第一の役割は、クラス全体のコミュニケーションを促し、学習者全体を目標に向けて引っ張り、バックアップする役割である。第二の役割は、活動の参加者の一人として振る舞うことである。さまざまな活動において「交渉者」の役割を果たすことが重要となる。教師は学習者と交渉を交わし、学習者とコミュニケーションを行うことを通して、コミュニケーションの仕方を学ばせることが大切になる。

⑦ 学習者の自己表現活動を工夫する。

　コミュニケーション能力育成には学習者の主体的な活動が大切である。コミュニケーション活動イコール自己表現活動と言っても過言ではない。自己表現活動を通して、言語習得を促す工夫が必要とされる。

⑧ 人間関係を大切にする。

　コミュニケーションでは情報の発信者、受信者が必要である。そのため、話す活動、聞く活動では、学習者同士の活動が不可欠となる。互いに認め合う人間関係があって初めて、スムーズなコミュニケーションが成り立つ。

4. 授業への応用

　CLTの考え方を反映した授業を進めるための留意点を次にあげる。

　1点目は、指導目標の設定に留意する。従来の指導目標は言語構造に重点をおいていたが、指導しようとする言語構造の機能にも注意を払い、どのような場面で、だれに、何のためにその構造を使用するのかを考えて目標を設定する。2点目は、学習者に言語を使用するコミュニケーション活動を準備し、体験できる機会を与えることである。

　以下、コミュニケーション能力を育成するための授業過程と留意点を示す。

① Warm-up: 既習の言語材料を使い、学習者とコミュニケーションを行う。
　学習者の実生活に応じた話題をもとに質問し、発話を引き出す。例えば、

運動会を話題に、When is your school's sports festival? Are you good at running? などを問いかけ、学習者に発話を促す。この場面では、コミュニケーション（意味の伝達）が目的であるので、文法的な間違いには寛容な態度が求められる。ただし、指導者は、さりげなく、正しい英語を繰り返したり、補ったりして、正しい英語を聞かせ、学習者が誤りを気づく機会を与える。また、多くの学習者が間違う項目は、指導計画に反映させる。
② Review: 前時の内容の復習。前時の表現を繰り返し学習し、定着を図ることを目的とし、学習者の定着の程度を確かめ、正しく表現を利用できるように配慮した課題、練習を与える。
③ Presentation of New Material: 新たに学習する項目の導入。意味の伝達に留意し、学習者が日本語を介さず、内容を理解できるよう、話題の設定、場面設定に注意する。話されている内容が理解できるように繰り返し提示し、学習者が表現の内容、表現の使い方等に気づくことができる機会とする。
④ Practice: 学習項目の意味が理解できても、すぐに学習者はその形式を使うことはできません。クラス全体でスムーズに発話できるようになるまで、繰り返し口頭練習し、正しい表現が使える程度まで練習する。学習者が退屈せず、繰り返し練習ができるゲーム等を利用し十分に練習させる。
⑤ Communication Activity: 学習者が目標とする語彙や文型を使って、自分のことを表現できる活動をさせる。学習者に自分のことを表現することで英語を使用していると感じさせる。この場面では指導者は、意味の内容についてコメントを述べ、共同伝達者としてコミュニケーションを実際に体験させる機会を与える。

4節　Content-Based Instruction

1.　Content-Based Instruction をめぐって

　Content-Based Instruction という用語が、日本でも頻繁に使われるようになって久しい。ところが、日本の特に小学校現場で Content-Based Instruction と称して指導するとき、指導者によってその意味するところが異なり、指導内容や指導技術も違っているように思える。まず、英語圏で使われると

きの指導の内容から考えて、用語の意味を確かめておきたい。

　Content-Based Instruction は最近ではその頭文字を取って CBI などと省略されて表されたりするようになった。これは、2つの国で実践され高い評価を得た教育スタイルの周辺で生まれてきた指導法である。一つは、1965年にカナダのモントリオールの幼稚園で最初の試みが行われたバイリンガル教育に端を発している。すなわち、フランス語話者の地域があるカナダで、フランス語話者の英語運用能力を高め、また英語話者もフランス語を母語と同等のレベルにまで習得できるようにという教育の中で、イマージョン・プログラムが編み出され、効果を上げたことで脚光を浴びてきた。

　もう一つは、英語を第二言語として習得しようとしている、英語使用が不十分な（limited English proficiency = LEP, ただし現在では、この LEP students より English learning students = EL students という語が用いられている）子どもたちに特別な授業（sheltered English program または ESL）の機会を与えるための教育プログラムで用いられた指導方法である。英語以外の母語を生活言語とする移住者の多いアメリカで多く実践され、効果を上げている。平常の学習教科内容などを取り入れることで学習者の動機づけを促し、集中して学習活動に参加できるようにし、英語運用能力を高める指導方法である。学習者が強い興味・関心を示す題材を初等教育課程のカリキュラムに沿って選び、教科内容の理解を深めながら、目標言語にも熟達させようとするものである。したがって、第二言語、あるいは外国語として英語を習得するにあたり、その語法に焦点を合わせて指導するために教科内容から題材をとって英語を教える、というものとは区別される。教科学習の表現内容を重視し、目標言語で教科内容を教えようとする、すなわち、学校教育課程そのものを目標言語で行おうとするのが Content-Based Instruction（教科内容に基づいた指導方法）である。

　これは、Curtain らが *Languages and Children: Making the Match.* 2nd ed.（Curtain et al., 1994）で指摘しているように、content-related instruction（教科内容に関連した指導方法）とは区別される。content-related instruction では、学習者がその学年で学習すべき内容をカリキュラムに沿って習熟していくことの責任を負うものではなく、教科内容に関連した内容から目標言語学習を補強する題材を選んで、指導をすることとしている。

　したがって、Content-Based Instruction では、通常毎日数時間、目標言語で複数教科の授業が行われることになる。これは、sheltered English program

(ELT）と呼ばれる、英語を母語とする児童と同じクラスに所属しながら、授業についていくには十分な英語力を持っていない児童を"取り出し"て授業をする方法とも異なる。

また、content-enriched instruction という言葉も使われるように、「内容を重視した指導方法」といいながら、いろいろな教育環境における授業実践があることに留意したい。

日本では、この言葉が1980年代にWhole Languageなどとともに使われ始めたように思われる。私が児童英語をテーマに授業をしたりワークショップをすると、それをWhole Languageのようだ、とか、指導内容や手法がContent-Based Instructionそっくりだ、と評されることがあり、それとは違う発想で授業を組み立てているのだが、と答える場面がしばしばあった。私の授業方法が何故そのような評価を受けたかについては、4.「Content-Based Instruction の授業への応用」で改めて言及したい。

2. Content-Based Instruction にいたる背景

1980年代に入るまでに、訳読中心の指導から離れて、オーラル・アプローチの洗礼を受け、その指導方法も反省期に入った。前後して、コミュニカティブ・アプローチが紹介され、指導内容が学習者にとって意味のあるもの、真実味のあるものでなければならない、ということが主張されていた。そして、Whole Languageや、Content-Based Instructionという言葉が英語教育関係者によって盛んに使われるようになってきた。

このContent-Based Instructionに日本語訳がついたと私が思っているエピソードを記録しておきたい。1994年3月のJASTEC関東地区研究会で、私の授業作りについて発表するようにというご指名を受けたことがあった。そのときに与えられたタイトルが、「Content-Based Instruction の指導法」ということであった。当時、Content-Based Instructionに相当する日本語が定着していなかったので、英語そのものがタイトルとして使われようとしていたのである。contentに重きを置くことには間違いないが、授業の主眼は英語の習得が目的である私の授業作りでは、いわゆるContent-Based Instructionという言葉を使うわけにはいかないと考え、別のタイトルはないか、と後藤典彦氏にご相談した。しばらくして「内容重視の指導法」という言葉を考え出してくださって、私はすぐに飛びつくように、そのタイトルを使わせていただき、発表を終えることができた。「授業で使う英語の内容を重視し、意味

のある表現活動の中で英語習得を目指す」ということで、その言葉をいただいたことは今でも後藤氏に感謝している。

　ただ、現在、日本の小学校現場でも Content-Based Instruction という言葉で授業内容を説明しようとすることがあり、その訳語として「内容重視の指導法」が用いられるが、それぞれの授業の指導目標などについて統一した見解がなく、指導内容や指導技術の面で混沌としてきているような印象を受けている。

　内容重視の指導を通して英語の運用能力を高めようとする Content-Based Instruction は、小学生を対象とするだけでなく、大学でも可能であるし、日本でも古くからこの考え方はあったと思う。学部の卒業論文制作の準備として、リサーチの方法、参考資料の引用の方法、文献リストの制作などを含む論文の書式の指導などを目的として、個々の学生がテーマを選び1年間かけて取り組む「composition」の指導などは、その一例である。

　外国の小学校で実際に参観した事例も紹介したい。アメリカ・カリフォルニアの公立小学校では、arts & crafts のクラスで厚紙を使ってかごを作る手順の説明を読み、必要な道具を揃え、指示に従って作り上げる、とか、ギリシャ神話を読みながら、星座を学んで、季節ごとに変わる星の位置を知り、天体の運行にまで知識を広げたり、動植物の分布を学びながら語彙を増やし世界地図を見て地勢を学んだり、という授業を参観した。また、カナダでも、自然や算数を題材にした授業や、絵本を使ったり、社会科で産業や歴史を取り入れた授業のほかに、日本人子弟や日本に関心を持つ子どもたちは日本の祭りを再現し、英語を使って日本のオモチャなどで遊ぶ、また、韓国の子どもたちは保護者も参加して韓国の伝統料理やその料理法を学び、英語で会話を交わしながら料理し、試食する、などの授業もあった。

　これのいずれも、目標言語を習得する環境が毎日数時間確保されていること、指導者は目標言語話者（または、それに準ずる運用能力を持っている者）が担当している点が、言語の習得を確かなものにしている。

　sheltered English program（ELT）という、第二言語として英語習得中の、英語力が main stream と言われる普通学級の学習に追いつかない段階の子どもたちを対象とするプログラムでも、これに似た指導法を取りながら毎日の授業を行い、"取り出し"の授業が済めば、目標言語を母語として使っている子どもたちと同じクラスで学習を続け、学校生活のリズムを身につけていくようになっている。

この sheltered English program（ELT）の指導者は、どのくらいの期間の指導で子どもを main stream のクラスに定着させることができたかで指導技術が評価される、と聞いた。特に評価の高いと紹介された英語とスペイン語のバイリンガルの先生の授業に参加したときの経験は、忘れがたいものである。

ただ、日本と共通するようで興味深いのは、Curtain も指摘しているように、この指導方法が、小学校と大学のレベルでは大変有効に導入されているのに、中・高校レベル（the high school level）ではほとんどその例を見ない、としていることである（Curtain et al., 1994: 150）。

日本での報告例としては、加藤学園のイマージョン・プログラムが大変有名であり、この指導方法を推奨されるアメリカやカナダの研究者を招いて研究講座を開いたりしている。公立小学校でも、その実験を行おうとしているところが数校あるが、その評価はこれからの子どもたちの英語習得の成果を継続的に観察することを経て下されると思う。今後も、教育特区となった地域でさまざまな実験が行われていくであろうから、その経過も見守りたいと思う。

3. Content-Based Instruction による指導の特徴

この指導を導入するには、学習環境をまず整えなければならない。

- 授業時数
  毎日、目標言語を使って教科内容を学ぶこと。
- 授業担当者
  目標言語の指導だけでなく、初等教育の専門家として教科内容を指導できること。
- 授業者の言語能力
  目標言語の運用能力が母語話者またはそれに近いものであることが必要であるとともに、学習者の言語についても、高い理解力を持っていることが望ましい。

このような学習環境を整えることは、目標言語が学習者の日常生活で使われており、実際に使わなければならない言語である場合には比較的容易であるが、学習者が居住する地域の生活言語が異なる場合、例えば日本で英語を目標言語とする Content-Based Instruction を試みるような例では、条件整備が難しいことが予想される。ましてや、学習の機会が月に 1 回、多くても

週1回というような環境では、指導の内容を子どもの記憶にとどめることは難しく、その他の時間は日本語でも学習することになる。仮に週1回とする場合でも、目標言語話者の初等教育専門教員を配置することが必要で、実施に当たっては周到な準備が必要となる。

日本では、特に外国籍の教員に日本人子弟の教育の相当部分を委ねることになり、日本文化に深く関わる部分の教育については、やはり日本語で行う授業も必要になってくるであろう。

4. Content-Based Instruction の授業への応用

今、多くの人が内容重視の指導方法として Content-Based Instruction に関心を寄せるようになった理由を考えてみたい。文法訳読中心の文構造に焦点を当てた指導方法が、必ずしも音声言語として英語を使う能力を高めることにつながらなかったという反省から、指導者と学習者との間の英語による情報のやり取りを重視しようとする指導法への関心が高まった。この推移は1950年代から始まっていたのであるが、その情報交換、インタラクティブな指導の方法に、時として無意味で機械的な口頭練習が行われており、いざ本当に英語で何かの情報を得たり、あるいは発信したりするときに役立たないのではないか、と言われるようになった。

例えば、名詞の絵カードやオモチャなどを使って What's this? It's a table. または、動作動詞の絵カードを使って、What is she/he doing? She/He is jumping. のような問答がカードを繰りながら主語や内容語の部分を入れ替えて延々と続く指導が多かった。Do you have...? という表現の練習をする、ということで、Do you have two eyes? というような今では考えられないような文例も実際に練習として使われて、音声テープまで添えられていたものである。Do you like ice cream? Yes, I do. Do you like chocolate? No, I don't. という文が、児童英語テキストにもあるくらいで、子どもの練習の声は表情が乏しく、指導者の指示に従っておうむ返しに言っている、という状態になっていた。

私の授業内容について、何故 Content-Based Instruction のようだと言われたのかを振り返って、この指導方法の日本での児童英語教育への応用について考えてみたい。

授業の中心となる表現活動では、子どもの生活に根ざした場面を設定し、精神発達段階に応じた題材を選ぶ。そして、子ども自身が知りたいこと、聞

きたいこと、そして言いたいことを英語で表現する。農産物は、県の特産物を話題とする。比べる表現では、山の高さ、川の長さ、球技のボールの大きさを取り上げ、場所の前置詞を扱うときには世界の国々の位置を話題にする、というように、表現する内容・題材を選ぶときに子どもの興味・関心を念頭において教科横断的に題材を選ぶことから、Content-Based Instruction に似ている、と思われたのかもしれない。しかし、選択にあたっては、そこで扱う言語材料を考慮する。また、その言語材料を取り上げる順序を、子どもたちの英語のルールへの気づきを促すように整理しておくことが、いわゆる Content-Based Instruction の指導方法の考え方と違うかもしれない。

現在、この方法で多様な題材を取り上げて英語活動を進めるときに、「英語を教えるのではなく」ということの解釈から、content を重視しながら、言語習得にはあまり期待しない、という考え方もあり、Englishes という観点から標準的な英語の指導とは一線を画そうとする動きもある。

Content-Based Instruction ＝内容重視の指導法とはいえ、その小学校英語教育への応用の面では、まだ議論が尽くされていないと考える。小学校段階で、どこまで言語能力習得を目指すか、指導目標をどこに置くのか、どのような英語を日本人が必要とするのか、差し迫った課題ではある。

小学校に英語教育を導入することになれば、英語を意思伝達のために使いながら学習できるようにし、英語のルールを自然に身につけられるような指導方法を確立していかなければならない。そのためには、教科内容の習熟を英語で目指す Content-Based Instruction は難しいであろうが、content-enriched な、豊かな表現活動を活発にする指導は可能であろう。子どもにとって真実味のある内容を選び、英語による生き生きとした受信・発信ができるような指導方法を開発していきたいものである。

〔参考文献〕
（本章1節の〔注〕で示した文献および以下のもの）
Asher, J.（1969） 'The Total Physical Response Approach to the Second Language Learning' *The Modern Language Journal* 53.
——— （1996） *Learning Another Language Through Actions*. 5th ed. Los Gatos: Sky Oaks Productions.
Canale, M.（1983） 'From communicative competence to communicative language pedagogy.' in Richards, J. and Schmidt, S.（eds.） *Language and Communication*. London: Longman.

Corder, S. P. (1981) *Error Analysis and Interlanguage.* Oxford: Oxford U.P.
Curtain, H. & Pesola, C. A. B. (1994) *Languages and Children: Making the Match.* 2nd ed. Boston: Longman.
Halliday, M. A. K. (1975) *Learning How to Mean: Explorations in the Development of Language.* London: Edward Arnold.
Howatt A. P. R. (1984) 'Harold Palmer and the teaching of spoken language' *A History of English Language Teaching.* Oxford: Oxford U.P.
Hymes, D. (1972) 'On Communicative competence' in Pride, J. B. and Holmes, J. (eds.) *Sociolinguistics.* Harmondsworth: Penguin.
白井恭弘(2004)『外国語学習に成功する人、しない人』 東京: 岩波書店.
田島清忠(編)(1995)『現代英語教授法総覧』 東京: 大修館書店.
Widdowson, H. (1978) *Teaching Language as Communication.* Oxford: Oxford U.P.

5章　指導目標、年間指導計画の作り方と具体例

1節　指導目標・年間指導計画作成上の留意点

1. 何を、どの程度指導するのかを明らかに

　言語の運用能力は、一度習ったからといってすぐに身につくというようなものではない。前回の活動の復習に十分な時間をかけることも必要になるし、教室で初めて英語表現に触れる子どもにとっても無理なく達成できるような目標を設定しておかないと、早くから英語嫌いを生み出す結果になりかねない。言語運用能力や知識は、繰り返し触れることで徐々に身につくものである。一度触れた言語材料に、その後も何度も多様な活動において出会えるような、スパイラルな教材の配列の工夫が必要となる。

　例えば、中学年で取り上げた言語材料であれば、高学年では、少し負荷をかけてチャレンジングな活動にするなどの工夫とともに、精神年齢の発達や児童の興味や関心に応じた活動内容を準備することが求められる。既習の内容を用いた復習の活動を取り入れるなど、英語授業の総時間数を考慮した、児童の実態に合った目標設定を行うことが肝心である。

　毎回新しい言語材料を導入する必要はない。ただし、用いられるゲームや歌などは、既習のものばかりではいけないだろう。同じ言語材料や内容を扱った別のものも準備したい。数字を扱う授業であれば、低学年も高学年も「Seven Steps」、また、挨拶の歌が低学年からずっと変わらないようであれば、高学年になって歌やゲームに興味をなくしてしまうのは当然である。同じ言語材料に触れることができる、多様なゲームや歌などを準備しておくことが大切である。

　それぞれの単元では、言語材料に対して児童が「出会う」「見つける」「深める」「広げる」段階のどこにあるのかを考える必要がある。言語運用能力に関しては、「興味を持って英語を積極的に聞く」活動から始め、新しい表現にたっぷりと慣れた時点で、徐々に「繰り返してまねをする」、さらに簡単な表

現を「発話する」というように、無理なく段階的に活動を進めることが重要である。

　最終的に、卒業までに子どもたちにどのような力を育てたいのかを考えることが大切であり、目標達成のために、各段階でどのような力を育むのか、どんな活動を準備するべきなのかについて、学校として共通認識を持つことが不可欠である。「文字指導」導入について考えるのであれば、まずは「実施可能な授業時数において文字指導まで含めることが最終的な目標として必要であるのか」「何のために文字指導を行うのか」「その前にやっておくべきことは何か」「目標とする力を育てるためにふさわしい教材とはどのようなものなのか」「どの時点で、どのような導入がもっともふさわしいのか」など、しっかりと検討する必要がある。

2. 評価を考えることで指導内容を明らかに

　指導目標を作る際、どのようなことができていればその目標が達成されたと考えるのか、具体的な規準を作ることなしには年間の指導計画も作れない。児童の到達度を確認しながら進める必要があるからである。それまでにどのような力を育ててきたのか、さらに続けて指導すべきことは何かを明確にする必要がある。教育課程全体を通してコミュニケーション能力を培うと同時に、全人教育としての小学校教育であるためには、英語の授業を国際理解教育として、また「言語教育・コミュニケーション教育」の一環として捉えたい。そうすることで、多様な活動を通しての協調性、自律的な生涯外国語学習者としての資質、個人から共同体への意識の広がり、地球市民としての資質などを育成することも期待できるはずである。

　そのためには、言語運用能力育成だけの観点からのシラバス作りにならないように心がけたい。「言葉の教育」であることを考えることで、活動にも広がりが生まれ、英語の授業がコミュニケーション能力の育成に果たす役割や「関心・意欲・態度」面を育てることの大切さも明確になるはずである。言語・文化についての「知識」や「外国語運用能力」の習得といった観点に加えて、「関心・意欲・態度の育成」、「自律的学習者としての資質の育成」、「他者と関わる社会性の育成」という観点から、各活動における評価規準を考えるとよいだろう。

3. 年間指導計画作成には評価方法の検討が重要

　目標を設定する場合、各学年の実態に合ったものになるよう工夫することが大切である。また、各学校が児童の実態に合ったカリキュラム、シラバスを準備することこそが大切となる。目標とする能力を育てるためには、授業において、評価の対象となるような活動が必ず含まれる必要がある。「聞く態度を育てる」ことをねらいとするならば、その評価のために、当然「聞く活動」が必要である。また、「最後までしっかり聞く」「内容に注意を払いながら聞く」「必要な情報を得ながら聞く」等を評価するのであれば、それぞれを評価するためにふさわしい活動や、必要な手だて(指導法、教材)が準備されていなければならないはずである。

　授業中の教師の見取りだけでは、児童の学習成果を十分に評価することはできない。また評価に追われるようなことになれば十分な指導ができなくなってしまう。児童自身が授業を振り返り評価する「自己評価表」、「チェックリスト」、「Can Do List」等や、友達の取り組みを評価する「相互評価表」、活動で使用したワークシートや活動風景の記録(写真、ビデオ、作成物)等のポートフォリオなどを利用した、多様な評価方法が考えられるべきである。評価方法の多様性も、活動のバリエーションを生む要因となるはずである。

　児童がどれくらい活動に興味や関心を持って取り組んだか、また、児童がどのように変容したかなどは、上記のような評価表やポートフォリオの中に現れてくる。活動の様子などをデジタル・ポートフォリオとしてCD-ROM等に保存しておけば、学期や学年の最後など、振り返りの機会に効果的に使用することができ、さらなる学習への動機づけとなることが期待できる。個別に、あるいは友達と一緒に振り返る活動を行うことで、「自律的な学習者」としての資質を育てる指導を進めることも可能となるのである。

　学期や学年を超えて長期的に育むべき力もある。同じ項目について、別の機会に繰り返し評価することがあってかまわない。年間を通してどの時点にどのような評価方法を採用するのかを考え、さらに学年を超えた計画とすることが必要である。

　自己評価表や相互評価の項目、また、授業の終わりに先生が行う振り返りのコメントは、児童にどのような力を身につけてほしいのかを伝える貴重な機会であり、その授業の目的の確認のために行われるべきである。上手に活用するとよいだろう。評価の視点や方法を明らかにすることで、実施できる

活動の幅にも広がりが生まれてくる。各段階における指導目標、内容、評価方法が明確になり、その結果として年間の指導計画が豊かなものとなるのである。

また、他教科や年間を通した学校行事等とのクロスカリキュラ的な取り組みを実施することは、児童の興味・関心を高める指導内容につながる。小泉（2002）には他教科等と関連する題材が多く紹介されているが、児童が知識として持っている内容が教材化されることで、活動への興味・関心が深まるだけではなく、発達段階に合った活動を提供することが可能となるのである。すべての教科を指導する小学校教師ならではの教材・活動が開発され、用いられることで、小学校の教育ならではの年間カリキュラムの作成を期待したいところである。

2節　全体指導目標と低・中・高学年別指導目標の具体例

筆者が勤務する教科「英語」の研究開発学校である大阪府河内長野市立天野小学校の例を紹介する。授業時間数は、低学年は週2回で45分、中・高学年は週2回で90分である。

1. 全体指導目標

天野小学校の教科「英語」の指導目標は、

> 英語を聞いたり話したりする活動に慣れ親しみながら、コミュニケーションを積極的に楽しもうとする態度を育て、自分の思いなどを伝え合うコミュニケーション能力の基礎を養うとともに、言葉や文化についての興味・関心を培う。

である。子どもたちが実際に英語を使う中で、次の三つの目標を達成する。
① 積極的にコミュニケーションを図ろうとし、それを楽しもうとする態度を育てる。

さまざまな場面で、子どもが積極的に相手の話に耳を傾け、相手に話しかけたり応答したりするなど、自分から「やってみよう」とする心、言い換えると冒険心を育てることが大切である。またそのようにして行ったコミュニケーションがとても楽しく感じられることも同様に大切である。

コミュニケーションが楽しいということは、相手もそれを楽しいと感じるようでなくてはならない。相手のことを考えた上で積極的にコミュニケーションを図ろうとする態度を育てる。
② 自分の思いなどを伝え合うコミュニケーション能力の基礎を養う。

「聞くこと」「話すこと」の音声によるコミュニケーション能力の育成が中心である。単に語彙や文法などの知識を増やすことが目標ではなく、あくまでコミュニケーションを目的として、実際に英語を聞いて相手の思いを理解したり、英語を話して自分の思いを伝えたりすることができる能力の基礎を育てる。語彙や文法などの知識については何度も繰り返し使いながら気づいたり、定着したりできるようにする。十分聞かせてから発話させ、はじめから発音や文法の正確さにこだわるのではなく、単語だけで答えるなど文法的に不十分な表現であったり、思いを表現するのに多少時間がかかったりしても、最終的に自分の思いを正確に相手に伝えることができるようにする。

「読むこと・書くこと」については、「聞くこと」「話すこと」と関連させた形で活用できるようにするが、アルファベットの文字の認識をはじめ、聞いたり話したりしたことのある文を見てその意味を理解したり音読したり、または、書き写したりするなどの活動を通して、文字に対する抵抗を和らげ、文字を用いたコミュニケーションに対する興味や関心を高めるようにする。
③ 言葉や文化についての興味・関心を培う。

英語を聞いたり話したりする中で、自分の思いをより正しく伝えることができる語や表現、あるいは相手が話す語や表現に興味や関心を持ったり、ALTや交流相手の文化に対して興味や関心を持つようにする。相手の文化に興味や関心を持ってコミュニケーションを図ろうとすることは、互いに理解し合う上でその意義は大きい。またそのことは、同時に子どもたちの目を自国の言葉や文化に向けさせ、それらに対する興味や関心を高めることにもつながると考えられる。

豊かなコミュニケーションを行うには多様な相手が必要である。柔軟な心を持つ小学校段階において、さまざまな国や地域の人々と触れ合う機会を持つことで、子どもが世界に具体的な興味や関心を持つようにする。

2. 低・中・高学年別指導目標

教科「英語」の目標を踏まえ、低・中・高学年別に「聞くこと」「話すこと」「読むこと」「書くこと」と「コミュニケーションを楽しむ態度」に関す

る指導目標は次の通りである(表1参照)。
① 低学年
「聞くこと」については、ゆっくり、はっきりとした自然な口調で話される身近な事柄を扱った簡単な英語を聞いて、その大まかな内容がわかり、動作などで反応したり、文で言えない場合でもとりあえずは単語で応答したりすることができることを目標とする。
(例) A: What color is this? B: (It's) red.
一度聞くだけで理解することは当然難しく(低学年では聞き取れていないと次の動作ができないことが観察していてよくわかる)、何度か聞く中で理解できればよい。また、話し手の表情や身振り手振り、教材(絵カードなど)を手がかりにして聞き取ることができればよい。
「発音」については、聞き取ったことをそのままで言えるようになることを目標とする。ただ、はじめから正確さを子どもたちに求めると、口を閉ざす子どもがいるので、何度も聞かせ、正確さよりも積極的な態度の育成に目標を置く。その積極性については、子どもの性格等も影響して個人差があり、

〔表1〕 低・中・高学年別指導目標

	聞くこと	話すこと	読むこと	書くこと	楽しむこと
1・2年	身近で基本的な英語を聞いて理解する。	簡単な語や文を使って自分の思いを表現する。			英語を聞いて全身で表現することを楽しむ。
3・4年	身近な事柄について話される英語を聞いて理解する。	簡単な会話表現を使って自分の思いを表現する。	[4年生より]英語の文字に興味を持ち、ごく簡単な語や文を見て意味を理解し、音読する。		英語を聞いたり話したりする活動を楽しむ。
5・6年	相手が伝えようとしていることを聞いて理解する。	相手や場面に応じ、簡単な会話表現を使って自分の思いを伝える。	英語で書かれた簡単な語や文を見て意味を理解し、音読する。	簡単な語や文を書き写す。	さまざまな人と英語でコミュニケーションすることを楽しむ。

あわてず大事に少しずつ自信を持たせながら子どもを育てていかなければならない。

② 中学年

「聞くこと」については、既習の表現で内容が身近なものであれば、一度にまとめて聞く文の数が2、3文になったり、1文の語数が5、6語になっても最後まで聞いて、全体として内容を理解できることを目標にする。

「話すこと」については、次の例のように、ある話題について3回程度のやり取りができるようにする。

　（例）　A：　Hello. My name is Ken. And you?
　　　　　B：　My name is Mai.
　　　　　A：　I like baseball. Do you like baseball?
　　　　　B：　No, I don't.
　　　　　A：　What sport do you like?
　　　　　B：　I like tennis.

ただ、ここに示した会話ができるようになるには4時間以上の指導時間が必要ではないかと思われる。

指導語彙について、例えば第3学年の「好きなスポーツ」ではスポーツの名前を20語導入する。この20語について、どのスポーツも聞いて理解することを目標とするが、話すことについては、すべてを言えるようになればよいが、少なくとも自分の好きなスポーツを中心にいくつか言えればいいことにする。

4年生から指導する「読むこと」については、聞き慣れた身近な内容の単語や短い文を見て、その意味をイメージし、音読できればよい。

③ 高学年

「聞くこと」については、未知語が含まれるある程度まとまった内容の話について、既習表現(特に名詞)を手がかりに、前後の文も参考にしながら大まかな内容を理解できることを目標にする。校外でインタビュー活動をしていると、当然相手の話の中で未知語が多く出てくるのだが、何回かのやり取りを通してなんとか会話を続けることができるようになる。

「話すこと」については、練習して決められた会話をするだけでなく、既習表現の中で慣れ親しんだ表現を用いて、質問に即興的に応答したり、質問したりすることができることを目標とする。ただ、文の構造まで理解して話しているわけではないので、その正確さについてはたとえ文法上で誤りがあっ

ても、会話が成立する程度であれば十分である。発音についても同様である。
　また、高学年ではスピーチなど自己表現を行う機会が多くなるが、子どもによって伝えたいことが異なるため、同じテーマであっても使う構文や語彙が異なってくる。しかし、ここで大事なことは、難しい表現を使うことではなく、あくまで伝えたいことを聞き手にわかるように工夫しながら自己表現することであり、その点が目標となる。
　文字指導については、語と語の区切りに気をつけて、文を書き写すことが目標に加わる。

3節　年間指導計画の具体例（1年生～6年生）

　前節と同様、教科「英語」として研究開発した天野小学校の年間指導計画を学年別に紹介する。低学年は、週45分（担任・日本人英語担当・ALTの3者TTの時間が30分、別の日に担任単独の時間が15分）、中・高学年は週90分（担任・日本人英語担当・ALTの3者TTの時間が45分、別の日に、中学年では担任・日本人英語担当の2者TTの時間が45分、高学年では担任・日本人英語担当・中学校英語専科教員の3者TTの時間が45分）が指導時間数、指導形態の基本である。文字指導は第4学年から「読むこと」、第5学年から「書くこと」の指導を開始する。年間指導計画作成にあたり、特に留意している点は、以下の通りである。
　①　低学年では、子どもにとって身近な事柄、生活科と関連づけられるもの、異文化に触れるものなどを題材として取り上げる。「英語との出会い」は楽しいものでなくてはならない。絵本を楽しむ単元も積極的に取り入れる。語彙を増やすだけでなく、異文化に触れる機会としても有効である。「体を動かす（英語を聞いて反応すること）」ことで子どもたちが満足感を得られるような指導をする。
　②　中学年では、低学年の内容に加えて、実際に英語を使うことをねらいとした単元を取り入れる。例えば、自分のことについてスピーチしたり、校外でインタビュー活動したりする単元である。「自分が好きなこと」を取り上げる単元では、事前に子どもたちに好きなものを調査させておき、その結果を基に言語材料を選定する。「口を動かす（英語を話すこと）」ことで子どもたちが満足感や達成感を得られるような指導をする。
　③　高学年では、既習事項を活用して、ペアやグループで創作的な作品を

第1学年年間指導計画

	単元名・(指導時数)・ねらい	主な言語材料
4月	はじめまして (3) ○友だちの名前をたずねたり、自分の名前を答えたりすることができる。 ○教師や友だちと楽しく話そうとする。	Hello. What's your name? My name is Tanaka Kenji. hello, name, what, your, my, is
5月	体を使って遊ぼう (3) ○体の部分を表す言葉を聞いて、その部分を動かしたり、言ったりすることができる。 ○体の部分を表す言葉を使った歌やゲームを楽しもうとする。	Touch your nose. head, shoulder, knee, toe, eye, ear, mouth, nose, hand, foot, body, touch, go, stop
6月	色で遊ぼう (3) ○聞き取った色を見つけたり、その色を言ったりすることができる。 ○いろいろな色の名前を使った歌やゲームを楽しもうとする。	What color is this? It's yellow. color, red, yellow, blue, white, black, pink, purple, green, orange, this, it
7月	好きな果物 (4) ○友だちの好きな果物がわかる。 ○自分の好きな果物が言える。 ○いろいろな果物の名前を使った歌やゲームを楽しもうとする。	What fruit do you like? I like apples. apple, banana, grape, kiwi, orange, peach, pear, pineapple, strawberry, fruit, like
9月	ペットショップで (3) ○友だちの飼ってみたいペットがわかる。 ○自分の飼ってみたいペットが言える。 ○いろいろなペットの言い方を使った歌やゲーム、ごっこ遊びを楽しもうとする。	What pet do you want? I want a dog. pet, dog, cat, bird, fish, hamster, rabbit, turtle, beetle, iguana, do, want, please
10・11月	ダンス大好き (7) ○指示を聞いて、ダンスをすることができる。 ○1から8までの数を聞き取ったり、言ったりすることができる。 ○発表することによって、次の活動への自信を持とうとする。	Let's dance. Let's try it together. bow, dance, kick, shake, smile, step, stretch, try, twist, right, left, up, down, one, two, three, four, five, six, seven, eight, let's, together

5章 指導目標、年間指導計画の作り方と具体例　107

	単元名・(指導時数)・ねらい	主な言語材料
11月	おはなし大好き (3) ○絵本の絵や、読み手の身振りや表情などを手がかりに話の大まかな内容を聞き取ることができる。 ○動作に合わせて、登場人物のせりふを言うことができる。 ○英語のお話を楽しもうとする。	Please help me. farmer, beet, mouse, cat, dog, cow, horse, pull, help, me
12月	クリスマスカード作り (2) ○聞き取った飾りの絵を、クリスマスカードに描くことができる。 ○クリスマスカード作りを楽しもうとする。	What's this? It's a present. angel, bell, candy cane, card, Christmas tree, heart, holiday, present, snowman, star, stocking, draw
1月	数で遊ぼう (3) ○1から10までの数を聞き取ったり、言ったりすることができる。 ○1から10までの数を使った歌やゲームを楽しもうとする。 ○英語の数の言い方に興味・関心を持つ。	How many? Three. zero, one, two, three, four, five, six, seven, eight, nine, ten, how, many, finger, count
2・3月	お誕生日おめでとう (4) ○友だちと何歳になったかたずね合うことができる。 ○数を使ったゲームを楽しもうとする。	Happy birthday! How old are you? I'm seven years old. birthday, candle, cake, year, happy, old, how

第2学年年間指導計画

	単元名・(指導時数)・ねらい	主な言語材料
4月	はじめまして (3) ○友だちの気分をたずねたり、自分の気分を答えることができる。 ○友だちや教師と楽しくあいさつしようとする。	How are you? I'm fine, thank you. fine, happy, hot, hungry, so-so
5月	動物園へ行こう (3) ○いろいろな動物の名前を聞き取ることができる。　○いろいろな動物の名前を言うことができる。	What animal is this? It's a fox. animal, elephant, fox, giraffe, hippo, panda, rhino, snake, tiger, zebra

		○いろいろな動物の言い方や使った歌やゲーム、動作を楽しもうとする。	
6月	学校たんけん (3) ○学校の部屋や場所の名前を聞き取ることができる。 ○学校の部屋や場所の名前を言うことができる。 ○グループで指示された所に移動し、指示を聞いてゲームなどを楽しもうとする。		What room is this? It's the music room. classroom, computer room, entrance, gym, library, music room, room, teachers' room
7月	家族大好き (3) ○いろいろな家族の言い方を聞き取ることができる。 ○家族の絵を使って家族を紹介することができる。 ○家族の言い方を使った歌やゲーム、動作を楽しもうとする。		Who is this? This is my father, Kenta. family, baby, brother, father, grandfather, grandmother, mother, pet, sister, me, who
9月	いっしょに遊ぼう (3) ○いろいろな遊びの仕方を英語で聞いて、遊ぶことができる。 ○英語の指示を聞いて、楽しく遊ぼうとする。		Stand up straight. On your marks. Get set. Go! Chinese jumprope, 50m dash, flying disc, hopscotch, parachute, catch, get, jump, hold, hop, run, stop, throw, turn around, walk, wave, mark, set, straight, on
10月	どんな服にしようかな (6) ○いろいろな服の言い方を聞いて、身につけたり、脱いだりすることができる。 ○いろいろな服の言い方を言うことができる。 ○英語を聞いていろいろなものを身につけたり脱いだりすることを楽しむ。		Please put on your coat. Please take off your shoes. apron, belt, cap, coat, dress, glasses, gloves, jacket, mittens, muffler, pajamas, pants, shoes, socks, sportswear, sweater, swimsuit, T-shirt, skirt, wear, put on, take off
11月	おはなし大好き (3) ○"Goldilocks and the Three Bears" のお話の大まかな内容を、絵を手がかりにしたり、動作化したりしてつかむことができる。		Is this soft or hard? It's soft. story, bear, bedroom, breakfast, chair, home, kitchen, living room, soup, eat, sleep, wake up, angry, cold, hard, hot, soft, or

5章 指導目標、年間指導計画の作り方と具体例　109

	○絵本に出てくるごく簡単な言葉を言うことができる。 ○英語の絵本の読み聞かせを楽しもうとする。	
12月	作って食べよう（1） ○教師の指示を聞いて、s'mores（お菓子の名称）を作ることができる。 ○ごく簡単な表現で食べた感想を言うことができる。 ○指示を聞いて s'mores を作ることを楽しもうとする。	Let's eat! It's sweet. chocolate, marshmallow, graham cracker, s'mores, eat, yummy, sweet, hot
1月	おまつり大好き（4） ○簡単な会話表現を使って、お店やさんごっこができる。 ○お店やさんごっこを通して、友だちとのコミュニケーションを楽しもうとする。 ○ゲームを通して、異文化に興味を持つ。	May I help you? Three rings, please. Here you are. Thank you. festival, ball, beanbag, coin, glass, goldfish, ping-pong, ring, dance, eat, play, throw, toss, wait
2・3月	数で遊ぼう（4） ○11から20までの数字を聞き取ったり、言ったりすることができる。 ○11から20までの数字を使った歌やゲームを楽しもうとする。	What number is this? It's 18. Two times two is four. number, eleven, twelve, thirteen, fourteen, fifteen, sixteen, seventeen, eighteen, nineteen, twenty, plus, times

第3学年年間指導計画

	単元名・（指導時数）・ねらい	主な言語材料
4月	またお会いしましたね（4） ○友だちの気分を聞き取ることができる。 ○友だちの気分をたずねたり、自分の気分を答えることができる。 ○友だちや教師と楽しくあいさつしようとする。	Nice to see you again. How are you? I'm happy. And you? I'm fine, thank you. happy, hot, hungry, OK, sad, so-so, thirsty, and

5月	好きな動物 (7) ○友だちの好きな動物を聞き取ることができる。 ○友だちの好きな動物をたずねたり、自分の好きな動物を答えたりすることができる。 ○いろいろな動物の言い方や鳴き声を使った歌やゲームを楽しもうとする。	What animal do you like? I like horses. animal, bird, cat, cheetah, dog, dolphin, elephant, giraffe, hamster, horse, koala, lion, monkey, mouse, penguin, pig, rabbit, sheep, snake, tiger, whale, like
6月	好きな食べ物 (7) ○友だちの好きな食べ物を聞き取ることができる。 ○友だちの好きな食べ物をたずたり、自分の好きな食べ物を答えたりすることができる。 ○いろいろな食べ物の言い方を使った歌やゲームを楽しもうとする。	What's your favorite food? I like pizza. food, bread, cake, Chinese noodles, cereal, chips and salsa, chocolate, curry, fish, fried chicken, hamburger, ice cream, grapes, milk, orange, pear, pretzel, pudding, rice, salad, spaghetti, steak, taco, watermelon, school lunch, favorite
7月	これはあなたのもの？(7) ○友だちの文具であるかどうか聞き取ることができる。 ○友だちの持ち物であるかたずねたり、自分のものであるかどうか答えたりすることができる。 ○いろいろな文具の言い方を使った歌やゲームを楽しもうとする。	Is this your glue? Yes, it is. / No, it isn't. cap, chalk, colored pencil, compass, crayon, eraser, glue, handkerchief, marker, notebook, pen, pen case, pencil sharpener, ruler, school bag, scissors, stapler, tape, textbook, thermos
9月	好きなスポーツ (8) ○友だちの好きなスポーツを聞き取ることができる。 ○友だちに好きなスポーツをたずねたり、自分の好きなスポーツを答えたりすることができる。 ○いろいろなスポーツの言い方を使った歌やゲームを楽しもうとする。	Do you like tennis? Yes, I do. / No, I don't. / It's OK. What sport do you like? I like baseball. sport, badminton, baseball, basketball, bowling, cycling, fishing, golf, gymnastics, jumping rope, kickball, marathon, soccer, skating, skiing, swimming, table tennis, tennis, track and field, unicycle, volleyball
10月	ハロウィーンを楽しもう (6) ○友だちは何に仮装しているか聞き取ることができる。 ○ハロウィーンのお祭りのときに使う表現を言ったり、互	Who are you? I'm a witch. Trick or treat! Happy Halloween! bat, black cat, candy, cemetery, coffin, costume, Dracula, Franken-

5章 指導目標、年間指導計画の作り方と具体例 111

	いの仮装をたずね合ったりすることができる。○いろいろな仮装の言い方を使った歌やゲームを楽しもうとする。○ハロウィーンの擬似体験を通して異文化に興味を持つ。	stein, full moon, ghost, haunted house, jack-o'-lantern, mask, monster, mummy, skeleton, werewolf, witch, Halloween, trick, treat, who, or
10・11月	友だちになろう (7) ○既習の語や表現を使って、さまざまな人と会話をかわすことができる。○自分の好みを表現したり、互いにたずね合ったりする活動を通して、会話することに対して関心を高める。○ごく簡単な会話するときのルールに興味を持つ。	I like tennis. Do you like tennis? Yes, I do. / No, I don't. / It's OK. What sport do you like? I like baseball. Me, too. Really? BBQ meat, comics, computer, flower, French fries, games, green pepper, hula hoop, music, orange, squirrel, turtle, sausage, stew
11・12月	行ってみたい国 (7) ○友だちが行ってみたい国を聞き取ることができる。○友だちに行ってみたい国をたずねたり、自分が行ってみたい国を答えたりすることができる。○いろいろな国の言い方を使った歌やゲームを楽しもうとする。○いろいろな国のことに興味を持つ。	Where do you want to go? I want to go to Australia. America, Australia, Brazil, Belgium, China, Egypt, England, France, Germany, India, Italy, Japan, Kenya, Korea, New Zealand, Russia, Singapore, Spain, Switzerland, Thailand, the Philippines, country, world, where
1月	わたしたちの天野 (8) ○友だちが天野のどんなことを好きと思っているか聞き取ることができる。○友だちに天野について好きなことをたずねたり、自分の好きなところを答えたりすることができる。○いろいろな天野の特産物などの言い方を使った歌やゲームを楽しもうとする。○自分たちの住む天野に興味や関心を持つ。	What do you like about Amano? I like pears. Because it's delicious. I live in Amano. bamboo, community center, festival, garden, mountain, nature, orchard, park, pear, pond, rice field, river, sports ground, tangerine, temple, shrine, sun shade, toothpick, about, live, why
2・3月	どんな仕事がしてみたい？ (9) ○友だちがどんな仕事につきたいか聞き取ることができる。○友だちがどんな仕事がしてみたいと思っているかたずねたり、自分がつきたい仕事を答えたりすることができる。○いろいろな	What do you want to be? I want to be a doctor. astronaut, baker, baseball player, cake maker, carpenter, cartoonist, cook, dancer, doctor, farmer, firefighter, fisherman, florist, nurse,

	仕事の言い方を使った歌やゲームを楽しもうとする。	painter, pianist, pilot, police officer, scientist, singer, teacher, tennis player, occupation, want, be

第4学年年間指導計画

	単元名・(指導時数)・ねらい	主な言語材料
4月	何クラブに入ったの？(6) ○友だちが入ったクラブを聞き取ることができる。○友だちに入ったクラブをたずねたり、自分が入ったクラブを言ったりすることができる。○友だちと何クラブに入ったか積極的にたずね合おうとする。	What club are you in? I'm in the English club. club, tennis, badminton, English, computer, softball, table tennis, soccer, tea ceremony, basketball
5月	好きな勉強 (6) ○友だちの好きな勉強を聞いて理解することができる。○友だちに好きな勉強をたずねたり、自分の好きな勉強を言ったりすることができる。○簡単な指示を聞き取って、校舎内の部屋の位置がわかる。○簡単な指示を使って、校舎内を道案内することができる。○校舎案内を友だちと楽しもうとする。	What subject do you like? I like English. Where is the library? It's on the second floor. Turn right / left. Go to the right / left. Go straight. Go up / down. subject, arts and crafts, computer, English, Japanese, math, music, P.E., science, social studies, library, Principal's room, health room, math room, rest room, court yard, stairs, hallway, science room, playground, floor, pool, turn, left, right, down, up, straight
6月	時刻をたずねよう (6) ○英語で言われた時刻を聞いて理解することができる。○友だちに時刻をたずねたり、時刻を言ったりすることができる。○日常生活(何時に起きる等)に関する時刻を友だちにたずねたり、答えたりすることができる。○友だちと時刻をたずね合うことを楽しもうとする。	What time is it? It's two o'clock. What time do you get up? I get up at six. now, o'clock, twenty, thirty, forty, fifty, sixty, Sunday, Tuesday, Wednesday, Thursday, Friday, Saturday, get up, go to bed, breakfast, lunch, dinner, do homework, watch TV, about

7月	どうしたの？(6) ○友だちの気分を聞き取ることができる。 ○友だちの気分をたずねたり、自分の気分を言ったりすることができる。○英文で表した寸劇のせりふを練習に役立てることができる。 ○気分をたずね合う表現を使ったごく簡単な寸劇づくりとその発表を楽しもうとする。	What's wrong? I have a headache. Take care. Thank you. wrong, headache, toothache, stomachache, fever, cold, shot, doctor, nurse, hospital, dentist, ambulance, thermometer, medicine
9月	話しかけよう (9) ○話しかけたことに対する答えを聞いて理解することができる。 ○ていねいな表現を使って話しかけ、インタビューしたり、クイズを出したりすることができる。 ○進んで話しかけ、挨拶したり、クイズを出したりして楽しくコミュニケーションを行おうとする。○英文で表した「インタビューマニュアル」をインタビューの練習やインタビューのときに役立てることができる。○さまざまな人と接する中で、異文化や自国文化に興味や関心を持つ。	Excuse me. May we ask you some questions? We have a short quiz. Where are you from? Which picture is Osaka Castle? Please choose A, B or C. That's right. / I'm sorry. That's wrong. Thank you for helping us. This is a present for you. may, ask, some, short, quiz, which picture, choose, or, wrong, Osaka Castle, Osaka dialect, tower, builder, of
10・11月	何を料理しているのかな？(10) ○料理の仕方を聞き取ったり、動作を入れながら、料理の仕方を簡単に説明したりすることができる。 ○新たな情報を得るため、質問(色や味など)をしたり、それに答えたりすることができる。 ○英文で表した料理の仕方を説明するときに役立てることができる。○料理あてクイズで、新たに知りたいことをたずねようとする。	What are we cooking? Is it sweet? How was it? It's delicious. boil, cook, crack, knead, make, mix, open, pat, peel, put into, take, turn, onion, potato, carrot, green pepper, vegetables, flour, beef, egg, milk, salt, sugar, oil, electric frying pan, stove, bowl, frying pan, blender, microwave oven, pot, plate, bitter, delicious, hot, sweet, salty, etc.
11・12月	文字で遊ぼう (7) ○アルファベットの文字を見たり聞いたりして、識別することができる。○アルファベットを聞いたり文字を見たりするゲームを楽しもうとする。○アルファベットに興味を持つ。	How do you spell your name? T, A, K, A, S, H, I. letter, capital, small, spell

	単元名・(指導時数)・ねらい	主な言語材料
1月	いくつになるかな？(6) ○友だちが出す計算問題(1から100までの数を使ったもの)を理解することができる。 ○計算問題(1から100までの数を使ったもの)を友だちに出したり、問題を聞き取って答えたりすることができる。 ○数字や計算を問題として使った双六ゲーム作りや遊びを楽しもうとする。 ○数や計算の言い方に興味を持つ。	How many pencils do you have? I have eight pencils. Three plus five is eight. Nine minus three is six. Six times four is twenty-four. Sixteen divided by two is eight. seventy, eighty, ninety, hundred, many, problem, plus, minus, times, divided by, throw, dice, next, turn, piece, space, inch, centimeter
2月	これできるかな？(6) ○友だちや教師にできることをたずねたり、聞き取ったりすることができる。 ○文字カードの指示に従って動作をすることができる。 ○ゲーム大会を楽しもうとする。	I can play the piano. Can you play the piano? Yes, I can. / No, I can't. can, piano, guitar, violin, drum, recorder, jump, throw, kick, catch, run, hop
2・3月	自己紹介（Show & Tell）(8) ○友だちのスピーチを聞いて、友だちの宝物は何か理解することができる。 ○スピーチの中で、自分が大切にしている宝物を簡単に紹介することができる。 ○英文で表した原稿をスピーチの練習や発表に生かすことができる。 ○英語でスピーチすることに興味を持つ。	Hello. My name is Ken. This is my treasure, my bike. It's from my father. It's blue. I like cycling. Thank you. show, tell, treasure, autographed balls, award, bike, cap, collector's card, crystal, daily, game, key ring, music box, necklace, paddle, piano, ring, soccer ball, stereo, stuffed animal, teddy bear

第5学年年間指導計画

	単元名・(指導時数)・ねらい	主な言語材料
4月	ホッケーをしよう(4) ○英語でルール説明を聞き取り、ホッケーをすることができる。 ○ゲーム中に簡単な指示をすることができる。 ○外国の小学生に人気のあるスポーツに興味や関心を持つ。	You have to keep your stick down. hockey, have to, wait, pass, catch, shoot, mask, glove, puck, goal, goalie, rink, stick, safe, out, foul

5・6月	買い物に行こう（7） ○陳列している商品の位置をたずねたり、答えたりすることができる。 ○値段をたずねたり、答えたりすることができる。 ○商品の値札等に文字を活用することができる。 ○コンピュータを活用した買い物ごっこを楽しもうとする。	Where is the ham? It's under the sausage. How much is it? It's one dollar. pizza, pizza crust, pizza sauce, corn, green pepper, onion, pineapple, tomato, tuna, shrimp, bacon, ham, sausage, cheese, bottom, top, over there, above, under, next to, dollar
6月	ピザを作ろう（6） ○英語の指示を聞いて、ピザ作りができる。 ○簡単な英語で調理の指示ができる。 ○英語の指示を聞いて調理することを楽しもうとする。	Put the pizza sauce on the pizza crust. Cut the pizza with a pizza cutter. cut, put on, take out, wait, microwave oven, plate, frying pan, cutting board, knife, spoon, pizza cutter
6・7月	電話で話そう（7） ○いろいろなパターンの電話で会話表現を知り、相手と簡単なやり取りができる。 ○電話でのやり取りを使った寸劇ができる。 ○英文で表したせりふを練習や発表に生かすことができる。 ○電話でのコミュニケーションに興味を持つ。	Hello. This is Ken calling. Can I speak to Tom? Speaking. / Just a moment, please. / I'm sorry. He/She is not here now. / You have the wrong number. call, wait, wrong, soon, watch, cell phone, telephone, telephone number, what, where, when, who
9・10月	CMを作ろう（10） ○友だちが作ったCMを視聴して、伝えようとしていることのおおよそを理解することができる。 ○簡単な表現を使って、自分たちがアピールしたい事柄を描写してCMにまとめることができる。 ○英文で表したせりふを練習や発表に生かすことができる。 ○自分たちの思いを正しく伝えることができる表現を工夫するなど、楽しくCM作りをしようとする。 ○自分たちが住む地域に興味や関心を持つ。	Where are we now? We are at Kongo Temple. Wow! How beautiful! Visit Kongo Temple! beautiful, interesting, nice, fun, delicious, visit, try, need, ride, study, festival, cycle sports center, golf course, mountain, nature, river, temple, come to
10・11月	デジタル絵本でアピールしよう（12） ○友だちの話す物語の大まかなストーリーや伝えたいことを聞き取ることが	You should help your friends. Don't throw garbage in the river. hurt, life, war, sickness, cancer, ac-

	できる。○既習事項を活用して、場面に応じた会話をすることができる。○英文で表したせりふを練習や発表に生かすことができる。○表現を工夫しながら、メッセージを伝えようとする。	tion, fireworks, lighter, argue, attack, separate, throw away, garbage, pick up, etc.
11・12月	交流をしよう（6）○交流相手の言うことの大まかな内容を聞き取ることができる。○既習事項を使って交流相手と会話をすることができる。○英文を活用して交流に使う表現の練習をすることができる。○インターネットを活用した交流を楽しもうとする。○交流相手の文化に興味や関心を持つ。	Hello. I'm Takashi. What do you want for Cristmas? I want a bike. present, Christmas, etc.
1月2・	予定をたずねよう（8）○誕生日をたずね合うことができる。○日曜日などによくやっていることをたずね合うことができる。○普段の生活でよくやることを4コマンガにして発表することができる。○英文で表した原稿を練習や発表に生かすことができる。○英語を活用したマンガ作りに興味を持つ。	When's your birthday? It's April 1. What do you usually do on Sunday? I usually play soccer with my friends. January, February, March, April, May, June, July, August, September, October, November, December, first, second, third . . . , usually
3月	何をしているの？（10）○今していること（〜ing）を表す表現を知り、聞き取ったり、言ったりすることができる。○英文で表した寸劇のセリフを練習や発表に生かすことができる。○友だちと協力して楽しく寸劇作りをしようとする。	What is he doing? He is playing baseball in the playground. he, she, they, we, doing, read, eat, drink, run, sleep, walk, etc.

第6学年年間指導計画

	単元名・（指導時数）・ねらい	主な言語材料
4月	いっしょに話そう（4）○話題を決めてペアと1分間英語で会話をすることができる。(Free English	Hello. Do you like dogs? Yes, I do. And you? Me, too. Do you have a dog? Yes, I have a black dog. That's

5章 指導目標、年間指導計画の作り方と具体例　117

	Speaking Time: FEST と呼ぶ）　○できるだけ話が続くようにする。　○友だちと英語で会話することを楽しもうとする。	cool. what, where, when, who, which, how
4・5月	ゲームを作ろう（7） ○ルールの全体を聞いて、大まかな内容をつかむことができる。　○既習事項を活用してゲームを考え、簡単な英語でルールを説明することができる。　○ルール説明に、英文のメモを活用することができる。　○英語を使ったゲームを楽しもうとする。　○簡単な指示をするときに使える表現に興味を持つ。	Please line up. Make a circle. Take a card. Are you ready? Good luck. That's good. 10 points. 20 points. Good job! take, throw, hit, say, get, try, make, win, lose, ready
6・7月	カフェテリアを作ろう（8） ○調理の仕方を聞いて、大まかな内容をつかむことができる。　○自分たちの作る料理の名前や材料、使う調理器具名を使って、調理していることを簡単に説明することができる。　○英語の指示を聞いて調理することを楽しもうとする。　○いろいろな料理や調理器具の名前に興味を持つ。	Crack the egg. Put the egg into the bowl. bread, carrot gelatin, crepes, mixed juice, onion salad, pancakes, pizza, salad, scrambled eggs, soup, toast, blender, bowl, chopsticks, colander, electric grill, frying pan, ladle, microwave oven, peeler, pot, turnover, whisk, crack, cut, peel, pour, put, turn
7月	ガイドブックを作ろう（6） ○地域のお寺にある建物の説明を聞いて大まかな内容を聞き取ることができる。　○簡単な英語を使って建物を説明することができる。　○その説明を英文にしたガイドブックを作ることができる。　○英語でガイドブックを作ることに興味を持つ。	There is a big bell in this tower. It's 800 years old. Kongo Temple, building, gate, tower, bell, ring, sword, national treasure
9・10月	ビデオレターを作ろう（9） ○友だちのビデオレターを視聴し、大まかな内容をつかむことができる。　○既習事項を活用して、修学旅行を紹介することができる。　○英文で表したせりふを練習に活用することができる。	Where are we now? We are in the bread factory. What are they doing? They are making bread. How delicious! video, letter, school trip, bread factory, cable car, hot spring, next to,

	○思いがうまく伝わるよう工夫してビデオレター作りを楽しもうとする。	in front of, at, we, they
10・11月	映画を楽しもう（9） ○映画の一部などを視聴して、既習の表現を聞き取ることができる。　○既習事項を活用して映像に合った会話を作ることができる。　○映画のタイトルを英語で見て、既習の単語を見つけることができる。　○英文で表したせりふを練習に活用することができる。　○自分の思いを伝えたり、相手の思いを理解するために、表情や身振り手振りを活用しようとする。	What movie is this? What are they doing? I think they are playing soccer. movie, enjoy, think, he, she, they, etc.
11・12月	京都クエスト（10） ○京都市内の観光地で出会う外国人にインタビューをすることができる。○英文のメモを活用してインタビューしたり、インタビューしたことをまとめたホームページを作成したりすることができる。　○自信を持って、楽しくインタビューしようとする。○インタビュー活動を通して、自国や相手の国のことに興味や関心を持つ。	What's your favorite Japanese food? What Japanese food don't you like? What do you think about Japan? homepage, think, etc.
1・2・3月	My Dream（17） ○自分が将来つきたい職業などの夢や小学校での思い出を簡単な英語を使った寸劇やスピーチにしたり、友だちの夢や思い出を聞き取ったりすることができる。　○発表に向けて、友だちと楽しく練習したり、工夫して練習したりしようとする。　○英文を練習に活用することができる。　○思いが効果的に伝わるスピーチの内容や話し方に興味を持つ。	What do you want to be? I want to be a teacher. Why? Because I like kids and want to teach. What do you want to do? I want to go to Egypt. Why? Because I want to see the Pyramids. What's your best memory of Amano? My best memory is the school trip to Ise. Why? Because I stayed in a hotel with my friends. dream, want, why, because, kid, teach, best, memory, trip, could, stay, hotel, with, etc.

完成させる等のプロジェクト型の学習を取り入れる。教室以外の場所でも英語を話すなどコミュニケーションの場を豊かにし、その相手を友達や教師から観光地で会う人などへと広げる。また、英語の指示を聞いて料理やスポーツをする単元も取り入れる。「心を動かす（自らやってみたいと思う、やってみて感動する）」ことができるように単元を進めていくことが大事である。

第6学年の最後の2単元、「京都クエスト」（京都でのインタビュー活動）と「My Dream」（スピーチ）を小学校でのゴールとし、そこでどの子も満足感・達成感が得られるように、それまでに何をしておけばいいかという視点で第1学年に遡って計画を立てる。そして、その年間計画に命を吹き込むのが教師の役割である。

〔参考文献〕

樋口忠彦，行廣泰三編著（2001）『小学校の英語教育――地球市民育成のために』名古屋: KTC中央出版.

――――編著（2003）『児童が生き生き動く英語活動の進め方』東京: 教育出版.

金森　強編著（2003）『小学校の英語教育　指導者に求められる理論と実践』東京: 教育出版.

――――（2004）『最強のレッスンプラン』　東京: アルクオンデマンド.

小泉清裕（2002）『みんなあつまれ！　小学校の英語タイム』東京: アルク.

松川禮子（2004）『明日の小学校英語を拓く』東京: アプリコット.

大阪府河内長野市立天野小学校・西中学校（2005）『〈第2年次〉研究開発実施報告書』.

寺島隆吉（2002）『英語にとって「評価」とは何か?』あすなろ社(岐阜)/三友社出版(東京).

渡邊寛治（2005）「小学校の英会話学習の実態調査とその学習の評価のあり方に関する実際的研究」　平成15・16年度科学研究費補助金基盤研究(c)(2)研究成果報告書.

6章　発達段階にふさわしい活動と活動の進め方

　子どもは、年齢と知的、身体的な発達に応じて、興味や関心が異なる。例えば、低学年の子どもは楽しければ、言葉の繰り返しをいやがらない。しかし、集中できる時間が短いため、いろいろな活動を準備しておく必要がある。中学年の子どもは、互いに協力しながら活動をすることに興味を持ち、ゲーム的な活動を喜ぶ。高学年の子どもは文字に親しんだり、複雑なことを考えることを楽しむ。このような発達段階を無視すると、子どもたちは英語学習に興味を失い、退屈してしまう。指導者は子どもたちが常に興味を持って活動できるように工夫することが求められる。本章では、児童の発達段階に適した代表的な活動を取り上げ、活動の進め方と留意点を紹介する。活動を工夫する視点を磨き、目の前の子どもたちの興味・関心に合った活動を組み立てるヒントを得ていただきたい。

1節　歌・ライム・チャントと早口言葉

　歌は、子どもたちの注意を引き、関心を引きつけることができる。いわば、はじめて外国語・英語に触れるその第一段階として有効な方法であり、また、不可欠とも言える。言葉にリズムとメロディーが結びつく歌を、英語のリズムを知る伝達方法の一つと捉え、授業を始める際の英語の楽しい雰囲気作りとして、また授業の終わりに、その余韻を残すことなどに用いる。
　ライム（rhyme）は、英国やアメリカを中心とする英語圏で伝承されている詩歌の総称で、詩や歌の各行の終わりに同音を繰り返して韻を踏んでいるのが特徴である。チャント（chant）もまた歌と同様にライムに含まれ、メロディーを伴わないが、英語の一定のリズムとイントネーションに乗せて詩歌を詠唱し、繰り返し言ったりするものを指す。最近では、アメリカや日本の英語指導者によって独自に作成されたチャントも多い。
　低学年、中学年、高学年の発達段階に合ったものを選べる歌・ライム・チャントは、メロディーやリズムが頭に残り、無意識のうちに復唱していた

りすることから、時と場所を選ばずいつでも楽しめると言える。

　子どもたちにとって、特に小学校低学年の入門期では、英語のフル・センテンスをそのまま繰り返すことは難しいが、メロディーがあれば、無理せずまねして発話できる。日本語とは異なる英語の抑揚、リズムを体全体で受け入れると言っても過言ではない。日本語の歌のメロディーは日本語の抑揚であるのと同様に、英語の歌のメロディーは、英語の話し言葉のイントネーションである。子どもたちはライムや歌、チャントを繰り返し何度も口ずさむ（口遊む）ことをいとわず、むしろ繰り返しを楽しむことができるという効果がある。

1. 指導の手順と低・中・高学年別の歌・チャント・ライム例

　歌やチャントの指導をする際、手遊びや動作を伴う歌は、実際にしてみせることで、何について歌っているかを簡単に理解する。また、歌の内容を、nursery rhymes の本などの絵を用意して示せば、一語一語の意味を示さなくとも、理解させることができる。

① 指導の手順

　1） 歌やチャントの内容を表す絵を示し、単語、歌の歌詞を聞かせる。次に CD などで歌を聞かせ、次に教師が少しゆっくり歌って聞かせる。CD などに録音されている歌のテンポは概して速い。それをそのまま聞かせると、子どもたちがまねして歌う際、言葉が飛んでしまう。

　2） 言葉が飛んでしまわないためには、歌詞をメロディーなしで、教師の後について一小節ずつ、リズムをこわさないでゆっくり言わせる。

　3） 次にメロディーをつけて、やはり一小節ずつ歌って聞かせ、教師のあとについて歌わせる。

　4） 最後に全体を通して一緒に歌う。

　歌をしっかり覚えさせるというよりは、一曲の歌の習い始めは、毎回の授業で同じ手順で行えば、徐々に覚えていく。最初のころは、決して速く言わせる必要はない。言葉をはっきり聞かせるため、ゆっくりめでよい。言葉が言えるようになれば、次第に正しいテンポで歌えるようになる。

② 低・中・高学年別具体例

低学年

　体を動かすことが好きなこの時期の子どもたちには、体全体を使った歌や手遊び歌を喜ぶ。よく使われる体の部位を触りながら歌う Head and Shoulders は英語圏の子どもたちにも親しまれている。曲を聞き、体を動かすだけで十分楽しめる The Hokey Pokey をはじめとする多くの歌が、*Wee Sing* のシリーズ中の *Nursery Rhymes and Lullabies, Children's Songs and Finger Plays* などに見られる。そのほかにも、すでに日本語で訳されて親しまれている歌やテレビの子ども番組などで知っている歌もある。

"Twinkle, Twinkle, Little Star" "The Alphabet Song" "Teddy Bear" "The Hokey Pokey" "Bingo" "Baa, Baa, Black Sheep" "Sing Together" "Hot Cross Buns" "Pat-A-Cake" "Eency Weency Spider" "Little Cabin in the Wood" "Colors" "Days of the Week" "Months of the Year" "We Wish You a Merry Christmas"

10 年ほど前に出版され、人気のある *Let's Go 1*（オックスフォード大学出版局）にある歌は、Carolyn Graham が日本の子どもたちにも無理なく歌える対話の歌として作ったものである。自分の名前、色、天気を言うときなどの手助けとなり、メロディーが易しい。

"The Hello Song" "The ABC Song" "The Black Cat Song" "How's the Weather?"

チャントとしては、"Five Little Monkeys" "Ten Fat Sausages" "One, Two, Buckle My Shoe" "Rain, Rain, Go Away" "Who Took the Cookies from the Cookie Jar?" などがある。

このほか、子どもたちが手を挙げて答えたいとき、だれに当てようかなと "Eeny meeny miney mo, Catch a tiger by the toe. If he hollers, let him go" と言いながら子どもを当てると、何度も聞くだけでまねるようになる。また Carolyn Graham の *Jazz Chants*（オックスフォード大学出版局）も人気がある。

中学年

内容のある、英語の音を楽しめる歌やチャントを選ぶとよい。また、音楽の教科書にある歌やよく知っている歌を英語で歌うと、すでにメロディーを知っているので歌いやすく、興味を持つ。

"Hickory, Dickory Dock" "Humpty Dumpty" "Old MacDonald Had a Farm" "Peas Porridge Hot" "It's a Small World" "Edelweiss" "Jack and Jill" "This Old Man" "A Sailor Went to Sea"

高学年

知的要求度が高くなるにつれて、歌を歌うことを好まないという報告を耳

にするが、子どもたちが少し難しいと感じるような物語唄やチャントに挑戦させると意欲を示し、楽しむ。

"Sing a Song of Sixpence" "The House that Jack Built" "I Know an Old Lady Who Swallowed a Fly" "The Twelve Days of Christmas" "Lion Hunt" "Make New Friends"

2. 早口言葉

早口言葉（tongue twister）も、歌・ライム・チャントに含まれるだろう。言葉遊びの一種であるので、声に出して言うだけで楽しめる。
- She sells seashells by the seashore.（彼女は海岸で貝を売る）

早口言葉でありながら、s の音 [s]、[z]、[ʃ] の発音を正確に言う練習にもなる。
- Peter Piper picked a peck of pickled pepper.（ピーター・パイパーはトウガラシのつけものをひとかたまりつついて食べた）

子どもたちは、書いたものを示さなくても、耳から聞いてまねして言える。子どもたちに楽しませながら挑戦させたい。

2節　新教材導入の方法

コミュニケーション能力を育成するために、「メッセージ」を伝えたり、尋ねたりする活動を教室内で行うために、授業過程をしっかり組み立てなければならない。多くの授業では「新教材の導入」→「新教材のドリル」→「コミュニケーションを目的とした活動」という授業過程が組まれる。この一連の授業過程の「新教材の導入」における目的は、目標とする文についての「意味の気づき」「形式（form）の気づき」「言葉の働きについての気づき」である。またこれらの気づきを、母語の助けを借りず、できるだけ英語で促したい。以上の目的を達成するために、指導者は目標文が使われる話題、場面設定と文脈（コンテキスト）づくりが必要となる。適切な話題、場面と文脈により児童は意味の推測が可能となる。適切な話題、場面設定と文脈づくりの留意点を以下に示す。
- 児童同士がよくする話題を取り上げる。
- 児童が身近な場面（例えば、教室内、家庭内、児童が出会う生活場面）を選択する。

- 自然な言葉遣いを大切にする。
- 児童が理解しやすい短い発話からなる簡単な対話にする。
- 児童が新しい語彙でつまずかないように、既習の語彙を多く使用する。
- 繰り返しを多く用いて、意味の推測を助ける。

新教材の導入例

① 低学年

　低学年児童の場合、「遊び」が生活の一部である。意味の推測を容易にするために、ジェスチャーを交えながら繰り返し聞かせることが可能なチャントを使って、導入する方法などが考えられる。

●話題：体を使って、何ができるかな。語彙：体の部分

　I have two feet.（指導者は足を指さす）
　Two hands, you see.（両手を指さす）
　Two eyes, two ears.（目、耳を指さす）
　And this is me.（自分の胸を指さす）
　My hands have ten fingers.（指をブラブラさせて気づかせる）
　I write with my fingers.（鉛筆を持つまねをして書く動作をする）

　指導者はジェスチャーを交えながら児童に数回聞かせた後、同じように動作をさせながら、発話を促す。最初はクラス全体から、列ごと、個人へと練習を繰り返す。全員がスムーズに発音できるようになった後、ボランティアを募り、クラスの前で発表させてもよい。また、黒板にチャントに出てくる体の部分の絵を提示し、チャントの順番に並べ替えさせる練習も楽しんで取り組む。低学年児童は、同じ内容でも少しずつ変化をもたせることで、喜んで繰り返し練習する。

② 中学年

　中学年の場合、いろいろな教科を学び学習の習慣がつき始め、共同で作業することにも積極的になる。このような特徴を生かして、クイズ的な要素を加味した導入方法を紹介する。

●話題：三角形はいくつある。語彙：triangle　構文：There are ... How many ... ?

　T:　Look at the triangle on the blackboard.（Aの三角形を示す）Please count the triangles. One, two, three, four, five.（児童にわかるように三角形を数える）How many triangles?
　P:　Five.

(A)   (B)

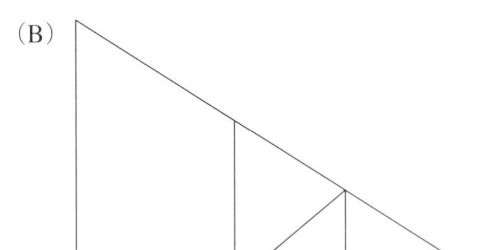

```
T:  Yes, there are five triangles. Then how many triangles?（Bの三角形を示す。児童に数字を発表させる。）
P:  Four.（児童は数字しか言わないので、指導者が目標文を繰り返し、何度も聞かせるようにする。）
T:  There are four triangles. Are there four triangles?
P:  Six.
T:  There are six triangles. Are there six triangles?
    OK, then let's count the triangles.
```

③　高学年

　高学年の場合、言葉を使って交渉する場面を作って、メッセージの伝達（コミュニケーション）の仕方を学ぶ導入方法を工夫したい。ここではALTとHRTのティームティーチングで指導する場面を示す。

●話題：将来は何になりたい？　語彙：職業　構文：I want to be ....

```
ALT:  （ケンの絵を示し）I am Ken. I am in the 6th grade. I like animals. I want to be a vet.（ケンの絵を裏返し、獣医の絵を示す）
HRT:  （エリの絵を示し）I am Eri. I am in the 6th grade. I like children. I like math. I want to be a teacher.（エリの絵を裏返し教師の絵を示す）
```

次にケンとエリの絵を黒板に貼り、指導者がそれぞれ、ケンとエリになって対話をする。

```
ALT:  I'm Ken. Lisa（HRT）is Eri.
ALT:  Hi, Eri. Nice to meet you.
HRT:  Hi, Ken, Nice to meet you, too.
ALT:  What do you want to be in the future?
```

HRT: I want be a teacher.（教師の絵を見せる）
ALT: Why?
HRT: I like children and math. What do you want to be in the future, Ken?
ALT: Well, I want to be a vet.
HRT: Why?
ALT: I like animals.

　数回、対話を繰り返し、どのような情報のやり取りがあったのかを確認する。その後、活動に必要な語彙の導入をして、練習に移る。
　以上、低、中、高学年別に導入方法を紹介したが、児童はメッセージのやり取りに興味を持って、英語を聞こうとする。児童の発達段階を十分考慮し、メッセージが伝わるように、指導者は話題、場面等を工夫することが大切である。

3節　クイズ・ゲーム

　インプットされた言語知識を、思い出したり確認したりする活動が、児童にアウトプットを促す。児童がターゲット・ワードやターゲット・センテンスを使ってみたい、話してみたいと感じさせ、児童をわくわくさせる言語活動が、クイズやゲームである。前回の復習、あるいは、その日のまとめとして、クイズやゲームを使うことができる。
　小学生は、低学年と高学年で発達段階に差があるので、年齢に合った活動を選ぶ。クイズ・ゲームは児童の好奇心を刺激し、楽しい英語活動を演出し、英語に興味を持たせる。しかし、おもしろそうなクイズやゲームであっても、児童が言語材料やルールを理解できないと、一転して不安な時間になる。十分なインプット、児童が理解できる簡単なルール、明確な説明が児童の不安を減少させる。
　さらに、クイズやゲームの活動中には、児童をほめるチャンスがたくさんある。Very good! Excellent! Super! Great! Good job! Well done!（よくできたね）と、児童のどんな小さな成果も見逃さずほめ、楽しい英語活動を演出したい。また、成功だけでなく、失敗でも Good try! Very close.（もうちょっとだよ）とチャレンジしたことを認めたり、You can do it.（できるよ）と励ましたりする指導者の態度が、児童の学習意欲を高めることを頭に入れておきたい。

1. クイズ

　低学年向けのクイズは、先生から児童に問いかけて、具体的で答えを見つけやすい問題を選ぶ。中学年は、簡単な問題であれば1人の児童がクラス全員に質問して答えるシチュエーションを設けると、児童から児童への発話を促すことができる。高学年には、ちょっと考えるような問題がふさわしい。また、低・中学年向けの簡単なクイズの作成と出題というコミュニケーション体験もさせてみたい。

① 低学年向き

何かな？　あててみよう！
- 用意するもの: 絵カードとそれが入れられる封筒や袋。
- 進め方: 封筒や袋などに隠した動物や果物の絵を、端の方から少しずつ見せて、What's this? と言って、児童にそれが何かをあてさせる。黒板に絵カード（例えば、banana）を貼り付けて、その上を大きな紙で隠し、What's this? と質問し、続いて、It's a fruit. It's yellow. Monkeys like it. とヒントを出して何かをあてさせる。

② 中学年・高学年向き

足は何本？
- 用意するもの: 動物・人・家具の絵カード
- 表現: How many legs does a dog have? — Four.
- 進め方: 動物・人・家具を学習した後、足の数をあてさせる。

4本足の動物（dog）、2本足の鳥（penguin）、2本足の人間（woman や職業）、6本足の虫（bee）、8本足の虫（spider）、足のない虫（caterpillar）、4本足の家具（table）、3本足の家具（stool）の足の数を質問する。既習語彙（動物名、家具名、職業）を楽しみながら復習できる。

Where do I live?

　どこに住んでいるかをあてる。例えば、雪が多い北海道、冬も温暖な沖縄県、人が多い東京都、大きな湖琵琶湖がある滋賀県を取り上げ、It snows a lot here. There are a lot of people here. といったヒントを出す。

③ クイズを作るこつ

　クイズの本（『Quize-Bowl-100』松香フォニックス研究所刊）から問題を選んでみたり、Children's Dictionary (Scholastic 社など) で単語を調べ、辞書に掲載されている英文をアレンジしたりする方法がある。常識にとらわれず、斬新なクイズ問題を作ろうという工夫が大切である。

2. ゲーム

英語だけでゲームを進めると、児童は英語でコミュニケーションしたという満足感と達成感を得ることができる。ゲームの指示をクラスルーム・イングリッシュ（例えば、Make 5 lines.）として定着させたい。また、どんな言語活動も時間制限をして勝者を決めるとすべてゲームになるので、他教科の内容も工夫次第で新たなゲームになる。しかし、勝敗にこだわると、常に勝つことができないで意欲をなくす児童も出てくる。勝者を決めず、全員に I'm finished.（終わった）と言わせて、ゲームを終えた満足感を味わわせるようにしたい。

① 低学年向き

カード遊び
- 用意するもの: 大判の絵カードをクラスに1セット、数人のグループに1セット、あるいは、1人の児童に1セット。
- 進め方:

（1） カルタ遊びのように先生が英語を読み上げ、児童が絵カードを取る。名詞のほかに動詞・形容詞でもできる。

（2） 学習内容が増えれば、単語レベルでなく、I like apples. I can run. のように文の中にターゲット・ワードを埋め込んでいく。1人1セットのカードを用意できる場合、中学年向けは、Do you like apples? という先生の問いかけに対し、児童は好きだったら Yes, I do. と言いながら apple のカードを取り、好きでなかったら、No, I don't. と言ってカードを取らない。最後に How many cards do you have? と先生が質問し、カードの枚数を児童に答えさせる。慣れれば、児童を小グループに分け、グループの1人に質問役をさせてもよい。

ビンゴ
- 用意するもの: 何も記入していない5×5マスのビンゴシート。
- 進め方: 低学年向け。児童が自分のビンゴシートの好きなマス目に、好きな色を色鉛筆で塗る。先生が色の名前を言ったら、児童は自分のビンゴシートに丸印をつける。絵や数字を書き込ませたり、小さい絵をビンゴシートに貼り付けたりすることもできる。また、ボンゴという遊び方もある。児童は、絵が描いてあるビンゴシート（ボンゴシート）の好きなマス目におはじきを置く。先生が絵の名前を言ったら、児童は自分のボンゴシートのその絵の上におはじきが乗っていたら取り除く。おはじきがなくなっ

たらあがりとなる。

② 中学年・高学年向き

インタビュー・ビンゴ
- 用意するもの: 職業のイラストのビンゴシート。職業のイラストは、職業名を学習する際に児童が自分でビンゴシートに貼り付ける。
- 進め方: ビンゴゲームとインタビューゲームを組み合わせたゲーム。児童は自分の職業を決める。児童が自分のビンゴシートを持って、クラスメートに職業を尋ね、ビンゴシートのその職業を丸で囲む。児童2人が出会ったら、じゃんけん（Rock, scissors, paper, go.）で勝った児童から次の要領で話しかける。

　　A:　Hello.
　　B:　Hello.
　　A:　I'm 名前. What's your name?
　　B:　I'm 名前. Nice to meet you.
　　A:　Nice to meet you, too. What do you do?
　　B:　I'm a mechanic. What do you do?
　　A:　I'm a dentist. Thank you. Good-bye.
　　B:　Thank you. See you later.

ジェスチャーゲーム
- 進め方: 2人の児童が好きなスポーツ（例えば、tennis）を他の児童にわからないように決める。教室の前に出て、1人の児童がもう1人に What sport do you like? と質問する。質問された児童はそのスポーツをジェスチャーで示す。残りの生徒がスポーツ名をあてる。正解であれば、質問した児童は、I see! You like tennis. という。次の2人の児童が同じく質問とジェスチャーをする。児童がゲームに慣れれば、ペアになって質問し合う。

お店屋さんごっこ
- 用意するもの: 商品（jump rope など実物が望ましい）。お札と硬貨。
- 進め方: お札と硬貨は事前に用意したプリントを児童に切り抜かせたり、描いて作らせたりしながら、数字を確認する。半数がお店屋さん（shopkeeper）、残りの半数がお客さん（customer）になり、次の要領でお店屋さんごっこを行う。後で役割を交代する。I like this jump rope. This is good. など児童の表現力に合わせ、会話を付け加えると、発展的な活動となる。

Shopkeeper:	May I help you?
Customer:	I want a jump rope. How much is this?
Shopkeeper:	It's 200 yen.
Customer:	Here is 500 yen.
Shopkeeper:	Here you are.（品物を渡す）Here is the change.（おつりを渡す）
Customer:	Thank you.
Shopkeeper:	Thank you. Good-bye.

伝言ゲーム
- 用意するもの：椅子と色画用紙。
- 進め方：児童を数グループに分け、グループ数より1脚多く椅子を教室の後部に並べる。各椅子に色画用紙のカバーをつけ、a brown chair, a red chair と名づけ、その椅子の名前を覚える。グループごとに児童が一列に並び、列の最初の児童を先生が集め、伝言する指示文、Sit down on the brown chair. Sit down on the red chair. Sit down on the yellow chair. などの1つを児童に伝える。列に戻った児童は、担任の Start! の声で列の次の児童に、先生に伝えられた指示文を小さな声で伝える。列の最後の児童は、伝えられた色のカバーがついた椅子を見つけて座る。ゲーム中は、児童は静かにしておかなければならないが、列の最後の児童が椅子を選ぶときは、グループの他のメンバーが"Yes.", "No." と最後の児童に声をかける。

4節　絵本の読み聞かせ

　子どもたちは、絵本を読んでもらうのが大好きである。一度、クラスで絵本を使ってみると、子どもたちの喜ぶ様子が実感できる。押しつけの勉強という形ではない気がするようで、絵本に吸い込まれていくのが手に取るように感じられる。英語の一字一句がわからなくても、すでに知っている物語ならなおのこと、初めて出会う話でも展開される絵に吸い寄せられ、自然に英語の音とリズムを楽しむ。絵の助けを借り、年齢に応じた内容や物語を聞き、すべての単語を理解しなくても、すっかり英語がわかった気になるようである。期せずして「英語でもおもしろいね。」といった、子どものはずんだ声が聞こえる。

　絵本を読んでもらうのは楽しい、と実感させるためには、内容を理解して

いるかを問うような英語での高度な質問は、入門期の子どもたちにはしないことである。楽しいという経験をさせ、何度も同じ本を繰り返し読み聞かせれば、色や名称を引き出すことは年齢が低くても容易である。さらには英語学習年数が増えるにつれて、明白な答えを引き出す質問も可能になる。いずれにせよ、最初は、読み手が子どもたちの反応で、彼らが内容を理解していることを感じ取れれば十分と考える。Storytelling は、語り手が物語をすべて諳んじて聞かせる方法をさし、絵本を一緒に見ながら読む「読み聞かせ」とは区別されている。

　読み手は、物語の状況に応じて無理なく声音を作って読み聞かせる。日本語の絵本を子どもに読み聞かせる場合と同じように、英語だからと気負わず自然体で読みたい。授業の最後に、ご褒美として、わずか5分から10分読むだけでも英語のレッスンは楽しいという余韻が残る。絵本の内容に合う歌や活動を展開したいと思えばいくらでも広げることができるし、また、授業内容に特に関係ない題材の絵本を選び、読み聞かせることもできる。絵を指して説明したり、絵について簡単な説明をしたりして、共通の楽しみを分かち合うことができる。

　通常は、一冊の本を紙芝居のように皆に見せながら読む。少人数でも一般の小学校の教室でも、絵本を近くで見たいという子どもたちの気持ちは同じであろう。全員が読み手のそばに寄り、絵を近くで見ながら聞くと、友達との距離感が心地よい。単価の高い Big Book は小さい本を拡大したものであるが、絵の細かい作品や、人数の多いクラスには不可欠であろう。

　絵本を読み聞かせることは、子どもたちが喜んで聞こうという自然にリラックスした状態で、自然な英語をふんだんに聞かせることができるという利点がある。単純な話であれば、1回で十分というものもあるし、何度も聞きたい、何回か聞かせたいと思えば何回も読むというように、本の扱いには柔軟性を持たせることができる。

　絵本のすばらしさは、年齢が低いほど、英語圏の同じ年齢の子どもたちを対象とした内容の単純な本を扱うことができることであろう。年齢が高くなるにつれ、英語に触れる機会が少ない日本の子どもたちは、英語圏の同じ年齢の子どもたちが楽しむ本とは差が出てくることは避けられない。とはいえ、1年生から6年生まで、それぞれの年齢の子どもたちがおもしろいと思える絵本を探し出すことも容易である。

　最近では、CD 付きの絵本がずいぶんある。ネイティブの英語、擬音、

BGM などは、子どもたちの想像をさらに刺激する役目を果たすであろう。以下、読み聞かせに使ってみたい絵本を紹介する。

1. **低学年用の内容別に使える絵本**
   - 色と動物　*Brown Bear, Brown Bear, What Do You See?* by Eric Carle
   10匹の動物とその色の名称が変わるだけで同じ文を繰り返すこの本は、何度か読み聞かせるだけで、子どもたちは絵を見ながら諳んじてしまうにもかかわらず、何度も聞きたがる絵本である。色と動物の名称も自然に無理なく覚える。米国のK-1（幼稚園年長）クラスでも扱う本で、日本の子どもたちも4、5歳児から小学校1、2年ではじめて出会う絵本として扱える。各動物の色、名称の質問: What color is the bear? What is brown? などは、絵を見ながら簡単に答えることができる。
   - 曜日と食べ物　*The Very Hungry Caterpillar* by Eric Carle
   『腹ペコ青虫』として子どもたちになじみの深いこの本は、曜日と食べ物を扱っている。
   - 身体の部分　*From Head to Toe* by Eric Carle
   上記はいずれも Eric Carle の作品であるが、絵の色彩がきれいではっきりしていることと、繰り返しが常套手段であることが絵本の常とはいえ、読み聞かせに適している。

2. **低学年・中学年・高学年用**
   - *Good Night, Gorilla* by Peggy Rathmann: Scholastic
   - *Peanut Butter and Jelly* by Nadine Bernard Westcott: A Unicorn Giant
   - *Sitting in My Box* by Dee Lillegard: Puffin Books
   - *A Dark Dark Tale* by Ruth Brown: A Puffin Pied Piper
   - *Papa, Please Get the Moon for Me* by Eric Carle: Simon & Schuster
   - *Draw Me a Star* by Eric Carle: Puffin Books
   - *A Woman with an Alligator Purse* Retold and illustrated by Nadine Bernard Westcott: Little Brown and Company
   - *Winnie the Witch* by Korky Paul and Valere Thomas: OUP
   - *I Am a Star* by Jean Marzollo: Scholastic

3. **Oxford Reading Tree シリーズ**

オックスフォード大学出版局から出ているこの本のシリーズは、英国 Literacy（読み書きの能力）用のナショナル・カリキュラムの一環であるが、ただ単に読み聞かせるだけで、子どもたちをとりこにする効果がある。

Stage 1 の一部は絵のみで文はないが、Stage 1+ から Stage 3 までは各ページ 1 文からなる。Receptive words（受容単語）としては、Stage 2 の最初の 6 冊パックの新出単語は 92 語、続く Stage 2 の 2 パック 12 冊で 128 語が加わり、繰り返し同じフレーズが使われている。子どもたちの日々の生活でも起こりうる、シチュエーションを容易に想像できる出来事は、子どもたちの心をとらえる。日本で手に入るこのシリーズは、Stage 1 から Stage 9 まで合計 200 余冊である。

Stage 2
- *A New Dog*
- *What a Bad Dog!*
- *Toys' Party*
- *Bad Dream*
- *A New Trainer*
- *The Go-Kart*

これら以外にも、英語教材を扱う出版社から小さな絵本や Big Book が出されている。その中からクラスの子どもたちに適した内容、楽しんで聞けそうな絵本を選ぶのも楽しい。ぜひ、一冊手にして、クラスで展開してみてほしい。子どもたちが好きな絵本や日本古来の紙芝居などを、子どもたちにわかるやさしい英語にして読み聞かせることにも挑戦してみたい。毎回、Big Book などを揃える必要はないが、英語での「絵本の読み聞かせ」は、英語らしいリズムで聞かせることが大事である。

5 節　自己表現・コミュニケーション活動の進め方

自分の知っていることを他者に伝え、また、他者から必要な情報を得ることがコミュニケーションである。話すことだけでなく、聞くこと・読むこと・書くことすべてがコミュニケーションだが、小学校英語では、特に話したり、聞いたりするコミュニケーション活動が中心となる。コミュニケーション活動をうまく進めるためには、児童にモデルとなる会話場面を実際に見せること（担任と ALT の会話など）、コミュニケーション活動のリハーサル体験（ゲームなど）が不可欠である。児童の豊かな精神世界のすべてを英語

だけで伝えることは、小学校英語活動の表現だけでは十分とはいえない。しかし、知っている英語表現を駆使し、自分の気持ちや用件を伝えようとするチャレンジ精神を育むことができる。

　コミュニケーション活動中に表現を忘れてしまったり、どうしていいかわからなくて困ったりしている児童に、ヒントやアドバイスを与えてもかまわない。しかし、児童の誤りをすべて訂正する必要はない。誤りの訂正が学習者の言語習得にさほど大きな影響を及ぼさないことは、よく知られている。正しい用法を認識させる必要はあるが、コミュニケーション活動中は、先生が誤りを細かく指摘するより、よくできた所やがんばった所を見つけてほめるほうが、児童の意欲を高めることができる。

　また、教室場面で一番多いのが先生から児童への発話、次に児童から先生への発話、そして一番少ないのが児童から児童への発話である。児童から児童の発話を促すために、英語に初めて触れる段階から、意思表示の習慣をつけておくと、高学年で高い自己表現能力・コミュニケーション能力を発揮できるようになる。質問（例、Do you like cats?）に対する意思表示のYes./No.、指示（例、Stand up, please!）に対する返事のOK. Yes.、ちょっと人に声をかけるときのExcuse me.、ゲーム中のほめ言葉のGood. などは、低学年からできる自己表現の第一歩として、どんどん使用させることである。「知らない」ことや「わからない」ことを伝えること（I don't know.）も大切だ。I'm sorry. That's OK. といった表現を使う機会を増やし、英語活動の中で頻繁に児童が意思表示できるようにさせたい。思春期の入り口をくぐり、人前での発言に羞恥心を感じ始める前に、児童に英語を使って言葉のやり取りを体験させることが重要である。

　コミュニケーションは、話す相手によって心理的負担が異なる。知っている人に話しかけるときより知らない人に話しかけるとき、1人よりグループ、グループより大勢の前で話すときの負担のほうが大きい。したがって、話す相手や相手の人数を変えたり、話す目的を変え、多様なコミュニケーション場面を設定していくことが大切である。

　次に、小学校英語活動の自己表現・コミュニケーション活動として代表的な自己紹介、インタビュー、プレゼンテーションを紹介する。

1.　自己紹介

　英語活動の初期から少しずつ自己紹介表現を積み重ねていくと、6年卒業時

には立派な自己紹介ができるようになる。しかし、自己紹介の回数が多くなると「同じことばかり話す」と感じることもある。児童に話す相手と活動目的を明確に示して、「たくさんの人と、たくさん英語で話せた」という達成感を感じさせたい。

例1　友達に自分のことを英語で伝えてみよう

　低学年は、ペアワークでクラスメートと自己紹介しあった後、たくさんの人の前（グループ内あるいはクラス内）で自分の名前と年齢を発表すると、プレゼンテーション体験ができる。

例2　Nice to meet you.

　次に、クラスの外部の人——他のクラスの児童、ALT、ゲストや参観日の保護者——を相手に自己紹介の機会を設け、自分のことを相手に伝え、さらに、相手から名前を聞いたり、好きなものを聞いたりさせる。その際、児童に作らせた「色カード」から好きな色のカードをプレゼントするアクティビティ（What color do you like? I like green.）を加えると、児童は自己紹介活動により意欲的になる。あるいは、自分の好きなものを描いたカードをプレゼントし（This is for you. Thank you.）、そのカードの説明をさせれば（This is a dog. I like dogs.）、コミュニケーションをさらに楽しめる。

例3　ビデオレター

　交流校間で細かな打ち合わせや時間設定を強いられるテレビ会議と比較し、ビデオレターは取り組みやすい。児童の自己紹介を撮影し交流校に送る際、学校間（あるいはクラス間）で、「好きな動物」「学校の紹介」「地域の産物」など共通の交流テーマを設けると、発展的な交流ができる。テーマに沿って児童が描いた絵や実物などを、児童が手に持ちながら自己紹介し、絵や実物について英語で1センテンス述べるだけで、Show and Tell（物を示しながら、それについて語る）の要素を含む自己表現活動になる。しかしビデオレターの撮影・編集などに時間がかかるのが欠点といえる。

2.　インタビュー

　クラスの中で、好きなスポーツや将来なりたい職業などについて友達と情報を交換し合うインタビュー活動も少し工夫を凝らし活用したい。

例1　インタビューカード

　質問をすべて覚えることは児童に負担が大きいが、インタビューカードを見ながらであれば質問しやすい。インタビューカードとは、質問項目のイラ

ストをのせたもので、児童に描かせたり、担任が手作りしたものだが、イラストが描いてあるビンゴシートを使ってもよい。

児童はインタビューの結果を、絵の下に〇や×をつけて記録していく。スポーツに関してインタビューするときは、たくさんのスポーツのイラストが描かれたシートを持って、次のような会話を交わしながらインタビューする。

A: Hello.
B: Hello.
A: What sport do you like?
B: I like swimming. How about you?
A: I like baseball. Thank you.
B: Thank you. Good-bye.
A: See you later.

例2　英語 ID カード

ローマ字で自分の名前を書く学習を行った後、英語 ID カード(パスポート)作成もおもしろいインタビュー活動ができる。

A: What's your name?
B: My name is Maki.
A: Write your name, please.
B: OK. (自分の名前を記入する)
A: Where are you from?
B: I'm from Japan.
A: How old are you?
B: I'm 12 years old.
A: What grade are you in?
B: I'm in the sixth grade.
A: What's your telephone number?
B: It's 777–8888.

名前と数字を書き込むだけだが、写真を貼れば見た目も立派な ID カードができあがる。作成した ID カードを使って、入国審査ごっこ(名前・年齢・出身地を質問する)やカードの持ち主確認ゲーム (The telephone number is 777–8888. Whose card is this?) ができる。

例3　外国人へインタビュー

校外の観光地で、外国人旅行者に質問して、インタビューを行ったり、観

光クイズを出したりすることも可能だ。インタビューやクイズに必要な英語表現だけでなく、話し相手に不快感を与えない態度(にこやかな笑顔・アイコンタクト)といったコミュニケーションで重要な役割を果たす非言語表現を、児童に意識させることができる。

3. プレゼンテーション

クイックレスポンス(質問されたらすぐに答えること)は、確かに大切なことだ。返答に時間がかかると、対話の相手が質問の意図がわからない、あるいは、英語がわからないと判断し、会話が終わってしまうことがある。しかし、日本の児童の特徴として、自分のことを正確に伝えたいがために考えすぎたり、2つの選択肢から1つを選ぶために悩みすぎる結果、黙ってしまったりすることがよく見受けられる。このような傾向にある児童が英語の表現力に劣るかというと、そうではない。そんな児童が参加しやすい言語活動を工夫してみよう。例えば、自分のことを話すのではなく、他の人になりきってその人の紹介をすると、児童が話しやすいと感じることがよくある。

例1　This is my friend, A.

Aという子どもの性別・年齢・好きな色・飼っている動物・好きな果物・好きなスポーツなどのプロフィールをグループで、または一人で考えて、Aの紹介をしてみる。

例2　Show and Tell

物を見せながらそれについて発表するのがShow and Tellである。児童が自分の好きな物や大切にしている物を持ってきて、クラスメートに紹介する。家族の写真を示しながら、My father is tall. My sister is pretty. と言って、形容詞 (short, strong, kind, happy, nice, great) を使うことができる。

自己表現・コミュニケーション活動には、以上のように多様な取り組みを工夫できるが、児童が課題をやり遂げやすいように、活動の目的や英語表現を明確に示す必要がある。短い英文で自分のことを伝えるのは、簡単なように見えるがとても難しい。児童が満足感や達成感を味わえる雰囲気作りやアプローチが大切である。

6節　文字の導入とリーディング、ライティング指導

1. 文字の導入

　小学校英語活動における文字指導に関して、文部科学省は、子どもの負担となり英語嫌いを生み出す要因となるとして、「音声と文字を切り離して、音声を中心とした指導を心がける」という方針を示している。確かに、外国語として英語を習う入門期の児童は、まず「聞く」「話す」を十分に行うことが重要である。しかし、学習が進むと、「読みたい、書きたい」という文字への知的欲求が生じるのは、子どもの発達段階からも自然なことである。英語を教科として研究する研究開発学校や教育特区の小学校では、「聞く」「話す」に加え、4年生から段階的に「読む」「書く」を指導目標に加えているところが多い。また、すでに日本に先駆けて小学校で英語教育を実施している韓国、台湾、中国のアジア諸国においても「聞く」「話す」を中心としながらも、4年生前後から「読む」「書く」の指導を行っている。こうした現状からも、音声指導の次の段階として、文字の指導をことさら遅らせたり、「読む」「書く」指導へとつなげることを無理に避ける必要はないといえる。文字指導の意義として、以下のことがあげられる。

- 児童の知的欲求、興味に合致している。
- 文字が記憶の手だてとなり、記憶を保持させる。
- 聴覚情報に視覚情報が加わることで内容理解が進み、英語学習を促進させる。

しかし、文字の導入は、次のような無理のない段階的な指導が必要である。

Step 1:　文字に慣れ親しむ
　　　　　教室にアルファベットや英語のポスターを掲示したり、文字つき絵カードを見せるなど、児童が自然に文字にふれる環境を作る。

Step 2:　文字の形を知る
　　　　　文字カードを使ったゲーム、アルファベットの形を身体で表わす人文字作り、カルタ、ビンゴゲームなどで文字の形を認識する。

Step 3:　大文字、小文字の識別
　　　　　大文字と小文字のカードを使った神経衰弱、ビンゴゲームなどで、大文字、小文字を識別する。

どの段階においても、文字を無理に教え込もうとせず、音声中心の指導の中で「文字を使って遊ぶ」活動を取り入れることで、文字への認識を高め、次のリーディングへの興味へとつなげることが大切である。

2. リーディングの指導

子どもに対する外国語教育でのリーディングの指導にはさまざまな見解があり、この指導法が絶対というものはない。目的に応じて指導法を組み合わせて用いるのがよい。

- Look and Say: 単語をひとかたまりの単位として見せ、文字の形などから記憶させて読ませる。
- フォニックス: アルファベットの綴りと音の関係を理解させ、ルールに基づいて「読み」を指導する。

リーディングの初期段階では、「聞く」「話す」活動と関連させて、意味がわかっているものを「読む」ことが大切である。以下は、絵本（*I Spy*: Creative Teaching Press, 1999）を使った指導例である。絵本の読み聞かせは、挿絵で意味が理解でき、「聞く」ことで音と文字との関係を直感的に気づかせ、自然に「読み」に導くことができるので、「読み」の興味づけとしては適している。

> Spy, spy. I spy. I spy a cat.
> Spy, spy. I spy. I spy a hat.
> Spy, spy. I spy. I spy a fat cat in the hat.
> Spy, spy. I spy. I spy the cat in the hat on a mat.
> Spy, spy. I spy. I spy a fat cat and a rat on the mat.
> The cat and the rat on a mat? Oh, no! Oh, no! Scat, rat, scat!

- ラベリング: 教室内にある物で、児童に身近な物の名前を英語で書いたラベルをいろいろ用意しておき、"Spy, spy. I spy. I spy a door." と言う。児童はラベルを識別して実物に貼っていく。
- カードタッチ: cat/hat/mat/rat/fat といった単語の絵と綴りがかかれた絵カードをタッチさせ、次に綴りのみ書かれた単語カードをタッチさせる。
- 文の並び替え: 文字を指さしながら読み聞かせをして、単語が認識できるようになれば、児童が理解できる文を単語カードで作り、読ませる。次に、カードを並び替えて文を作らせ、できた文をリズミカルに読む。

| the | spy | a | in | cat | hat | fat | I |

3. ライティングの指導

　身近な単語が読めるようになれば、音声で導入した語句や文を書き写し（copy）たり、コンピュータの文字入力から始めたりすると抵抗がない。児童が興味を持ってライティングに取り組むには、カード作り、レストランごっこのメニュー作り、インタビューの質問、ALTへの自己紹介文など、書く必然性があり、児童の日常生活と関連した活動であること、自己表現や創造的な活動へつながる活動であることが大切である。口絵の絵は、2. で取り上げた絵本を読めるようになった児童が、絵本の文の単語を一部置き換えて自分のストーリーを作り、絵を描いて自分の絵本作りをした例である。

4. まとめ

　今や、コンピュータも日常化し、ローマ字入力は小学校でも行われている。英語学習において文字に触れさせ、指導していくことは自然なことであり、特に音声だけでは不安を感じる高学年には、文字指導を無理に避ける必要はないと言える。しかし、十分な音声指導を行ってから、児童の興味や発達段階に合わせて導入すること、いきなり書かせたりせずに段階的に指導すること、文字指導は個人差が出やすいので、児童が文字への抵抗感や苦手意識から英語学習への意欲を損ねないようにすることなどに留意すべきである。Curtain & Dahlberg（2004）が述べているように、外国語教育において、文字はコミュニケーションのもうひとつの道具である。子どもたちの表現力やコミュニケーション能力育成のための文字指導のあり方が、中学校での英語教育との関連からも、さらに模索されるべきである。

7節　他教科の内容の利用

　小学生に英語を指導する上で、国語・社会・理科など、小学生が他教科でどのようなことを勉強しているかを知ることは興味深い。各学年それぞれの教科書を見ると、子どもたちを知ることにつながる。そして、他教科での「既習の題材」を英語の授業で扱うことで、子どもたちの知的発達に合わせたインタラクションへと広がる。以下、他教科の内容の利用の具体例を紹介する。

1. 国　語

　国語の教科書で取り上げている物語は，必ずしも英語の授業で使えるほど平易ではない。しかし，2年生の教科書で長年扱われている「スイミー」は，英語版の読み聞かせや世界名作集のビデオ英語版を見せるなど，扱いやすい。また同じく2年生にある「お手紙」，1年生で扱われている，ハンス・ウィルヘルム作の心温まる「ずーっとずっとだいすきだよ」，何年ぶりかで扱われるようになった「大きなかぶ」などは，英語で聞かせてもすでに習っているので，子どもたちに一生懸命聞こうとする姿勢が見られる。

　子どもたちが知っているわかりやすい内容のものを除いては，国語の教科書で扱っている学年に合わせた物語を英語で扱うというよりは，むしろ英語では，国語教育で薦めている「読み聞かせ」という形で，子どもたちがわかりやすい内容のものを選んで行うことである。

　出版社により多少内容の差はあるだろうが，平成17 (2005) 年度改訂の光村図書の国語教科書では，子どもたちの目を広く世界に向けさせ，地球や環境について考えさせるために，世界の物語や，世界の友達，自然や動物を題材にした内容やきれいな写真が掲載され，「総合的な学習」も視野に入れた内容も多くなっている。

　国語教育で，「読むこと」については，1年生では昔話や童話などの読み聞かせを聞くことなどで易しい読み物に興味を持ち，読むことを始めることを奨励している。国語の朗読が望ましいということが新たに見直され，平成17年度版からは教科書の「読む」項目で扱う物語の数がさらに増え，内容も変化に富み，おもしろくなっている。低学年では物語9点 (4点は外国の作品) を扱い，25冊の絵本 (10冊は外国の作品) が紹介され，中学年では，物語8点 (2点は外国の作品)，詩が5点と15冊の本 (7冊は外国の作品) が紹介されている。また4年生では「手と心で読む」の資料として「点字のあいうえお」表があり，実際に手でさわって感触を実感できる。4年生でローマ字が指導されることは以前と変わらない。高学年は物語8点 (1点は外国の作品)，詩12点 (2点は外国の作品) と13冊の本 (5冊は外国の作品) が紹介されている。6年生の「人と『もの』とのつき合い方」ではごみ問題を取り上げ，環境について考えさせている。

2. 社　会

　5年生で学習する日本地図，各県の県庁所在地や各地の農産物，6年生後半

で学習する世界地図や世界の国旗などは、英語の授業で扱いやすい。

農産物

子どもたちが調べ学習などで学習し、十分自分たちの知識となっているころを見計らって英語の授業で取り上げることができる。好きな科目が社会という子どもたちにとっては、自信をもって答える場でもあり、普段見られない子どもたちの違う面を知るという新しい発見がある。

日本地図を広げてもよいし、あるいは日本地図を各地方ごとに北海道、東北、関東などと切り分けたパズルを作り、その形から何地方かをあてさせたりしながら、日本地図を子どもたちに完成させることも楽しい。

- What do farmers grow in Hokkaido?　　Potatoes.
  What do farmers grow in Okayama grow?　　Peaches.
- Where do farmers grow potatoes in Japan?　　In Hokkaido.
  Where do farmers grow apples in Japan?　　In Aomori.

活発に返ってくる答えは、必ずしも複数形ではない。質問の内容を理解できるだけでも十分であると考えるが、なぜ複数形かという説明も子どもたちに理解しやすいだろう。

各国の国旗

4年生から生徒各自が持っている日本地図帳の最後のページに、世界地図と国旗のリストがある。昨今では、サッカーのワールドカップの影響で、特に男子は南米の国々の国旗に詳しい。国旗を見せればすぐ国の名前を言えるので、日本語と英語の言い方の違いに注意を向けさせることができる。次のような展開で6年生で扱うとよい。

子どもたちになじみのあるブラジルやアルゼンチンなど南米の国旗の絵を見せ、国名をあてさせたりした後、

- Whose flag is this?　　　　　　　Japan.

That's right. This is a flag of Japan. The red circle in the center is a symbol of the sun.

- Whose flag is this?　　　　　　　America? U.S.A.?

That's right. This is a flag of the United States of America. This is called the "Stars and Stripes."（星と線を指し示しながら）

How many stripes are there?　　Ten? Twenty?

There are 13 stripes. This is the number of the original states. There were only 13 states in the U.S.A. when the country was born. The U.S.A. has become bigger and bigger. And now there are 50 states.
How many stars are there?　　Thirty? Forty?
There are 50 stars in the flag. There are 50 states in the U.S.A. The number of the stars is the same as that of the states.

- Whose flag is this?　　　　　England?

This is a flag of the United Kingdom, that is, a flag of 4 countries, England, Wales, Scotland and Northern Ireland. Each country has its own flag. This is a flag of England, white with a red cross.　　　　This is a flag of Scotland, blue with a white diagonal cross.　　　　This is a flag of Ireland, white with a red diagonal cross.　　　　Then combine these three flags. Now you see, you can find a flag of the United Kingdom. This is called the "Union Jack."

世界各地の時差と日本の時間

地図帳の世界地図に記載されている日付変更線（international date line）や日本と諸国との時差についても言及できる。

What time is it in Japan now?　　　　(It's) 10 o'clock in the morning.
What are you doing?　　　　　　　　We are studying (at school).
Then, what time is it in Brazil now?　　(It's) 10 o'clock at night.
Is Brazil 12 hours ahead of or behind Japan?　　Brazil is 12 hours behind Japan.
What time is it in London, then?　　　(It's) 2 o'clock in the morning.

That's right. There is an 8 hours time difference between England and Japan.

世界地図

中心となる国が異なると世界地図の印象が違い、それぞれどこが中心かを取り上げるとおもしろい。日本を中心にした場合とヨーロッパを中心とした場合の世界地図の違い、オーストラリアを中心にして北半球と南半球が逆さまになっている世界地図、さらには、南極を中心とした地図などを見せると、

子どもたちが見慣れている世界地図と違うということで、興味も広がる。地球儀の併用も欠かせない。日本の反対側に位置するブラジルとの時差は、12時間ということもわかりやすい。

3. 理科

子どもたちの好きな教科の1つでもある生活科や理科で学習する昆虫の足は何本か、植物のどの部分が根、茎、葉かなど、子どもたちが学習したことを英語の授業で題材として取り上げることができる。

星座

4年生で星について学習し、星の観察などを経験した後、6年生の英語の授業で、星座を題材に取り上げると盛り上がる。星座を内容としている *I Am a Star*（Scholastic 社）を読み聞かせると、星座の名前を知るばかりでなく、星座を constellation ということも知る。

だれもが知っている北斗七星は、別名、大熊座とも呼ばれ、その名称は英語も "The Great (Big) Bear" と言い、別名 The Big Dipper とも呼ばれること、"The Little Dipper, the Little Bear" の小熊座についても言及し、ひしゃくの取っ手の先端にある北極星 the North Star (Polaris) は、季節が変わってもいつも同じところに見られることなどの英語の説明は、十分に理解できる。

（小熊座の星座の絵を見せながら）What do you call this? Do you call this a star? There are some stars in this picture. We call the picture a "constellation". This is the Little Dipper. What is the name of this star at the top of the dipper's handle? That's right. It is the North Star or Polaris.

オリオン座は英語では Orion [オラァィアン] と言うことは、子どもたちにとって目新しい。教科書で取り上げているカシオペア座 Cassiopeia (Queen Cassiopeia)、白鳥座 the Swan などの星座にも広げることができる。

星座と結びつけて、子どもたちが興味を持っている、生まれ月の星座を英語でどのように言うかを知るのもおもしろがる。

他教科での既習の題材は、子どもたちの知識に基づき、質問を交えながら無理なく英語に浸らせる機会を与えることができ、有効である。

8節　国際理解を促す活動

1. 国際理解教育と英語教育

　21世紀における国際理解教育は、グローバルな視野で人類の共通課題の解決のために協働できる地球市民を育成することであろう。異なる価値観や文化を真に学び合い認め合うために外国語教育が国際理解に果たす役割は計り知れない。外国語を身につけることが国際理解度を限りなく高めるとも言える。

　1998年に告示され2002年に始まった総合的な学習の時間では、国際理解教育が教科横断的、総合的な学習活動の一つとしてあげられた。そこでは英語は、言語学習というより生きる力の一つとしてのコミュニケーション力を育成する観点からのアプローチで、コミュニケーションの道具として学ばれる。

　しかし2002年7月に「『英語が使える日本人』の育成のための戦略構想の策定について」が発表されると、初等教育においても道具として使われた英語とは異なる学習アプローチの可能性が公然化した。同策定では新学習指導要領の国際理解教育の推進について確認しながらも「国際的共通語となっている『英語』のコミュニケーション能力を身につけることが必要であり、子どもたちの将来の為にも我が国の一層の発展のためにも非常に重要な課題となっている。」とし、英語(小学校においては英会話活動)は国語と同列に言語教育として捉えられたのである。

　国際理解教育においてコミュニケーションを学ぶ道具としてしばしば断片的に学ばれてきた英語は、小学校においても言語として学ばれる時代に入りつつある。

　国際理解を促す活動も、言語(英語)学習教材と切り離し、より自由な発想で教育課程全体を見渡して実施される本来の形に立ち返る時期がきたとも言える。

2. 国際理解を促す活動例

　本来の活動例は低学年から始まるが、ここでは高学年から始めてみたい。高学年がより広いテーマを設定し、調べ学習中心に活動を行い、その中の細分化されたいくつかのテーマを中学年で学ぶ。さらにその中のいくつかのア

クティビティを低学年で体験する方法である。このアイディアでは、国際理解をそれぞれの段階で体験的に学びながら、高学年の児童は中学年の、中学年の児童は低学年の、それぞれ講師役をすることで年代別グループの交流を同時体験することができる。

① 高学年

活動例 【なりきり旅行社】

> 題材: 外国旅行プラン
> 内容: グループに分かれ、外国(1カ国)旅行の魅力的なプランを立て、説明会形式に発表し、参加者を募る。プランには現地の情報として(1)サバイバルな会話文 (2)現地で楽しむ郷土料理 (3)持っていくもののリスト (4)現地の貨幣の単位と価値(対円)を必ず入れるようにする。

進め方 （8時間～12時間扱い）

1) 参考になるような旅行の日程表の例を2～3用意する。
2) 旅行プランの条件(下記例)を伝える。
- 往復を含めて出発から帰国まで5日間
- 費用の目安は往復にかかる運賃をのぞいて10～12万円
- いわゆる観光のみにならない体験型のアクティビティを最低1つ入れる
- その他、上記(1)～(4)の現地情報を入れる

3) グループに分かれ、旅行先(1カ国)を選び、旅行日程を練る。
4) 同時に現地の情報をまとめる。
5) ほとんどまとまった段階で日程表の中の体験型アクティビティ、現地情報を生かしたアクティビティの中から1つまたは複数のアクティビティを決め、中学年のクラスに赴き講師役(グループ)として説明し実施する。(例は中学年の項参照)授業時数に余裕があれば、この活動を複数回行う。
1) 現地情報を含めた旅行プランをまとめ、発表する。
2) 参加希望者を募る形式で投票し、人気の高い旅行プランを決める。

② 中学年

(活動例1) 高学年が扱った活動「なりきり旅行社」でフィリピン旅行プランを立てたグループによるアクティビティの例。

【フィリピンのデザートを作ろう】

> 題材: ギナタアンを作る。

6章 発達段階にふさわしい活動と活動の進め方　147

> 内容: 高学年の児童によるフィリピンのデザート「ギナタアン」の作り方を聞き、実際に作る。

進め方（1時間）
1) 高学年児童は作り方を説明し、中学年児童は聞く。
2) 材料(4〜5人分)：サツマイモ1本、サトイモ6個、白玉粉100 g、タピオカ もどして50 g、ココナッツミルク200 ml、黒砂糖、水200 ml、ごま少々は予め揃える。
- 白玉粉に水を少し入れてよくこねてだんごを作る。
- サツマイモとサトイモは皮をむき、食べやすい大きさに切る。
- なべにココナッツミルクと水を入れ煮立たせる。
- 煮立ったら、だんご、サツマイモ、サトイモ、タピオカを入れる。
- 黒砂糖を大さじ4,5杯入れ、かき混ぜながら煮る。
- 具が柔らかくなったらでき上がり。
- 容器によそい、ごまをふる。
3) グループに分かれ調理し、（高学年は手伝う）でき上がったら一緒に食べる。

(活動例2)　高学年が扱った活動「なりきり旅行社」でフランス旅行プランを立てたグループによるアクティビティの例。

【フランス○×クイズ】

> 題材: フランスについてのクイズ
> 内容: 高学年の児童が調べ学習をもとに、フランスについて作った○×クイズに答えながら、その説明を聞く

進め方（20分）
1) 高学年児童はグループで *Bonjour.（ボンジュール　こんにちは）と始める。
2) 中学年児童はグループに分かれ、高学年児童の作成した○×クイズに答える。○だと思うときには *Oui.（ウィ）、×だと思うときには *Non.（ノン）とグループで答える。

クイズ例
- フランスのお金はドイツでも使えるが日本では使えない。（○）
- フランスには王様がいる。（×）

- レオナルドダビンチの描いたモナリザはフランスにある。（○）
3) 解答後、高学年児童は正解とその説明をし、中学年児童は聞く。
4) 終了後、正解が一番多い児童を褒める。
5) 高学年児童は *Au revoir.（オルヴォアール さようなら）と言って終わる。
　　注）＊国際語としての英語でもよい。
③　低学年
　中学年が行なったアクティビティを受け、今度は中学年が講師役で行う。
（活動例1）　中学年は高学年に教わったフィリピンのお菓子ギナタアンを作り、低学年と一緒に試食会を開く。
（活動例2）　中学年は高学年に教わったブラジルの子どもの遊び「アマレリーニャ」の遊び方を伝え、低学年と遊ぶ。
【アマレリーニャ】　石を投げて遊ぶ日本の「けんけんぱ」に似た遊び

＊イラストは、こどもくらぶ編（2001）『きみにもできる国際交流（24）』（偕成社）より

 遊び方
- ×の位置に立ち、1の枠に小石を投げ入れる。
- 1を飛び越し、「けんけんぱ」の要領で飛び、7・8で半回転し、2まで戻り、1を跳び越し外に出る。
- 2, 3, ... と次々に小石を投げ入れては、小石の入った枠は跳び越し、同じことを繰り返す。
- 8まで終わったら、半円のところまで行き、後ろ向きのまま小石を投げる。小石が入った枠はその人の陣地になり他の人は入れない。
- 小石が入らなかったり、線を踏んだり、他の人の陣地に入ったりしたら

アウト。次に自分の番になったら失敗した枠に石を投げ入れるところから始める。持っている陣地が最も多い人の勝ち。

3. まとめ

　国際理解の原点は人と人のコミュニケーションにある。それが触れ合いを通して楽しく行われた場合、小学校段階での目的はほぼ達成されたと言えよう。ここでは先生主導から離れて、高学年が中学年を、中学年が低学年を指導する案を紹介した。それぞれの活動に意味を持たせ、達成感を味わわせることができる例であろう。また高学年は、自分たちの立てたプランをいつか実行する時を夢見て、言語(英語)学習にも強い関心を抱くに違いない。

〔参考文献〕

Curtain, H. & Dahlberg, C. N. (2004) *Languages and Children — Making the Match: New languages for Young Learners*. 3rd ed. Boston: Pearson Education Inc.

樋口忠彦編著 (1989) 『英語楽習——クイズ・ゲームからコミュニケーション活動まで』東京: 中教出版.

―――, 衣笠知子編著 (2004) 『小学校英語活動アイディアバンク——ソング・ゲーム集』東京: 教育出版.

JASTEC 関東甲信越支部調査プロジェクトチーム (1999)「子どもの言語習得と文字——日本の子どもの英語学習における文字の役割について」『日本児童英語教育学会研究紀要』第 18 号. pp. 37–53.

こどもくらぶ編 (2000) 『きみにもできる国際交流〈12〉フィリピン』東京: 偕成社.

――― (2001) 『きみにもできる国際交流〈24〉ブラジル・ペルー』東京: 偕成社.

文部科学省 (2001) 『小学校英語活動実践の手引』東京: 開隆堂出版.

7章　児童が主体的に活動する授業運営のための指導技術

1節　クラスルーム・イングリッシュの活用

　日本のようなEFL（非英語圏における英語学習）環境において児童が英語を学習する場合、インプットの絶対量が極めて少ないのが現実だが、その少ないインプットの大部分を占めるのは教師が教室で使うクラスルーム・イングリッシュとなるのは言うまでもない。このため、教師がどのような目的で、どのような性質の英語を子どもたちに与えるかを考えることが重要となる。

　本節では、言語習得を interactionist（インタラクションを通じて言語習得を図る）的に捉え、意味のあるやり取りを通して学習者がインプットとして言語材料を取り込み、コミュニケーションの道具として英語を習得しようとする場合における、教師の提供するインプットの機能とその種類について、実例を示しながら論ずる。

1. インプットと言語習得

　その果たす役割についてはさまざまな立場があるが、言語の習得にインプットが必要不可欠であることは否定できない事実である。第一言語の習得における保護者からのインプット（caretaker talk）の性質の研究が行われてきたのと同様、第二言語習得の分野においても第二言語話者への母語話者のインプット（foreigner talk）、および教師のインプット（teacher talk）の研究も進められ、さまざまな特徴があることが発見されている。特に言語習得プロセス（language learning mechanism）への取り込み（intake）にインプットの理解（comprehension）が不可欠という考えから、インプットの修正の特徴や、いかにインプットが理解可能な形になるかという外的要因の研究が進められてきた。

　科学的な検証が不可能など、さまざまな批判を受けながらも、ESL（英語圏における第二言語としての英語指導）環境での指導方法等に大きな影響を与

えたのが Krashen（1982）の唱えた5つの仮説（習得―学習分離、理解可能なインプット、自然習得順序性、モニター・モデル、情意フィルター）であるが、この中でも理解可能なインプットに関連して、その後、意味交渉（negotiation of meaning）、修正されたインプット（modified input）、気づき（noticing）など、インプットやインタラクションが言語習得に及ぼす効用に関する研究が行われてきた。これらの研究がクラスルーム・イングリッシュや teacher talk のスキルに与える示唆が多いことは言うまでもない。

2. Teacher Talk のさまざまな種類

一概に teacher talk と言っても授業の中で教師はさまざまな種類の発話を状況に合わせて使い分けるが、以下にそのさまざまな種類を実例とともにあげる。

① 例示（modeling）

子どもたちが教師の発する単語、表現、文章等をインプットとして理解し取り込むことで習得するという意味で、教師の発話はすべてモデルとなりうると考えられる。ただし、前述したように単に子どもたちに特定の言語材料を覚えさせることを目的としてモデルを提示し、意味や目的が不在のまま、繰り返し練習させるために教師が発話をすることには問題があるだろう。インプットが学習者にとって習得に有効であるためには、まず気づき（notice）、理解（comprehend）される必要がある。この気づきを促すために、教師は、言語材料を強調、繰り返し、文章構造の変更などの手法を使って salient にする（引き立たせる）とともに、絵カード、実物、ジェスチャー、コンテクスト等を利用しながら意味の理解を補助する必要がある。また、子どもたちが同じ言語材料にさまざまなコンテクストの中で何度も出会うようにすることで習得を促すことも必要である。

② 質問（question）

授業では教師が学習者の発話を引き出すことが主目的であり、日常の会話以上に質問を多用するが、これらの質問もいくつかの種類に分けることが可能であり、目的別に使い分けが必要となる。

一つの分類として質問には提示質問（display question）と指示質問（referential question）がある。前者は質問者が答えを知っている質問（e.g. ［絵カードを持ちあげ］What's this?／［ドアを指さし］What's that?）で、主に答える側の知識を試したり確認したりする目的で使用されることが多く、授業の中

で教師が使用する場面が非常に多い。後者は逆に質問者が答えを知らない質問（e.g. Can you ski? / What kind of fruit do you like? / What is your dog's name?）で、答える側がもつ情報を得る目的で使用される質問である。教室という環境の中では、子どもたちの理解を確認する必要などから提示質問を使わざるを得ない場面も多いが、単に練習の目的などのみで提示質問を乱用することは避けるべきであろう。同じ提示質問をする場面でも、絵カードを隠してクイズ形式にするなど工夫を加えることで質問の目的を作り出したり、子どもたちの興味を刺激したりすることが可能となる。

　質問のもう一つの分類として、求める答えによって Yes/No question（e.g. Do you like chocolate?）、A or B question（e.g. Do you play baseball or basketball?）、Wh-question（e.g. What is this? / Where is your house? / Who is that?）に質問の形を分けることができる。これらを比較すると、初期段階の学習者にとって一番答えやすいのが Yes または No（場合によっては首を縦または横に振ること）で答えられる Yes/No question、次に質問の中に提示される答えのどちらかを選んで答えることができる A or B question、そして自分でもっている答えを引き出して答える Wh-question となる。教師は、子どもが発話できる、またはしやすいレベルを考慮しながらこれらの質問を使い分けることが必要である。

③　指示（command / instruction）

　授業の中で、教師は、子どもたちの移動（e.g. Please come to the front. / Find a partner. / Get into groups.）、作業をさせる（e.g. Color the square green. / Cut the paper in half. / Check this in your book.）、依頼する（e.g. Please pass me the box. / May I borrow your eraser? / Take one card.）、禁止やしつけ（e.g. Don't stand up. / Be quiet. / Listen carefully.）など、さまざまな場面で子どもたちに指示を発する。これらの指示を英語で行うことは、教室という人工的な環境において、意味のある英語のやり取りを行う機会を作り出すという意味では有効である。動作を伴うものが多いことから、ジェスチャー等で子どもたちの理解を促すことも可能である。また、繰り返し使用される指示は、子どもたちが何度も出会うことで決まり文句（formulaic expression）として一つの固まりとして身につける可能性もある。

　このような指示を学習者に与え、動作で反応をさせる指導方法として確立されているのが全身反応法（Total Physical Response, Asher, 1977）であるが、これは学習者に発話を強要しない、体の動きを伴うことで理解、記憶、習

得が促され、特に初期段階の学習者に有効な指導法であるとされる。子どもに英語を指導する場合においても、さまざまな指示を授業の中で多用することで、この考え方を実践することが可能である。

④　説明（explanation）

　授業で多くの場合、ゲームやアクティビティ、タスク等が導入される。この場合、ルールの説明や作業のステップなどを英語で子どもたちに説明することは目的と意味のあるインプットを与えるという意味で有効である。子どもたちが興味をもつようなゲームや活動であれば、それらを実行するために自然とルールの説明等に耳を傾け理解する努力をするであろうし、教師も使用される道具（ゲームカードや材料等）を実際に使いながらやってみせることで理解を促すことが可能となる。また、ゲームや作業の途中で、個々の子どもやグループに対して直接フォローをする形でさらに英語で語りかけることも有効である。

⑤　フィードバック（feedback）

　学習者の発話の中の間違い、不十分または未完成な文などに気づき、それを訂正したり、正しい例を示すことも教師の大きな役割の一つである。学習者の誤りを修正するというと、以下のように誤りを明示して正しい例を示すと思われがちだが、このような形の修正を直接的修正フィードバック（direct negative feedback）と呼ぶ。

　S:　He go school.
　T:　No. You have to say, "He goes to school." Say, "He goes to school."
　S:　He goes to school.

　このような訂正は間違いを明らかにするとともに、正しい形を学習者に認識させるのに有効と思われがちだが、必ずしも修正された形が習得へ結びつくわけではない。それどころか、学習者にマイナスの影響を与える可能性もある。

　これに対して、学習者の間違いに気づいた教師が、学習者の発話につづけて正しい形を投げ返す（recast）ことで学習者に間違いに気づかせ、自己修正を促すという間接的フィードバック（indirect feedback）の効果が、近年注目されている。

　S:　My mother name Sachiko.
　T:　Oh, your mother's name is Sachiko?

　さらに、以下の例のように、学習者の間違いに対して教師が不理解を示す

ことで学習者に間違いの存在を気づかせ、それを修正することを促すフィードバックもある。もちろんこれは実際に理解が不能な場合に発するフィードバックでもあるが、間違いが生じたにもかかわらず意味が想像できる場合でも、教師が意図的にフィードバックの手法として利用することも可能である。

    T: What's this?
    S: Sutoroberii.（カタカナ発音）
    T: Eh?
    S: Strawberry.（正しい発音）

最後に、学習者が間違いをせずに正しく発話した場合、教師が That's right! / Good. などとその発話が正しいと知らせる発話は positive feedback と呼ばれ、フィードバックの一つである。

⑥ 励まし（encouragement）

子どもが発話する場面において、必要とする言語材料が思い浮かばなかったり、自信がないことで発話を躊躇していたりする場合、Don't give up. / Try again. / Challenge! などの励ましの言葉を語りかけることも意味ある言語使用の一つであり、重要な teacher talk の一つであると考えられる。

⑦ 賞賛（praise）

子どもがメッセージを伝えようとリスクをおかしチャレンジした場合、その正誤、成功・失敗にかかわらず、Great! / Good job. / Good challenge! / That was a good idea. などとその努力を誉めることも大切であり、子どもたちはその後の挑戦を促されるばかりか、本当の意味で英語を使用したいと実感するであろう。

⑧ サポート（scaffolding / supporting）

scaffolding は日本語に直訳すると建築現場などで用いられる「足場」という意味であるが、teacher talk では、まだ言語能力が十分でない学習者の発話をサポートする形で、共同作業で発話を完成させるスキルである。以下は単純な scaffolding の例であるが、このように共同で一つの文を完成させる場合もあれば、インタラクションをしながら学習者が伝えようとしていることを引き出すことも可能である。

    T: Where do pandas live?
    S: China.
    T: Pandas live . . .
    S: Pandas live in China.

このscaffoldingを含む、Vygotsky（1986）の提唱した最近接領域理論（Zone of Proximal Development）の第二言語習得分野への応用は近年注目されており、特に児童への語学指導におけるその応用は、今後期待される領域である。

3. All English vs. 母語の使用

可能なかぎり英語でのインプットを子どもたちに与えようと考えると、教師が英語だけで授業を進めるAll Englishの授業が有効であると考えられる。しかしながら、必ずしもAll Englishの授業が最善であるとは言い切れない。母語を使用することによる教師―学習者間の心理的関係の維持、発話不理解による心的圧迫の解消、授業運営の効率化等、さまざまな母語の効用が報告されている（Atkinson, 1987; Polio & Duff, 1994）。このように目的と使用法が明確な場合の限定された母語の使用は有効であるが、教師が問題を単に早く解決するために、子どもの理解を手助けする目的で自身が発した英語を日本語訳するという母語の使用には問題がある。このような母語の使用は、子どもたちがその後教師の日本語訳を頼ったり、期待したりすることを招くばかりでなく、英語や外国語の理解には日本語訳が不可欠であるという間違った認識を持たせかねず、コミュニケーションの道具としての英語の習得には妨げになると考えられる。EFL分野における児童を対象とした外国語指導の環境での母語使用の有効性に関する研究は皆無といってよく、今後を期待するしかないが、教師は十分注意しながら母語を使用することを勧める。

4. クラスルーム・イングリッシュのスキルの向上

教師がクラスルーム・イングリッシュの運用能力を高めるためには、まず自身の英語によるコミュニケーション能力を高めることが重要であるが、それと同時に、教師の発話が子どもたちにどのような影響を与えるかを認識するとともに、それぞれの子どもに適したインプットのレベルを把握しながら自身の発話を修正するスキル、また母語を使用せずに理解を促すさまざまなスキルを身につけることが重要となる。これらのスキルの向上を図る場合の最良の教師は子どもたち自身であり、教師と子どもたちの間の英語による実際のコミュニケーションこそ教師のスキルの向上につながる。また、英語を使っての指導の経験が浅い教師の場合には、授業案の立案の段階で授業の中で使用できると思われるさまざまな英語をリストアップし、練習をした上で

授業に臨み、授業中の子どもたちとのインタラクションにおける子どもたちの反応を注意深く観察するとともに、授業後にその結果を振り返ることで、どのような発話が最適か理解することがスキルの向上につながるであろう。

5. まとめ

　子どもに英語を指導する場合、その目的は子どもたちに英語でのコミュニケーション能力（communicative competence）を身につけさせることであることは言うまでもない。コミュニケーション能力を高めるために音声能力、語彙力、文法能力を高めることが必要であることは言うまでもなく、多くの授業ではこれらの言語面を中心とした指導が行われている。Canale and Swain (1980) は、コミュニケーション能力を4つの要素からなるという仮説を立てたが、筆者はこの一つである方略的能力（strategic competence）こそコミュニケーション能力の基礎として児童に英語を指導するにあたって重要な要素ではないかと考える。この方略的能力とは、簡単に言えば上述の言語能力の不足によるコミュニケーション不能状態を解決する資質を指す。小学校英語活動の目標でもある「英語に対する興味・関心の育成」や「積極的にコミュニケーションを図ろうとする態度の育成」（文部科学省、2001, pp. 1, 3, 22）とはまさにこの「方略的能力」の育成とともに、自由に使いこなせない言語であっても決してあきらめることなく相手の伝えようとしているメッセージを理解する努力をしたり、自分が伝えようとするメッセージを工夫して伝えようとする力を育てることではないかと考える。この「態度」があることで、言語面の能力の習得が効率よく行われるのではなかろうか。教師が使用するクラスルーム・イングリッシュは、単に子どもたちの言語面の能力のモデルやその習得のリソースとなるインプットであるばかりでなく、その意味を理解しよう、また反応しようとして子どもたちがさまざまな試行錯誤を通して問題を解決することで、上述のような「態度」の育成にも大きく関わることを教師は認識すべきであろう。

2節　いろいろな学習形態の活用法

　日本の小学校における教科指導では、古くからクラス単位の一斉指導が行われてきた。これはほとんどの教科指導が担任によってクラス単位で行われることによるものが大きい。現在各学校で行われている英語活動においても、

多くの学校では1単位時間45分を基本として、担任が指導をするか否かは別としても、クラスごとの一斉指導が行われている。

英語活動の実践研究が進んでくるにつれて、低学年では一回の学習時間を15分や20分にし、週当たりの英語に触れる回数を増やす方法や、いろいろなアイディアを駆使して、少人数での活動を行う学校も登場してきた。しかし、他教科のカリキュラムの運営に影響を与えないように、クラス単位の一斉指導の学習形態がとられている場合が多い。

本節では、一斉活動を行うことが基本条件となっている学校という環境の中で、一斉活動の中に個人活動やペア、グループ活動などをどのように取り入れるか、また、どのような活動のときにそれぞれの学習形態が有効かについて、筆者の実践を紹介しながら考える。

1. 一斉活動

上記のように、小学校における学習活動はクラス単位の一斉活動が基本となっている。一斉活動は少ない教員数で多くの児童を同時に指導できるため、日本だけでなく、世界の多くの国で行われている基本的な学習形態である。しかし、日本では1クラス当たりの児童数が他の先進国と比べると多くなっているが、今後この点については改善される可能性が高まってきている。

英語活動を行う場合、必ずしも少人数のグループ活動のみが有効な学習形態ではない。言葉を使う場面設定が求められる英語活動では、ある程度の人数の児童がいる一斉活動のほうが、活動が活性化される場合もある。一斉活動のメリットとして、全員に学習内容を提示したり、練習させられることに加え、話し手の説明や発表を注意深く聞くことや、自分が多くの人の前で発表するときのマナーや注意すべきことなどが身につけられることがある。しかし、1クラスの児童数の多い学校では、教師と児童がいつも心地よい距離を保ち、児童もお互いの声が聞き合える環境を整える必要がある。教師の声の大きさだけでなく、児童が教師の質問に答える声の大きさなども重要な要素となる。また、子どもたちに見せる絵や写真、実物の大きさなどにも配慮が欠かせない。

一斉活動の中で、児童にしっかりと英語を聞く習慣を身につけさせ、個々が満足する活動を実践する工夫として、筆者の実践からの例を紹介する。

【例① 一瞬の役割交代】

一斉活動では多くの場合、教師が主となって学習を展開するが、時々、教

師と児童の役割を交代してみるとよい。例えば、挨拶時に教師が"Sit down."と言いながら手を上げたり、いきなり"See you."と言って教室から出るような誤りをわざとすると、児童は喜んでそれらの誤りを訂正する。常に教師の発言が正しいとは限らないという状況が、緊張感を持って英語を聞く態度につながる。このことで決して教師と児童との信頼関係が崩れることはない。

【例②　児童の発言を聞き逃さない】

　一斉指導では教師が教室の前に立ち、児童が教師の方を向いている場合が多いが、教師のいる位置に注意がはらわれるべきである。つまり、一斉活動でも常に教師は児童の中に入っていくようにして、児童のつぶやきにも耳を傾ける必要がある。小さな発言や疑問、見事なアィディアを聞き逃さないようにすべきである。一斉活動であっても、児童は教師と会話を多く交わすことによって自分が認められていることを知る。また高学年になると、テーマによっては教師以上のスペシャリストがいることがある。このような児童の知識から話題が膨らみ盛り上がることも多い。ここでの教師の役割は、児童に無理やり英語の発話をさせるのではなく、可能なかぎり意見を出させることと、教師が全体に英語でフィードバックを続け、クラス全員が内容を理解するまで、英語を聞く機会を増やしていくことである。

（机間指導）

【例③　環境整備とスティッカーやスタンプ利用法】

　一斉活動では教室の雰囲気が活発な活動を生み出す重要な要素となる。児

童の視野に入るものすべてに英語活動への興味を増す工夫をしたい。英語室のような特別教室がなくても、教室内の壁や掲示板はもちろん、床、天井、本棚、廊下などにさまざまな工夫をすることができる。また、児童の座席を毎時間変えることも有効な手段である。そのことで前の時間まで学習していた教科と英語学習の雰囲気を変えることができるだけでなく、多くの友達を知る機会にもなり、だれとでも仲よくなるという国際人としての条件を満たす一歩になる。

一斉活動では自分が活動に参加し、努力した証を持たせることも必要である。そのためにご褒美スティッカーやスタンプなども利用したい。低学年ほどスティッカーやスタンプが自分が認められていることの確認になり、励みとして有効な工夫のひとつとなる。

【例④ 教室からとび出す】

活動内容によっては、教室からとび出し、大きなホールや体育館を使用したり、時には屋外に出て活動をしたりすることも効果的である。型にはまった英語活動の繰り返しではなく、活動に変化をつけ、英語活動への児童の興味を高めたい。これは活動場所に変化をつけることで、児童の目先を変えるだけでなく、広い場所を使うことで、別のクラスとの合同の英語活動を実施することもでき、変化に富んだ活動となる。

また、児童が楽しんで活動している様子を定期的に保護者に公開することも大切である。これは、人前でも意識をせずに英語を使えるようにする上で大いに役立つ。

2. 個人活動

学校の英語活動では、個人活動と言っても、同じ教室内に数十人の児童がいる中で、個人活動をすることになる。このように空間的には一斉活動でも、個々の児童の理解の程度を確かめたり、個々の児童に練習させたり、個性を発揮させる活動に取り組ませるなど、個人活動を適宜取り入れることが大切である。

低学年における個人活動は、低学年児童の特性上、複雑で長時間を必要とするものは避けることが望ましい。複雑な英語活動を個人で行う場合には個々の児童の能力や特徴によって、児童の対応が極端に異なるからである。低学年での個人活動は、短時間で集中して行えるものや、色ぬりや絵を描く活動など比較的単純なものに限定する必要がある。この場合でも、個人活動

はとかく英語活動からはずれ、単なる色ぬりの活動やお絵かき活動になってしまうことがあるので、英語活動としてのスタンスをしっかりと維持させる工夫が必要になる。

　高学年の児童は自主独立の気持ちも高まり、他の児童との違いを示すことを好む傾向が表れてくるため、高学年の活動の中に個々の児童が自分の意見や気持ちを発表できる個人活動を含むことが必要となる。筆者の学校では、「自分の意見を英語で言える力と意欲」を育てることを目標とし、短い英語のスピーチを発表する機会を各学年とも数回設けている。6年生は、希望者が1分程度のスピーチを全校生に披露する。またカード作成など、クラフトを楽しむ時間も年間3〜4回設けている。

3.　ペア・グループ活動

　外国語学習の目的のひとつは、学習している外国語を使って情報の授受ができるようになることである。このような能力をつけるために、ペア・グループ活動は欠かせない活動形態である。ただし、このペア・グループ活動を行うために、一定の英語表現を無理やり覚えさせ、練習させ、その表現を使わせることを単に目標としているような活動にならないようにする必要がある。そのためには、本当に相手に聞きたいことを尋ね、伝えたいことを伝える、情報の授受を目標とする活動を計画することが大切である。相手と情報の授受を行いたいという気持ちを感じさせることにより、質問の仕方や答え方を学んでいくものである。このようなペア・グループ活動を通して、相手がいるから言語活動が成り立つこと、そしてだれかに英語で自分のことを伝えることができる喜びを体験させたい。

【例①　ペア活動の基本―インタビュー活動】

　児童に人気のインタビュー活動の展開例として、低・中学年は自分の好きなことを言えるようになれば友人に伝える活動を実施するとよい。その際、相手から "I like baseball, too." とか "Me, too." といった口頭でのコメントとサインをもらうようにすると、児童はさらに楽しむ。高学年ならたくさんの相手に伝えることに時間を費やすより、少数の相手に意見を正しく伝え、それが正しく伝わったかどうかを T or F クイズなどで全体確認ができるような展開にするとよい。

【例②　グループ活動で楽しむゲーム】

　グループ作業はどの学年も好きである。教材をちょっと工夫しただけで、

ゲームもたくさん楽しめる。スゴロクやカードゲーム、オセロゲームの英語版(手作り教材)などが人気である。この活動の場合は、児童が十分に活動できる人数や時間配分を考慮し、ゆとりを持って教材などを準備することがポイントである。ゲームのやり方も児童がよく理解してから行うようにしたい。ゲームになると児童の間では日本語の量が増えるため、この活動中に英語CDなどをBGMとして小さめの音で流すことは特にお薦めである。そのことで、ゲーム中も英語活動としての雰囲気を取り戻せる場合が多い。

【例③　グループごとの読み聞かせ】
　絵本の読み聞かせは、一斉指導ではもうひとつ効果を上げない場合がある。そのようなときには無理をせず、児童を少人数のグループに分けて教師の側に集め、読み聞かせを行うのも一つの方法である。他の児童への配慮としては、関連したプリントなどを準備するとよい。

（読み聞かせ）

【例④　全学年による作品の製作と作品の鑑賞】
　イベントが近づくと全学年の児童が学年ごとに作品を作成し、英語室、教室、廊下などに掲示している。児童も教師も保護者も鑑賞するのが楽しみの一つになっている。イースター、ハロウィーン、クリスマスの時期には特ににぎやかになる。この際、単に何かを作成させるのではなく、気に入った作品とその理由を友人に伝える活動をお薦めしたい。そうすることにより、学

年を超えた交流へとつながっていく。また、海外にホームステイしたときに、これらの作品作りや会話が役に立ったとのうれしい報告をもらっている。小さな活動が大きく世界にも広がっていく。

【例⑤　グループ単位での対話による評価】

　評価の時期には教師との対話を実施している。以前は1対1で行っていた。その内容は、挨拶・相手と話すときのマナー・話そうとする意欲・既習の表現を使っての質問などで、1人約3分間実施していた。ところが1対1の対話は児童に緊張感を与える場合が多く、児童によっては力を発揮できない場合がある。そこで少人数グループによる対話にしたところ、児童はリラックスして対話にのぞみお互いに助け合ったりするシーンも見られるので、現在はこの形態で実施している。

4.　ティーム・ティーチング

　教師側の立場での指導形態として、複数の教師が協力して授業を行うティーム・ティーチング(以下TTと略)がある。小学校英語活動において主流であり、ALTと呼ばれる外国人補助者と担任が行う場合や、JTEと呼ばれる日本人英語教師と担任が行う場合が多い。外国人補助者とのTTの場合、英語以外に異文化について多くのことを学ぶチャンスが増え、教師はより多角的に児童を観察でき、児童の活動支援が通常よりも可能となるなどのメリットがある。効果的にTTを進めるためにも、打ち合わせは念入りに行い、役割分担を明確にしたい。時間的な理由などによりこれを怠ると、TTは意味のない活動にしかならず、子どもたちにもよい影響を与えない。特に英語を母語としている外国人教師がいる場合、日本人教師の役割が曖昧になってしまわないように気をつけたい。日本人教師は児童の学習状況を管理する役をするのではなく、パートナーと相互理解をした上で、むしろ授業をリードする役を担うべきである。

　筆者の場合は、必ずしもTTのパートナーが教育職の人とは限らなかったが、それだけに英語教師としてさまざまな体験ができ、その後の活動に生かすことができている。取り組み方によっては、TTの実践が教師自身の学びの場となることを記しておきたい。

5.　まとめ

　現状の小学校の英語活動では、多くの児童による一斉活動が中心にならざ

るを得ない状況であるが、この一斉活動の中にいろいろな学習形態を取り入れることは、効果的な英語活動を行う上で非常に重要なことである。その場合、いろいろな学習形態で活動を行うことが目的ではなく、それぞれの学習形態の特徴を理解し、最大限にその効果を引き出せるような活動計画を立てる必要がある。効果的な学習形態で活動が行われれば、児童の生き生きした姿に出会える醍醐味を教師は味わうことができる。バリエーション豊かな活動の展開は、児童だけでなく教師にとっても英語活動を通して世界観を広げていく原動力になるはずである。

3節　視聴覚教材・テレビ番組の活用法

　小学校英語活動を行う上で、ビデオ・DVD 教材やテレビ番組の活用は欠かせない。公立小学校での活動のように、英語を専門としない担任教員が英語活動を行うときには、特に活動支援の教材としての役割は大きい。

　しかし、単にビデオやテレビ番組の視聴だけでは、学校での英語活動としては不十分である。これらの視聴覚教材を、学校での活動の中でいかに生かすことができるかが問われる。ビデオや DVD、テレビ番組の視聴と教室での活動がうまくリンクして、相互に有機的なつながりがある活動へと高めることが求められる。この章ではビデオや DVD、テレビ番組を活用した英語活動をどのように組み立てるかを中心に考えたい。

1.　ビデオや DVD、テレビ番組などの視聴覚教材の有効性

　カセットテープや CD などは中学校以降の英語教材として大変有効な教材として考えられているし、映像をともなうビデオや DVD 教材よりも安価であるという理由だけでなく、英語の音声をしっかり聞かせるという意味では、映像が存在しないほうが聞く力をより鍛えられるという考え方もあり、授業の中で多用されている。

　しかし、小学校の英語活動においては、英語をほとんど理解していない児童が多いため、わからない英語をわかるようにするための補助として、映像の役割が大きい。ビデオや DVD を見ながら、知っている英語を確認するだけではなく、映像と音声を組み合わせながら英語を聞くことで、その中で話されている英語の意味を類推することができる。そして映像を補助として、児童が英語を理解できたと思うことが、小学校英語活動においては大きな意

義がある。

2. 2種類のビデオやDVD教材

　ビデオやDVD教材は大きく分けて2種類のものがある。児童用の英語教材として作成されたものと、もうひとつは英語教材として作成されたものではないが、英語活動の中で使うことができるものである。前者は解説書やテキストなども用意されているものが多い。後者は英語版のアニメーションや、絵本をビデオ化し日本語と英語の双方の音声で読んでいるものなどである。
　英語教材として開発されたものは、指導書などの指示に従って学習を進めていく場合が多く、年間計画なども示されているものもある。概して高価であるということと、学校独自の指導計画と教材の内容が合致しない場合があり、融通性に欠けるという難点がある。
　アニメーションなどは英語活動の中で、必要に応じて活用できる。有名なアニメーションなどの視聴には児童の興味は高まるが、海外で制作されたビデオは、基本的に英語母語者の子どものために作られているので、日本の児童にとっては非常に難解な英語が使われている場合が多い。
　上記の両方の種類とも、多くのものは家庭で視聴を目的として作成されているため、不特定多数の人に対して視聴をさせることを目的としていない。これらのビデオやDVDを学校で視聴する場合、著作権法に抵触する可能性があるため、前もってある程度の許可を得る必要もある。知らないうちに違法行為をしてしまう場合もあるので十分に注意をすべきである。
　著作権に関する代表的な相談窓口を紹介する。なお、住所や電話番号は2005年5月時点でのものである。

- 社団法人　著作権情報センター　　（*著作権全般について）
　〒163–1411
　東京都新宿区西新宿 3–20–2 東京オペラシティータワー 11 階
　Tel: 03–5353–6921
　http://www.cric.or.jp/
- 社団法人　日本映像ソフト協会　　（*ビデオ関連）
　〒104–0045
　東京都中央区築地 2–12–10 築地 MF ビル 3 階
　Tel: 03–3542–4433
　http://www.jva-net.or.jp/

3. テレビ番組を活用する

　「総合的な学習の時間」の国際理解の一環として実施されている英語活動を支援する番組として、平成12年度からNHK教育テレビで3・4年生対象に『えいごリアン』という番組の放送が開始された。小学校の学校放送の枠で放映され、小学生が学校で視聴することを前提とした初めての英語教育番組となった。2年後の平成14年度からは、5・6年生対象の『スーパーえいごリアン』が、同じく学校放送として番組がスタートした。さらに、『えいごリアン』や『スーパーえいごリアン』が再放送されている中、平成17年度から、3年生向きの『えいごリアン3』の放送が開始された。平成17年度現在ではこの3種類の学校放送番組がNHK教育テレビで放送されているが、今後どのように放送が続くかは定かではない。

　上記のようなNHK教育テレビ番組の視聴には費用がかからない点や、学年ごとの『学校放送』という指導用の雑誌と番組と同名のテキスト、さらに、ホームページなどによる活動支援が受けられる点で教室での活用が望まれる。また、すでに再放送になっている『えいごリアン』と『スーパーえいごリアン』については、ビデオなども販売されているため、放送を待たずに活動の中で利用することもできる。

　児童に番組を視聴させる場合、番組の放送時刻に活動時間を合わせることは困難であるし、教師も活動の時点で初めて番組を見るのでは、効果的な活動を作るのは難しい。したがって、先にビデオやDVDに録画して、教師は先に視聴し、十分に内容を把握した後に活動の中に取り入れることが望ましい。

　学校放送番組は15分間の放送であるため、45分間の学習時間であれば、残りの30分については、教室での英語活動をする必要がある。その場合、これらの番組ではそれぞれの英語表現やトピックを使った活動が、前述の『学校放送』やテキスト、あるいはホームページに掲載されているため、教室での活動を行う際に有効である。

　さらに、英語活動の年間計画を立てる場合に、これらの番組の放送順序に従って年間計画を立てることもできるが、各学校の年間計画を優先して、その中に活用できると思われる回の番組を取り入れていく方法が考えられる。どちらにしても、子どもたちにとっては教室での活動が中心になり、その活動を支援するものとして番組をとらえることが望ましい。

　テレビ番組の弱点として、長期的にその番組の放送が続かない可能性があ

る。これは継続して視聴することができないだけでなく、前述のテキストやホームページによる支援もなくなることを意味している。また、放送中の番組は児童が自宅での視聴も可能なため、その番組についての興味や関心も高い。しかし、放送が終了した場合、その番組への興味は薄れるため、ビデオやDVDに録画したものなどを視聴することはできたとしても、放送中の時期よりも興味は薄くなる可能性がある。

　前述のように市販のビデオやDVDと同様に、テレビ番組の視聴や内容について研究紀要など掲載する際、取り扱い方によっては著作権に触れることもある。そのような場合には著作権に関して問い合わせをすることを薦める。
日本放送協会（NHK）の連絡先を提示する。
- NHK放送センター
　〒150–8001
　東京都渋谷区神南2–2–1
　Tel: 03–3465–1111
　http://www.nhk.or.jp/

4.　まとめ

　ビデオ、DVD、テレビ番組などの視聴覚教材は、小学校での英語活動には大変有効な教材である。これらの教材をうまく活用することで、児童の英語活動への興味は高まる可能性が高い。しかし、視聴覚教材の視聴だけで英語活動を成立させるわけにはいかない。視聴覚教材を教室での活動といかに結びつけるかが最も重要なポイントである。

　基本的には学校の活動プログラムを作成し、その中に視聴覚教材をいつどのようにして挿入していくかを考える必要がある。同時に教師の大きな仕事として、自分自身がビデオやDVD、あるいはテレビ番組を十分に視聴することである。この作業がなければ活動への視聴覚教材の導入は難しい。しかし、この作業には多大の時間とエネルギーが必要となるだけでなく、教室活動とのリンクを行うために、活動計画の詳細も理解しておく必要がある。これを一人の教師が行うことは非常に困難なため、グループでの作業を行うことを薦める。多くの教師が一緒に作業をすることで、教材や活動自体についても共通意識が芽生え、教師相互の関係も深まるはずである。同時に視聴覚教材が英語活動において有効な教材として活躍の場を得るはずである。

4節　パソコンの活用法

　英語のみならず他の教科でも、教具の開発によって授業形態が変化してきた例は多い。その教具がなかったときには考えられない授業が繰り広げられている。かつてカセット・レコーダーが普及したときに、英語教育の形態は音声指導の面で画期的に活動内容を変化させた。しかし、近年のパソコンの普及に伴って、カセット・レコーダーの導入よりもはるかに大きな変化が英語教育の現場に現れている。

　この節では、さまざまな使用方法が可能で、しかも、1990年ごろまでには考えられなかった大量の情報が得られるパソコンという特殊な教具を、どのように英語教育の中に取り入れていくか、それに対応する教師の姿勢と実際の活用方法について考える。

1. 英語教育におけるパソコンの使用についての考え方

　第一に私たちが認識しておくべきことは、パソコンは英語教育のために作られた道具ではないことである。したがって、パソコンを英語教育で使用する場合、さまざまな問題点があることや、パソコンを使ったことでかえって活動効果が下がることもあり得るということである。パソコンは英語教育にとっての魔法の道具でもなければ救世主でもない。「活動形態によっては利用可能な道具のひとつ」として認識すべきである。

　しかし、かつてカセット・レコーダーの出現は英語教育、特に音声指導において大きな変化をもたらせように、パソコンの出現は英語教育にどのような変化をもたらせるか現状では語りつくせない要素を持っている。

　教具としてのパソコンは、CDプレーヤーやビデオデッキ、DVDプレーヤーなどと異なり、その使用目的も使用方法も単一ではなく、多種多様な機能を備えている。例えば、パソコンはテレビにもなるし、DVDプレーヤーにもなる。辞書や百科事典にもなるし、黒板やホワイト・ボード代わりの役割を果たすこともできる。さらにインターネットの利用で手紙の送受信や、世界からの情報を瞬時に得ることもできる。この多機能性のすばらしさと同時に、その多機能性がかえって利用方法を難しくしているのも事実である。

　パソコンという特殊な教具を英語教育の中で使うには、まず自分自身の活動プログラムを検討し、そのプログラムの中でパソコンを使った場合にどの

ような効果があるかについて検討すべきである。パソコンを使うことを前提としてプログラムを作るのは、英語教育としての効果を下げる可能性もあるという点を理解すべきである。一言で言えば、道具に合わせた教育などあり得るわけがないし、必要のない道具は使わなければいいのである。

2. 活用方法についての考え方

　パソコンを英語教育に取り入れる場合、二つの活用方法が考えられる。ひとつは、教師が児童に何かを提示する道具としての活用方法と、もうひとつは、個人またはグループで児童自身がパソコンを操作する活動として活用する方法である。

（1）　提示用の教具としての活用方法

　提示用の教具としての使い方は、電子ボードやプロジェクターを使用して大型スクリーンなどに、パソコンの画面を映し出して児童にパソコン画面を見せる方法である。この方法では写真や動画、文字の提示などが中心になるが、インターネットに接続が可能ならば、インターネット上での検索なども児童と一緒に行うことができる。活動の中で、映像や情報を示すのに最適であり、既存のビデオやDVDと異なり、教師や児童が作成した映像や、必要なところだけをうまく抜き出した情報など、授業に関連した独自の教材が提示できる利点がある。特に、デジタルカメラやデジタルビデオを活用して、映像を取り入れることで、さまざまな英語活動のための映像素材を作ることができる。独自の教材作成にとってパソコン活用は欠かせない。

　筆者が実際に行っているインターネットを活用した活動のひとつとして、「時刻」をテーマにした高学年の活動がある。世界の時刻を知る活動を通して、時刻の言い方や世界の各都市の場所を確認する活動を行っている。この活動の中で、時差時計を作る活動も行っている。時差時計で確認した世界の時刻が本当に正しい時刻かどうか、確認したいという児童の発言から、その都市のライブ映像を映し出しているインターネットのサイトに接続して、本当にその都市が昼なのか夜なのかを確認する活動を行っている。地域によっては現地の時刻も表示されているため、現実性のある活動へと広がっている。インターネットの利用が可能で現在のように大量のデータを処理できるパソコンの存在によって、時刻をテーマにした活動の幅が広がり、児童が世界の時刻にさらに興味を示し、必然的に何度も時刻の言い方に触れる機会になっている。

(2) 児童がパソコン操作を行う活用方法

　児童はパソコンを使うことを大変喜ぶ。しかし、英語活動の中でパソコンを活用するのであるから、英語活動としての効果がなければ、単にパソコン操作の練習でしかない。したがって、活動計画の段階で、パソコンをどのように取り入れていくか考えておく必要がある。無計画に児童にパソコンを使用させることは、英語活動としてだけでなく、小学校教育という観点からも避けるべきである。

　また、児童一人に対して１台のパソコンがある場合と、ない場合での活動の方法が異なるのも当然である。どちらの場合にも個々の児童がパソコンでどのような作業をしているか、常に教師が把握しておく必要がある。パソコンの数が児童数よりも少ない場合には、ペアワークやグループワークの方法についても事前に考えておく必要がある。

　児童がパソコンを使って英語活動をする場合、以下のような代表的な活用方法が考えられる。

① CD-ROM を使う場合

　児童向き英語練習用 CD-ROM を使って英語のゲームや発音練習をする。製品によっては音声認識の機能を持ったものもあり、音声チェックができる。ただし、基本的にパソコンの台数分だけ CD-ROM を購入する必要がある。

② 英語活動関連のホームページを活用

　インターネットを利用して、児童向け英語のホームページにアクセスして、英語のゲームや英語クイズなどを活動として行う。NHK の学校放送番組などにはホームページがあり、その中で番組に関連したゲームなどもできる。無料であることが最大の利点である。

③ キーボード練習を通して文字指導を行う場合

　キーボードの配列を理解させ、実際に英語の語彙や文を打つ練習を通して、英語の音と文字のつながりを理解させることができる。キーボード練習ソフトをパソコンに取り込んでおくと効果的である。ただし、児童はキーボード練習だけに専念し、英語活動としての効果が高まらない場合が多い。音と文字の関連性についての活動を先行させる必要がある。

④ 辞書として使用する場合

　辞書ソフトをインストールし電子辞書として活用する。辞書を引くのは小学生にとっては困難であるが、キーボード操作ができるようになれば、語の意味を調べる活動としてパソコンが活用できる。児童にとっては、語彙や文

を発音してくれる辞書ソフトのほうが適している。
⑤　英語の e-mail を送る

　児童が知っている英語を駆使して、英語の e-mail を書く。自己紹介や学校紹介などの定番のものから、あるテーマを決めて英語で表現する活動へと広げていくことができる。実際に海外の小学生と e-mail の交換もできるが、校内 LAN などのシステムで、疑似体験としての練習も可能である。海外交流を推進するための Web サイトなどもあり、交流をする相手の小学校は比較的簡単に探すことができる。

⑥　プレゼンテーションの道具としての活用

　個人の調べ活動やグループ活動を英語で発表する機会などに、プレゼンテーションツールとしてパソコンを活用することができる。映像や数字などのデータ、英語表現などを先に入力して発表させると、発表内容を理解しやすくすることができる。

⑦　海外の小学校と電子交流をする

　テレビ会議システムなどを利用して、海外の学校とのオンタイムでの交流をする。これはテレビ会議システムを持っている学校でないと不可能であるが、デジタルビデオで撮影した映像を送ることは最近のパソコンならば可能であるため、双方の条件さえ整えば実施可能な範囲で行うことができる。

まとめ

　以上のように、パソコンが英語活動に導入される可能性は今後さらに高まるはずである。しかし、意図的にパソコンを使うことを前提とした英語活動を考える必要はないことはすでに論じてきた。しかし、同時に英語教育にとって、パソコンが活用可能であるかどうかを多くの教師が検討し、検証していくことが求められていることも事実である。特に小学校の英語活動ではパソコンの活用が、教師にとっても大きな補助となる可能性もあるため、教師はパソコン操作の上達をまず目指すことである。

　また、児童がインターネットなどを活用する機会には、有害情報などの対応も考えておくべきである。

〔参考文献〕

Asher, J. (1977)　*Learning Another Language Through Actions.*　Los Gatos, Calif.: Sky Oak Publications.

Atkinson, D. (1987) "The mother tongue in the classroom: A neglected resource?" *English Language Teaching Journal*, 41: 241–247.
Canale, M., & Swain, M. (1980) "Theoretical bases of communicative approaches to second language teaching and testing." *Applied Linguistics*, 1: 1–47.
Krashen, S. (1982) *Principles and Practice in Second Language Acquisition*. Oxford: Pergamon.
文部科学省 (2001) 『小学校英語活動実践の手引』東京: 開隆堂出版.
Polio, C., & Duff, P. (1994) "Teacher's language use in university foreign language classroom: A qualitative analysis of English and target language alternation." *Modern Langauge Journal*, 78: 313–326.
Vygotsky, L. S. (1986) *Thought and Language*. Cambridge, MA: MIT Press.

8章　よりよい授業を展開するために
——基礎編

1節　授業過程の基礎・基本

1. 授業計画における基本原則

　小学校の英語授業を構成する授業過程を具体的に検討する前に、英語の授業を計画する上で指導者が心に留めておくべき基本的な観点について考えよう。授業設計における一般的な原則に関して、Rivers (1981) は、次の7つの観点にまとめている。

1. 教師は教科書の奴隷ではない。
2. 個々の授業は明確な目標に基づいていなければならない。
3. 個々の授業はよどみなく(流れるように)進展すべきである。
4. 学習者が楽しんでいる様子であっても、ひとつの活動に必要以上の時間を費やすべきではない。
5. 教室外では実施困難な内容を授業には取り入れるべきである。(引用者註: 教室外で学習者が一人で学べる内容を教室内の活動の中心にすべきではないということ。)
6. 授業は次に何が生じるか予測できないような形で計画されるべきである。
7. 教師は授業の進展に応じて計画を柔軟に修正・変更すべきである。

　　　　　　　　　　　　　　　　　　　　　　　　　　（拙訳は引用者）

　第1の「教師は教科書の奴隷ではない」という観点は、授業設計のための原則というよりも教える側の心構えであると言えるが、「教科書」を広く「準備した教材や指導案」というように広義に解釈すれば、授業設計の重要なポイントになる。また、2番目の「個々の授業は明確な目標に基づいていなければならない」とする指摘もことさら言及しなくてもよい当然すぎる内容ではあるが、日常的な授業作りに追われていると案外忘れてしまう点でもある。また、これらの7つの原則は、対象となる学習者が小学生であれ、中学生で

あれ、あるいは大人であれ、共通して当てはまるものであり、小学校の英語授業を担当する教師も授業作りの基本的な観点として認識しておく必要がある。

2. 小学校の英語授業の展開

　小学校の英語活動・授業を構成する主要な要素を検討する上で、ここでは1回の授業を15分などの短時間に区切ったモジュール制の授業や国際交流活動を念頭に置いたより大きな時間単位の授業ではなく、基本的には45分の授業をどのように構成するかという点を中心に議論を進める。

　では、まず、小学校の英語授業における基本的な展開を考える前に、中学校の英語授業を構成する一般的な授業過程を把握しておこう。英語の授業過程も時代の要請や教授法の発展などにより当然変化していくものと言えるが、誤解を恐れずに中学校における英語授業の典型的な展開例を描くと以下のような流れになると思われる。

　　　ウォーム・アップ → 復習 → 導入 → 練習 → 展開 →
　　　　　　テキストの理解 → まとめ
　　　　　　〈中学校の英語授業の展開例〉

　一方、小学校の英語活動、英語授業では、これらの主な要素と共通する部分もあるものの、小学生の発達段階や想定される英語指導の目標等を勘案すれば、小学校独自の授業を構成する要素を想定する必要があろう。そこで、多くの小学校で取り入れられている授業を構成する主要な要素を一般的な流れにして図示してみよう。もちろん、次にあげる展開例がすべての活動を網羅しているわけではない。例えば、多くの教室で取り入れられている絵本を用いた活動という視点は、ここでは省略している。

　　　ウォーム・アップ → 復習 → モデル対話の提示 →
　　練習(チャントや歌も利用) → ゲーム・遊び → 体験・創作活動 →
　　　　　　　活動の振り返り
　　　　　〈小学校の英語授業の展開例〉

　ここに示した授業展開の事例は、別の角度から言えば、松川（2003）が指

摘するように、授業計画の際に、「慣れる」→「実際に使ってみる」→「考えて、新しいものを創る」という基本的な流れに対応している。すなわち、まず、ウォーム・アップやモデル対話の聞き取りを中心にして「英語の音の流れや基本表現に慣れる」第一段階があり、次に、ゲームやごっこ遊びなどを通して実際的な場面の中で有用な表現を何度も繰り返すという段階が続く。さらに仕上げとして、英語を用いての体験活動や創作活動により、コミュニケーションの実体験を図るということにつながっていくわけである。

　以上、小学校の英語授業を構成する主要な要素とそれぞれの相互関連について例示したが、具体的な授業計画を立案する際には、以下のような観点も踏まえる必要がある。

① 　ルーティン化した活動と多様な活動との調和

　一回の英語授業が一定の流れで進むということは、学習者にとっては安心感を覚えることにつながる。次にどのような活動が続くかが予測できることによって、活動相互のつながりも授業のリズムやテンポも軽快なものになると思われる。一方で、常に同じ流れで授業が進めば、集中力も乏しくなり、また、活動そのものの魅力も減じてくる危険性も考えられる。特に、低年齢の学習者にとっては、集中力の維持という観点からも一つの活動の継続時間を10分以内に抑え、さらに、主要な活動の流れは維持したとしても、それぞれの授業で少しずつ新しい要素を取り入れるという工夫により、興味・関心を維持したいものである。

　この点を別の観点から述べると小学校の英語活動では、「静」と「動」というように、授業を構成する活動間に動きを伴うものと静かに取り組むものといったようなバランスを意図的に設ける必要があるということである。いくら学習者が喜んで取り組むからといって、歌やゲームに長い時間をかけるというのは、この点からも望ましいとは言えない。歌やゲームでエネルギーを発散したら、少し落ち着いて教師が語る絵本の物語に耳を傾けたり、作品作りに取り組むなどの活動を取り入れるとよい。

② 　五感を通じた学びの構想

　児童期の特徴として、体の動きを伴った活動にも抵抗なく取り組めるという点が考えられる。体全体を英語の学びに取り入れるだけではなく、人間に備わった感覚器官をできるだけ多く活用して、具体的なゲームや遊びを構想したいものである。例えば、学習者がインプットとして取り込む英語の情報源に限っても、以下のような多様な可能性が考えられる。

視覚：絵を見る、実物を見る、文字を見る、人の動きを見る、映像を見る、など
聴覚：人の声を聞く、物理的な音を聞く、歌を聞くなど
触覚：実物を触る、おもちゃを触る、など
嗅覚：実物を臭う
味覚：実物を味わう

③　発達段階に応じた活動の構想

　小学校の英語授業では、子どもの発達段階に応じて準備すべき活動内容にも変化を持たせる必要がある。しばしば指摘されるように、小学校の低学年の児童はゲームや歌、あるいはチャント等にも積極的に取り組み、また、同じ活動を繰り返しても飽きることなく参加できるという特性を持っている。一方、高学年の子供たちは、ロールプレイや劇、物作りなど、英語を使っての体験に、より強い関心を示すと言われている。こうした学習者の精神的、あるいは認知的な発達段階に応じて、適切な活動を準備する必要があろう。

　高学年の子どもの認知的な発達に応じた活動を考える上で、例えば、Slattery & Willis (2001) は、① リスト化する、② 順序づけたり、分類する、③ 組み合わせる、④ 比較する、⑤ 予想したり、問題解決を試みる、⑥ 個人的な体験を共有する、⑦ 創造的な作品を作る、の 7 つの視点から教室活動を計画することを提案している。

3. 主要な活動を構想する上での基本原則

　次に、前述した小学校の英語授業を構成する主だった要素をいくつか取り上げ、授業展開を考える上でのポイントを検討する。

① 　ウォーム・アップ

　ウォーム・アップでは、挨拶や歌などが活用されることが多いだろう。挨拶も "How is the weather today?" "It's sunny." "What day is it today?" "It's Monday." "What time is it now?" "It's nine fifty." などのように、基本的な問いに学習者が全員で、あるいは個別に答えるということを日常的に行うということが考えられる。その際、伝達する意味内容と言語表現とを一致させ、しっかりと定着させるために、動作(簡単な身振り)をつけて対話のやり取りを行うとよい。例えば、天候について質問する際には、窓の外の空を全員で指さす、時間を尋ねるときには、教室の時計を指さす、曜日ならカレンダーを指さす、などを習慣化するわけである。

また、ウォーム・アップの一つの機能として、英語の授業とそれ以外の授業との境界線を引くということがある。いったん、英語活動のための部屋に入ったら、それまでの日本語中心の生活環境からスイッチを入れ替え、英語を中心とした異文化空間に教師も学習者も身を置くのである。このことをウォーム・アップの活動によって日常化させる必要がある。

② モデル対話の提示

　ALT や英語活動のための外部人材が毎回利用できる環境にあれば、モデル対話の提示は行いやすい。しかしながら、実際には担任教師一人で進める授業も多いと考えられる。このように ALT やゲストとの対話が教室で実施できない場合には、事前に ALT との対話をビデオ録画しておき、それを視聴するとよい。ALT が活用できない場合なら、同僚の先生との対話を録画することも試みられてよい。学習者の目の前で実演するよりも、テレビ画面に映し出される対話には興味を示す場合もある。担任一人で授業を進めるという場合であれば、例えば指人形を活用して一人二役を演じる、あるいは腹話術に挑戦するなどはどうだろうか。

　ティーム・ティーチングによる指導の利点は、モデル対話の提示場面に限らない。例えば、担任教師が "How are you?" と質問した場合に、英語学習の初期段階では "How are you?" と教師からの質問をそのまま繰り返すという反応が見られる場合がある。こうした状況で、ALT との対話が可能であれば、学習者に求めているモデル対話例を実演することも可能になる。

③ 練習

　小学校の英語活動は、英語という言葉に慣れ親しみ、異文化に対する興味・関心を喚起するという点に大きな比重があるにしても、コミュニケーションの一つの手段として英語を用いて、さまざまな体験的な活動を取り入れていくという視点も欠かせない。そのような場合、案外見落としてしまうのが、活動の前提条件としての英語表現への習熟、口慣らしのための練習ということである。もちろん、"Repeat after me." と指示し、機械的な反復練習を取り入れたとしても低学年の子どもたちには抵抗は少ないかもしれないが、より「楽しい」、より「現実的な」練習方法を計画したいものである。

　結果的には反復練習を行っているということになるわけであるが、小学生の場合、上記のような指示では集中力を維持することは難しいだろう。そこで、少し「遊び」の要素を取り入れて授業を展開する。例えば、クラスを男女の 2 つのグループに分けて教師やモデルの後に発話させる。どちらが大き

な声で言えたか、どちらがやさしい声で言えたか、どちらが美しい声で言えたか、等のように評価の観点を次々に変えて、発話を評価していき、動機づけを喚起するのも一案であろう。あるいは、クラス全体に「今日は、10秒で言ってみよう。」と目標タイムを設定して他のクラスと競争させ、何度も挑戦させるということなども試みられてよいだろう。

④ ゲーム・遊び

ゲームや遊びを考える上では、以下のような視点が必要である。
- 動き：身体表現と結びつけて英語活動を構想する。究極の英語活動としては劇化が考えられるが、「ジェスチャーゲーム」「Simon says」など日常的な活動の中にも動作化という視点を取り入れることが可能である。
- 遊び：学習者にとって身近な日常生活の遊び、伝統的な遊び、海外の遊びなどを英語活動に応用する。
- 課題：学習者に要求する課題、ハードルに変化を加えて、同じ素材でも課題の難易度を変えることによって、低学年から高学年までを対象にした柔軟な活動を構想する。

⑤ 体験・創作活動

ここまでの授業展開に基づいて、学習者が実際に英語を使って何かを達成するという総仕上げの活動が「体験・創作活動」である。例えば、色や形に関わる単語や表現を耳にし、練習したら、次は色や形を用いてのもの作りなどが考えられる。その場合、最終的なゴールは、ものを創作するという点にあるのではなく、その過程の中で教師と学習者、あるいは学習者同士が英語によるコミュニケーションを図るという点にあることを忘れてはならない。

⑥ 振り返り

45分の授業の終わりで「今日の英語活動、楽しかった人？」と教師が質問することがある。このような質問が無意味とは言わないが、英語の授業を教師の立場から評価し、次のステップに備えるということが目的なら、具体的な問いを英語で行い、個々の子供たちの様子をしっかり確かめたい。

2節　学習指導案の作り方

ビルや住宅の建築にあたり、入念に検討された設計図がなければ、大工、左官といった現場関係者は施主が満足するような建物を建てることは不可能

である。学習指導案は建築設計図のようなものである。児童が目を輝かせ、英語を生き生き学ぶ授業を展開するためには、十分工夫されたすぐれた学習指導案が必要である。以下、学習指導案の作り方について考える。

1. 学習指導案作成の前提条件

現在のところ、小学校の英語活動では一般的に教科書を使用しないこともあり、各小学校の英語活動の指導目標に沿って作成された年間指導計画に基づいて学習指導案を作成することになる。したがって、年度始めまでに、自校における英語活動の位置づけ、時間数、指導体制(指導書、指導形態)などに配慮し、学校全体および低・中・高学年あるいは各学年ごとの英語活動の具体的な指導目標を設定しておくことである。そしてこの指導目標を達成するために、月あるいは単元ごとのねらい、題材(話題、場面)、活動、言語材料(単語、表現)等からなる年間指導計画を作成しておくことが不可欠である。これらを準備しておかないと、学習指導案作りは雲をつかむような作業になろう。

2. 学習指導案の構成と内容

学習指導案は、年間指導計画がいくつかの単元からなっている場合、一般的に次のような項目で構成されている。

- 日時 ・学年、クラス、児童数(男、女) ・単元名 ・単元の指導目標
- 単元の指導計画 ・本時の指導目標 ・本時の学習・指導過程

以下、学習指導案作成に際しポイントとなる単元の指導目標以降の項目について、学習指導案に盛り込むべき内容を示しておきたい。

① 単元の指導目標

単元の指導目標は、年間指導計画における当該単元の果たす役割や題材(話題、場面)、活動、言語材料、さらに前後の単元との関係等を踏まえ、次のような項目について十分検討し、具体的かつ明確にしておくことが大切である。

1) 英語学習に対する興味・関心、意欲をどのように高めるか。
2) 題材についてどのような内容の会話や話を聞いたり、話したりさせるか。
3) その際、どのような言語材料を使わせるのか。
4) コミュニケーションに対する関心、意欲、態度をどのように高めるか。

5) 国際理解、異文化理解のために、どのようなことを体験させたり、考えさせるか。
② 単元の指導計画
　単元の指導目標を達成するために、当該単元の各時間ごとに何に重点を置いて指導するのかを簡潔にかつ具体的に示し、単元全体の指導計画における各時間の位置づけを明確にしておく。
③ 本時の指導目標
　本時の指導目標として、上記の① 1)〜5)のうち、当該時間で特に目標とする項目を具体的にあげておく。なお、本章3節「学習指導案例と授業の実際」では、スペースの関係上、本時の授業目標は省略している。
④ 本時の指導・学習過程
　小学校英語活動の指導・学習過程は、各小学校の指導目標や時間数によって異なるであろう。また、対象となる児童の年齢により発達段階や言語習得上の特徴が異なる関係上、低・中・高学年でも異なるであろう。それゆえ、小学校英語活動の指導・学習過程は多様である。しかし、英語活動を隔週あるいは週1回程度実施する場合、次のような指導・学習過程が多いようである(本章1節参照)。

　1. 挨拶 → 2. ウォーム・アップ → 3. 復習 → 4. 新教材の導入 → 5. 新教材に慣れ親しませる活動 → 6. コミュニケーション・自己表現を目指した活動 → 7. まとめ、振り返り → 8. 挨拶

本時の指導・学習過程では、上の各過程について、ねらい、活動内容、活動の進め方、使用教材・教具、配当時間を示しておく。その際、児童および指導者(TTであれば、例えばALTとHRTの2人)について、それぞれの活動内容を明示しておく。これらに加え、できれば指導上特に留意すべき事柄や評価の観点をあげておいてもよいだろう。

3. よりよい学習指導案を作成するために

① 単元、本時の指導目標は欲ばりすぎない
　単元、本時の指導目標設定にあたり、指導者が余裕をもって指導でき、児童が英語活動を十分楽しめ、体験できるように配慮することが大切である。そのためにはあれもこれもと欲ばらず、大半の児童が達成可能な目標を設定することが大切である。

② 児童の理解を深める

よりすぐれた学習指導案を作成し、より充実した授業を展開するためには、児童の発達段階や言語習得上の特徴を理解するとともに、当該学年やクラスなど目の前の児童一人ひとりの理解を深めることである。

③ 児童の興味・関心に関するもう一つの視点

題材、活動、言語材料の選択にあたり、児童の興味・関心を重視することは言うまでもないことである。同様に、英語活動を通して児童に興味・関心を持たせたい題材、活動に取り組ませることも重要である。児童に豊かな体験を与えるために、指導目標に照らして両者のバランスに配慮したいものである。

④ ネイティブ・チェックを受ける

児童が発話する英語は、日本人学習者に慣れているネイティブ・スピーカーに理解可能な程度でよいだろう。ただし、児童に提示する英語はできるだけ自然な英語が望ましい。したがって、新教材提示のための会話などの英語については、ALTなどのネイティブ・スピーカーにチェックしてもらい、可能な範囲で練習し、児童にできるだけ自然な英語に触れさせるように努力したい。

3節　学習指導案例と授業の実際

1. 低学年

① 低学年の児童の特徴と授業運営上の留意点

低学年の児童は、耳にした情報をすべて理解できなくてもわかった部分から全体を類推する能力にすぐれているので、日本語を介さず、英語を英語のまま聞かせるようにしたい。また、英語の世界に身をゆだね、その音の流れを心地よく受け止め、自らもまねてみようとする気持ちも強く、間違いを恐れず、屈託なく声を出せる時期でもあるので、歌やライム、絵本等を通して、英語独特のリズムやイントネーションにたっぷり触れさせ、その通りにまねてみることができるように導きたい。

自分自身のことや知っていることについて言いたい、思っていることを言いたい、といったこの時期の児童に特徴的な気持ちを汲み取り、いつでも伸び伸びと表現できるようなクラスの雰囲気を作っておくことも大切である。

さらに、グループ活動よりも個々の児童がすべての作業に関わり、活躍で

きる場のある活動が向いているのもこの時期の児童の特徴である。また、勝ち負けに強いこだわりを見せる時期でもあるので、ゲームなどでは競争心をあおりすぎたり、特定の勝者を称えすぎたりしないように留意することが大切である。

② 本単元の指導目標と授業計画
　(1)　題材：いろいろな形—絵を描き、発表してみよう
　(2)　指導目標
　・形の名称（circle, oval, square, rectangle, diamond, triangle）を英語らしい音で言えるようにする。
　・形について尋ねたり、答えたりする表現に慣れ、積極的にまねてみようとする。（What shape is this? It's a 〜.）
　・多様なやり取りを通して、身の回りの語彙を増やす。
　・自分が表現したい人や物などの絵を描き、他人に伝えようとする。
　(3)　授業計画
　第1時：いろいろな形の名称を知り、まねて言ってみることができる。
　第2時：いろいろな形の名称を知り、やり取りの中で積極的に使うことができる。
　第3時：いろいろな形の名称をやり取りの中で積極的に使ったり、形を尋ねたり、答えたりする表現を積極的にまねてみることができる。また、自分の好きな絵を描き、絵の内容を他人に伝えようとすることができる。（本時）

③ 本時の学習指導案作成上の工夫
・身体表現や動作を伴う活動を好むため、ウォーム・アップでは手遊び歌や動作付きの歌、動作ゲームを取り入れる。
・児童の集中力が持続するように、常にクラス全体を巻き込んだやり取りを展開する。また、1つの活動の中にも多様な要素を取り入れ、単調にならないようにする。
・さまざまな活動ややり取りを通して、繰り返し学習項目を経験させ、自信を持って発話できるように導く。
・提示の仕方や活動内容に変化をつけ、既習の言語材料を繰り返し楽しませ、身につけさせる。
・個々の児童の発想を大切にし、自由に表現させる。

④ 学習指導案

時間	児童の活動	指導者の活動	教具
3分	1. はじめの挨拶 ・指導者と挨拶を交わし、自分の体調について伝える。 ・質問に対して、積極的に答える。	・クラス全体、次に個々の児童と挨拶を交わし、体調について尋ねる。 ・天候や時間割、クラスの様子などについて質問する。	教室にある物、児童の持ち物など
7分	2. ウォーム・アップ ・元気よく、歌を歌う。 ・動作ゲームを楽しむ。	・既習の歌(ライム、手遊び歌)を次々と歌う。 ・簡単な命令文を聞かせ、動作ゲームを行う。	既習の歌(3〜4曲)
10分	3. 活動①: 絵本を使って前時を含む既習事項の復習 ・指導者の質問に積極的に答える。 ・積極的にゲームに参加する。	・児童とやり取りを重ねながら、形の言い方を復習する。 ・しかけに隠された絵について、メモリー・ゲームを行う。	しかけ絵本 "Shapes"
10分	4. 活動②: ワークシートにお絵描き ・いろいろな形から連想される物を考え、好きな絵に描く。 ・指導者の質問に答える。英語での言い方を知る。	・モデルを提示した後、児童にワークシートを配布し、色鉛筆で絵を描かせる。 ・個々の児童の間を回り、絵について質問をする。英語での言い方も指導する。	ワークシート 色鉛筆
10分	5. 活動③: 自分の描いた絵について発表 ・自分の描いた絵について、クラス全体に発表する。 ・指導者の質問に積極的に答えたり、他の児童の発表を聞いたりする。	・数名の児童に、どんな絵を完成させたか尋ねていく。 ・発表者以外の児童も巻き込みながら、クラス全体でやり取りを続ける。	ワークシート
5分	6. 後片づけと挨拶 ・素早く後片づけをする。 ・元気よく歌を歌い、終わりの挨拶をする。	・活動の終わりを告げ、後片づけをさせる。 ・既習の歌を歌い、終わりの挨拶をする。	既習の歌(2〜3曲)

⑤ 授業の実際
(1) 挨拶
- クラス全体と元気よく挨拶を交わし、挨拶の歌を歌ったり、個々の児童に"How are you?"と体調を尋ねたりする。顔を真っ赤にして教室に駆け込んで来る子、上着を着込んでマスクをしている子などに、"Are you hot? Were you playing dodge ball?"や"Did you catch a cold? Take care."などと言葉を交わす。
- 児童が体操着を着ていれば、"Did you have P. E.? What did you do? Did you play soccer? Did you jump rope?"や、給食の前であれば"Are you already hungry? What's today's lunch menu?"などと、その日の児童の様子に応じてクラス全体でやり取りを重ねる。

(2) ウォーム・アップ
- 既習の歌、ライム、手遊び歌などを次々と歌う。児童の"Head and shoulders..."などと口ずさむ姿や、「あの動物の歌、歌おう!」といったリクエストの声に応じて、曲目や曲数を変えてもよい。
- "Touch your eyes. Touch your ears. Touch your shoes. Touch your desk. Clap your hands. Jump three times. Walk. Stop!"などのシンプルな命令文をテンポよく聞かせ、動作ゲームを楽しませる。慣れてくると、Touch your ... head! と言いながら耳を触るなど指導者がわざと違う部位を触り「ひっかける」こともできるが、思わず間違えてしまったが楽しい、という雰囲気の中で行うようにする。

(3) 活動①: 絵本を作って既習事項の復習
- 6種類の形と身の回りの語彙を扱ったしかけ絵本(第2時に紹介済みとする)を見せながら、"What shape is this? What color is it? What is under this circle?"などの表現に触れさせる。児童は、"(It's a) Circle! (It's) Red! (It's a) Balloon!"と英語らしい発音で答えられるようにする。
- 途中から、"What is under the big rectangle?"や"Under which triangle can you see the ice cream cone?"などと尋ね、記憶ゲームに発展させる。児童の集中力や意欲が増し、形式的な問答ではなく、"(A) Truck!"や"(Under the) Yellow triangle!"などと、感情のこもった声で返答してくれる。また、代表の児童にだけ答えを見せ、その児童と指導者とのやり取りを聞いて、残りの児童が答えをあてるというクイズも楽しめる。(T: Is that big?　S: No.　T: Is it heavy?　S: No.　T: Is it red?　S: No. Red and

silver. Ss:（Is it a）Mirror?　S: Yes!）
（4）　活動②: ワークシートにお絵描き
- まず、"What shape can you see on the sheet?" とワークシートに描かれた形の名前を確認する。続けて "Here is a triangle. I'm going to draw a circle above it. What's this? Can you guess?" と児童とやり取りをしながら、ワークシートに絵を描き込む。さらに "Here are two legs and two arms. I can draw a ribbon, too. What's this? Yes, it's a girl!" と三角形から絵を完成させる様子を見せる。その後、児童にワークシートに好きな絵を描き込んでいくよう指示する。
- 思い思いに絵を描き込む児童の間を回り、"What are you drawing? Is this a car? No? What is it? Ah, it's a truck!" などと、個々とやり取りを行う。また、描いた絵について、英語での言い方も指導する。

（5）　活動③: 自分の描いた絵について発表
- 数名の児童に "What did you draw with a square?" と尋ね、描いた絵について発表させていく。
- 発表者と指導者だけのやり取りにならないように、同じ絵を描いた人はいないかを尋ねたり、他の児童の注意も喚起しながら行う。また、それぞれの絵について英語での言い方をクラス全体で確認できるように補助する。
（T: Look, what's this?　Ss: ワニ!　T: Yes, it's an alligator. It has a long, rectangular body. Who else drew an alligator?）

（6）　後片づけと挨拶
- 自分の使った物を素早く片づけさせる。"I'm going to sing a song. Clean up everything before I finish singing it!" と指導者が1曲歌い終わるまでに片づけを終えることを伝え、既習の歌を歌う。言葉で急がせなくとも児童はちょっとしたゲーム性を楽しみながら、素早く片づけていく。1曲で全員が終わらない場合は、"Let's sing one more song! What shall we sing?" と片づけの終わった児童に尋ねたりしながら、クラス全体の準備が整うのを待つ。
- 改めてクラス全体で既習の歌を1〜2曲歌った後、授業が終わることを伝え、挨拶の歌を歌って終わる。

⑥　まとめ
低学年ならではの特徴を生かし、間違いを恐れず、持っている知識をクラスの仲間と自由に分かち合おうとする児童の姿とそのことによって生まれ

豊かなやり取りとに支えられた授業作りを目指したい。
　また、新しい学習項目の導入や定着を図る際、指導者とのやり取りを通して、自然で、真実性があり、児童にとって意味のある場面を設定することを何より大切にしたい。

2. 中学年
① 中学年の児童の特徴と授業運営上の留意点
　心身の発達の著しい中学年の児童は、低学年の児童と同じように反復練習や動作を伴う活動をいとわない反面、抽象的な思考力も発達していく時期である。特に4年生以降は知的な言語活動に興味が移行する。主体的な活動や集団で協力する活動を好む時期でもある。他教科の内容など知的な要素を加味した活動を計画し取り組ませるとともに、自己表現の意欲を生かし友達と協力する場面を増やすとよい。グループ単位で競わせるゲーム、知識を使うクイズの作成や短いロールプレイを発表させるなど、すでに習ったことや新しく習ったことを積極的に使わせるチャンスを与えるとよい。
② 本単元の指導目標と指導計画
　年間授業総数18〜20時間、英語学習2年目の4年生中ごろの授業例である。授業者は担任または英語専科教員の単独授業であるが、年間3〜5回ALTとTTを行い、英語学習や英語圏を始めとする外国の文化についても関心があり、英語で進める授業にもある程度慣れている。
　（1）題材：外国からのお客さんに学校案内をしよう
　（2）単元の指導目標
　・What's this room? — It's the music room.
　・Where's the music room? — It's on the second floor.
　・年間の指導計画に基づき、既習の動詞を復習し、次の単元（お手伝いをしよう）の準備をする
　（3）単元の指導計画
　第1時：教室名を尋ねたり、答えたりすることができる。
　第2時：ある教室の場所を尋ねたり、答えたりすることができる。
　第3時：教室名や教室のある場所について、簡単な会話をすることができる。また、次の単元で使用する既習の動詞に慣れ親しむ。（本時）
③ 本時の学習指導案作成上の工夫
・言語の習得は繰り返しと積み重ねによってなされる。1年間で達成すべき目

標を念頭におき、常に復習を繰り返す中で各単元の指導目標の達成を考える。到達目標は同じであっても到達手段はさまざまである。本章 1 節において、「集中力の維持という観点からも一つの活動の継続時間を 10 分以内に抑えることを基本とし、... それぞれの授業で少しずつ新しい要素を取り入れるという工夫により、興味・関心を維持したいものである。」と示されているように、授業では多様な活動を準備したい。

- 繰り返しをそれと気づかないような工夫された教具や教材、アクティビティやゲームを用いる。
- 「静」の活動と「動」の活動の組み合わせで児童を飽きさせない工夫をする。
- 各活動のねらいを達成するために、さまざまな活動形態(一斉、グループ、ペア、個人)を使い分ける。
- どの児童もいずれかの場面で必ず言語活動に参加できるようにする。
- 新しい学習内容や込み入った学習内容には言葉のみに頼らなくても理解できるように、工夫されたビジュアル教材(絵、図など)を用意する。
- すでに習ったことや身近な話題には、なるべく言葉を通して理解できるように、ジェスチャーなど非言語的なコミュニケーション手段の使用を控えめにする。
- 児童が自分(たち)でできることや発話について、必要以上に先生が手や口を出さないようにする。
- 楽しく終わり、次の授業が楽しみになるような共感を残す。

④ 学習指導案

分	児童の活動	指導者の活動	教具
3 分	1. はじめの挨拶 ・挨拶を返し、児童対児童でもペアで挨拶をする。	・全体に挨拶をする。児童同士の挨拶の様子を見て、必要であれば手助けをする。	
3 分	2. 歌——"Hello World" ・全体で、指導者と一緒に歌う。 ・列単位で元気よく歌う。	・ウォーム・アップと雰囲気作りを兼ね、まず全体で、次に列ごとに歌わせる。	
7 分	3. 復習 ①: 教室名 ・絵カードを見て、全員で教室名を言う。	・絵カードを見せ、教室名を言わせる。 ・備品などをヒントに教室	教室の絵カード

	・備品などをヒントに教室名を考え、発表する。	名をあてさせる。	
8分	4. 復習 ②: 教室のある場所の尋ね方と答え方 ・1F, 2F, 3F という表記を見て the first floor, ... と言う。 ・1F, 2F, 3F の横に貼られた絵カードを見て、全体 → ペアの順で教室のある場所を尋ね、答える。	・1階、2階、3階という言い方をスピーディに復習させる。 ・教室のある場所の尋ね方と答え方を、全体 → ペアの順で復習する。	教室の絵カード
15分	5. 新教材(ロールプレイ――学校案内) ・会話を聞いて、内容を理解する。 ・指導者について、次にパートナーと役割練習をする。 ・パートナーと相談して役割を決め、ロールプレイの練習をする。 ・身振りもまじえ、大きな声で発表する。	・人形等を使いモデルの会話を聞かせる。 ・全体 → ペアの順で役割練習をさせる。 ・ペアで役割を決め、ロールプレイの練習をさせる。 ・数組のペアに全員の前でロールプレイを発表させる。	学校の簡略化した教室の配置図
8分	6. 命令ゲーム(動詞の復習と次時への橋渡し) ・絵カードを見て、指導者についてお手伝いに関する語句を繰り返す。 ・指導者の指示を聞いて、ジェスチャーを行う。 ・命令ゲームを楽しむ。	・絵カードを見せ、お手伝いに関する語句を繰り返し練習させる。 ・指導者の指示に従って、全員でジェスチャーをさせる。 ・グループ単位で「命令ゲーム」を行わせる。	動作を表す絵カード
1分	7. 終わりの挨拶 ・挨拶を返す。	・全体に挨拶をする。	

⑤ 授業の実際
1. はじめの挨拶

　児童は全体で指導者に挨拶をした後、児童同士で "How are you?" "I'm fine, thank you. And you?" "I'm pretty good." などすでに習った挨拶表現で、礼儀正しくにこやかに挨拶をする (2~3 人)。挨拶が終わったらそれぞれの定位置につく。

2. 歌: Hello World

　本時のメインの活動は、外国からのお客さんを学校案内するという場面設定である。そこで、世界の国々の「こんにちは」という歌詞からなる「世界のみんなにこんにちは——Hello World」を、ウォーム・アップを兼ね、まず全体で、次に列単位で元気よく歌い、雰囲気づくりを行う。

　　　Hello, Guten Tag, Ciao,
　　　Dobrey dyen, Bueno dias,
　　　Bonjour, Ni hao, Namaste,
　　　Annyong hasimnika,
　　　Jambo, Boa tarde,
　　　Hello world! Hello world!
　　　Hello world!
　　　Konnichi-wa

樋口（監修）、衣笠（著）（2003b）

3. 復習 ①: 教室名

　教室の絵カードを利用して教室名を素早く復習する。復習なので児童が先に言う。次に、例の要領で教室の備品などをヒントに教室名をあてるクイズを行う。

　　例) cooking, pot → home-making room　　piano, Mr./Mrs. ～（音楽の先生の名前）→ music room　　beakers → science room　　lots of books, read → library　　balls, rackets → gym など。

4. 復習 ②: 教室のある場所の尋ね方と答え方

　黒板に 1F, 2F, 3F と板書し、児童に全員で the first floor, the second floor, ...と言わせ、序数詞を復習させる。次に 1F, 2F, 3F の横に教室の絵カードを貼り、特別教室等のある場所と尋ね方と答え方（Where is the library? — It's on the third floor.）を復習する。指導者が教室の黒板に貼った教室の絵カードを指さし、全体で練習後、数組のペアを指名し、会話を発表させる。

5. 新教材——外国人のお客さんを学校案内

　自分たちの学校の簡略化した教室配置図を黒板に貼る。指導者（外国人役）は人形等（児童役）を使って、教室配置図を指さしながら次の会話を 2, 3 回聞かせ、内容をしっかり理解させる。次にクラスを 2 グループ（外国人役と児童役）に分け、教師について何度か練習後、ペアで役割を決めて役割別練習をする。

A: What's this room?
B: It's the music room.
A: I see. Where's your classroom?
B: It's on the second floor.
   I'll show you.
A: Thank you.

さらにペアで、下線部の教室や場所を自由に換えて、来客に自分たちの学校を案内するロールプレイをする。指導者は "Any volunteers?" と言って発表者を募り、数組の児童に身振りなどもまじえながら発表させる。指導者は発表者のよい点を誉める。児童は拍手を送って共感を表す。

6. 命令ゲーム

既習動詞の復習と次の単元「どんなお手伝いをしているかな?」への橋渡し活動として「命令ゲーム」を行う。まず絵カードを見せながら、指導者について、次に児童全員で次のような語句をスピーディに言えるようになるまで練習する。

sweep the floor, set the table, wash the dishes, wipe the windows, clean the bathtub

次に、指導者の指示(例えば、sweep the floor)に従って、児童全員に指示にふさわしいジェスチャーをさせる。児童がこの活動に慣れた段階で4~5人のグループに分け、各グループに絵カードを1セットずつ配布する。児童の一人が交代で"命令役"になり、予定の時間がくるまで命令ゲームを楽しむ。指導者は各グループの活動を見て回り、必要に応じて助言する。

7. 終わりの挨拶

にこやかに挨拶をして終わる。

⑥ まとめ

言語習得は、バラバラに学ぶ項目が積み重なって自己表現やコミュニケーションを可能にするのだが、ともすると基礎訓練ばかりになったり、基礎訓練なしに場面別の会話練習ばかりになったりすることがある。本時に限らず基礎訓練と自己表現をつなげ、どのような英語力をつけさせたいのかを展望した授業を展開したい。さまざまな文をインプットしながら児童一人ひとりの発話を促し、次回の授業を楽しみに待つようになれば目的は半ば達せられたとも言えるだろう。

3. 高学年

① 高学年の児童の特徴と授業運営上の留意点

「低学年の児童は身体を使って英語の歌、ゲームを楽しんでいるのに、5・6年生になると単純な繰り返しや歌、ただおもしろいだけのゲームにはさほど興味を示さず、指導が難しい」という声をよく耳にする。実際、中学校の前倒しではなく、高学年の児童の興味・関心を理解し、発達段階や学習経験に応じた教材や指導法を選択しなければ、せっかく低、中学年から慣れ親しんできた英語学習への興味や意欲を失ってしまうことになりかねない。

高学年は、抽象的、論理的思考ができるようになり、知的発達の目覚ましい時期である。自分の意見や主張を持ち、自分を客観的に評価することができ、興味・関心も身の回りから世界へと広がっている。また、学校生活では他教科でかなりの知識を学習しており、社会生活でもさまざまな体験を重ねている。英語活動においても、それらの知識や体験を利用した、児童の知的好奇心を満たすような内容で、かつ達成感が得られるような活動を工夫することが必要である。

高学年の授業を運営する上で、以下の視点が重要である。

- 興味・関心に沿っているか：「楽しい」から「知的に楽しい」と感じられる活動を工夫する。
- 自己表現の場があるか：「英語を使ってみたい」という動機づけが与えられるような創造的な活動を取り入れる。
- 教材が世界に広がっているか：英語学習の必要性を理解できるように、「外国のことをもっと知りたい」という意欲を満たす教材、活動を工夫する。
- 主体的に活動しているという実感がもてるか：やりがいがあり、英語を使っている実感がもてる活動を工夫する。

② 本単元の指導目標と授業計画

（1） 題材：理想の時間割を作ろう

（2） 単元の指導目標：

1) 教科名: Japanese, math, science など。
2) What subject do you like ... ? — I like（教科名）. We like（教科名）.
3) What subjects do we/they have on（曜日）? — We/They have（教科名）on（曜日）in（国名）.
   How many classes do we/they have on（曜日）? — We/They（don't）

have（教科名）．
(3) 単元の指導計画：
第1時： 教科名を言うことができる。
　　　　好きな教科を尋ねたり、答えることができる。
第2時： 自分たちの時間割を言うことができる。
　　　　自分たちの時間割と外国の小学校の時間割を比べ、学習する教科や時間数などの共通点、相違点を知る。（本時）
第3/4時： グループで自分たちの理想の時間割を作り、発表する。

③　本時の学習指導案作成上の工夫
- 今までに習った表現（like, have など）を活動で実際に使用させ、充実感、達成感を持たせる。
- Q & A をするときには、インフォメーション・ギャップを設定して、発話に必然性を持たせる。
- 時間割という児童の身近な話題を世界へ広がりをもたせ、国が異なっても共通する部分が多いこと、また違いには地理的・文化的背景があることに気づかせる。
- 世界地図や国旗、外国の小学校の時間割など、高学年の興味・関心を引きつけ、さまざまな発見を促す視覚教材を準備する。

④　学習指導案

時間	児童の活動	指導者（担任、ALT）の活動	教具
2分	1.　はじめの挨拶 ・教師の質問に答える。	・全体に挨拶をし、体調、曜日、日付、天気などを尋ねる。	
3分	2.　ウォーム・アップ ・教科名をリズミカルに言う。 ・教師のヒントに基づき教科名を言う。	・絵カードを見せてリズムにのせて教科名を復習させる。 ・リズムにのせて教科名連想クイズを行う。	絵カード キーボード
5分	3.　復習 ・教師の質問に答え、教師に質問する。 ・「仲間さがし」ゲームを行う。	・数人の児童に好きな教科を質問する。また教師にも好きな科目を質問させる。 ・同じ教科が好きな「仲間さがし」ゲームのデモを見せ、ゲームを行わせる。	絵カード タイマー

5分	4. 新教材の導入 ・時間割の言い方を理解する。	・クラスの時間割を使って時間割の言い方のモデルを示し、英語版時間割を一部作成する。	時間割 曜日カード 教科名絵カード
8分	5. 活動① ・Q＆Aを続けて英語版の時間割を完成させる。 ・時間割を全員で言う。	・希望する児童に指導者役を行わせ、時間割を完成させる。 ・完成した時間割と日本語版を見せ、全員で確認させる。	曜日カード 教科名絵カード
18分	6. 活動② ・教師の質問に国名などを答える。 ・教師の質問に時間数などを答える。 ・グループで時間割クイズの答えを考え、ワークシートに記入し、発表する。	・世界地図上の3つの国を指して、国名、位置、国旗を質問する。 ・3種類(3カ国)の小学校の時間割について質問する。 ・ワークシートを配り、3種類の小学校の時間割がどの国のものか、また自分たちの時間割との共通点、相違点を考え、発表させる。	世界地図 国旗カード 外国の小学校の写真と時間割 ワークシート
4分	7. まとめと挨拶 ・教師の質問に答える。 ・元気よく挨拶を返す。	・自分たちおよび3カ国の国の時間割について質問し、答えさせる。 ・全体に終わりの挨拶をする。	

⑤ 授業の実際
1. はじめの挨拶
　"How are you?" と全体に挨拶し、児童が口々に "I'm great/fine/OK." などと答えた後、数人に体調を尋ね、全体に日付、曜日、天気などを尋ねる。
2. ウォーム・アップ
　教科名の絵カードを見せ、キーボードなどのリズムに合わせてリズミカルに教科名を復習する。途中から、"Now, I'll give you two hints. If I say, 'a ruler, a compass', then you say, 'math, math'." と連想クイズに移る。必要ならヒントとなる実物も見せながら、教科名を言わせる。
3. 復習
　児童の1人を指名して、"What's your favorite subject?" と問い、"I like

〜."の答えを引き出し、"Me, too. I like 〜, too. We like 〜. Let's go and find more friends."と言って、その児童と一緒に別の児童に同じ質問をし、同じ教科が好きな仲間を見つけるゲームの進め方を示す。その際、動作も加えてIとWeの違いを帰納的に気づかせる。最後に、仲間となった各グループに質問し、"We like 〜."と答えさせる。

4. 新教材の導入

クラスの時間割を見せ、"This is our class schedule in Japanese. Let's make an English version."と呼びかけ、時間割を児童側に向け、教師には見えない位置に掲示し、"What subjects do we have on Monday?"と問いかける。教師は、児童の答えに従って、曜日カード、教科名絵カードを黒板に貼り、月曜日の英語版時間割を作り、全員で言う。

5. 活動①

児童を1人指名して黒板の前に立たせ、"Now, you are a teacher."と指示し、教師の役割を担当させ、残りの曜日の時間割を作らせる。希望する児童に役割を交代させて、英語版時間割を完成させ、全員で"We have 〜, 〜 and 〜 on Tuesday."と曜日ごとに言って確認する。

6. 活動②

紹介する3カ国(例えば、インド、エジプト、フランスなど)の小学生や小学校の写真を見せて、"Look at this photo. What country is this? Yes, it's India. Where is India on the map?"と世界地図で国名と位置を確認し、国旗カードから該当する国旗を選ばせる。次に、"Here are three kinds of class schedules."と言いながら、先に作った英語版時間割の隣に3種類の時間割(図1)を貼る。"How many classes do they have on Monday? Do they have classes on Saturday?"などと問いかけ、3つの時間割の特徴を理解させる。次に、グループに分かれ、それぞれの時間割がどの国のものか、その理由、自分たちの時間割と同じ点、違う点を考え、ワークシート(図2)に記入し、発表させる。記入や発表は日本語でかまわないが、既習表現を使って表現できるものは、英語で発話を促すなど、できるだけ児童が英語を使えるよう支援する。最後に、それぞれの「国語」の授業が何語であるかをヒントとして示し、国名を児童に判断させるとよい。発表の中で、金曜が休みのイスラム教国家では時間割が土曜から始まっていたり、IT先進国のインドではコンピュータの時間が多いこと、隣国の言葉を学ぶフランスなど、時間割にもそれぞれ地理的・文化的背景が影響していることに気づかせる。

〔図1〕

India（デリー市公立小学校6年）

	Mon	Tue	Wed	Thu	Fri
1	test	選択授業	Math	選択授業	Science
2	Social Studies	Math	Art	Math	Math
3	Math	Social Studies	Social Studies	Science	Math
4	Science	English	国語	English	図書
5	国語	P.E.	English	Music	English
6	English	国語	English	国語	国語
7	コンピュータ	Science	Science	フランス語	Social Studies
8	フランス語	常識	コンピュータ	Social Studies	新聞

Egypt（カイロ市公立小学校4年）

	Sat	Sun	Mon	Tue	Wed	Thu
1	Math	Music	Math	宗教	国語	English
2	国語	国語	English	国語	Math	English
3	図書	園芸	国語	国語	Science	国語
4	Math	国語	P.E.	English	宗教	Math
5	Social Studies	Science	国語	Math	国語	Social Studies
6	国語	English	Home Ecomonics	Art	English	宗教
7	English	Math	Music	Art	P.E.	国語
8	P.E.					

France（パリ市公立小学校4年）

	Mon	Tue	Thu	Fri	Sat
1 2	生徒との対談 国語	Math イタリア語	Art 社会教育	Math イタリア語	社会教育
3 4	Music	国語	Math	国語	Math 国語 1週間のまとめ
5 6	Math 国語	P.E.	国語	P.E. or Social Studies	
7 8	Social Studies	国語	Science	P.E. or Social Studies	

〔図2〕　　　　　　　　　　ワークシート

```
　　　　　　　時間割クイズ　　　　　班
① どの国の時間割なのか考えよう。その理由は？
② 自分達の時間割と同じところ、違うところを探そう。
```

	国名	理由	同じところ	違うところ
A				
B				
C				

③ 発見したこと

7．まとめと挨拶

　4つの時間割を指さしながら "We have ～ in Japan. They have ～ in (国名)." と、発表の内容からいくつかを全体で言った後、終わりの挨拶をする。

⑥　まとめ

　今回の授業は、日本と外国の小学校の時間割という身近な話題を通して児童の目を世界に広げさせた。また児童は、既習表現を多く使うことで、自信をもってコミュニケーション活動に参加でき、異文化に対する気づきが得られた。高学年の英語活動は、本時の授業のように児童の知的好奇心を刺激する題材について、児童が主体的に取り組める活動を計画し、学んだ英語を積極的に使用させること、そして異文化への興味・関心を育てることが大切である。

4節　評価の生かし方

1．評価の基礎・基本

① 評価と測定

　教科としての「英語」であれ、総合的な学習の時間における国際理解の一環としての「英語活動」であれ、行った教育実践を評価し、それを次なる実践へとフィードバックする必要があることは言うまでもない。

　まず、ここでは「評価」と「測定」という用語についての基本的な理解を図りたい。「評価」(evaluation) とは、いったいどのような意味をもっている

のだろうか。「評価」をテストによって学習者が習得した知識や技能を測り、評定をつける作業であるというような誤ったとらえ方をしていないだろうか。

　前述したように、教育において「評価」を行うことは、教育活動そのものの実態を総合的に把握し、その上で、教育実践上の改善、改革を行う視点を得るということに基本的な意義があるということを再認識する必要がある。こうした視点が欠落しているとすれば、「評価」をいかに計画的に実施したとしても得るところは少ない。現在、さまざまな形での外部評価や自己評価が教育の現場でも導入されつつあるが、「評価」が示唆するこうした基本的な観点が適切に位置づけられていなければ、単なる数値合わせによる自己満足になってしまうだろう。

　新しい教育課程の導入に伴って、「指導と評価の一体化」というスローガンも、しばしば耳にするようになった。この言葉は、「指導のプロセスにおいて学習者の評価を実施する」ということを意味しているわけではない。指導と評価が車の両輪のように相互に影響を及ぼし、「指導」→「その指導の評価」→「評価結果の指導へのフィードバック」というサイクルが教育実践の中に位置づけられるべきであるという意味である。

　これまで、中学校や高等学校の英語教育において、「評価」よりも「指導」に関する関心が高く、また、重要視されていたと言えよう。指導と評価とを相互に関わりがあるという発想から、評価のあり方、指導のあり方を考究する姿勢は欠けていたように思われる。

　繰り返しになるが、「評価」は、教育実践の諸条件や教育実践そのもの、また、その成果に関して省察を加え、将来の教育実践に向けて改善へとつなげる意図を有する教育的な活動である。

　そのような意味で「評価」を行うためには、学習者の知識や技能、適性や態度などをできるだけ客観的に、また、可能なかぎり一定の手順に従って把握した基礎的な資料の収集が前提となる。そのための資料収集作業が「測定」（assessment）と呼ばれるものである。さらに、「測定」するための一つの手段として「テスト」という手法が存在する。もちろん、学習者の学習実態を客観的に、あるいは総合的に把握する方法としては、「テスト」のみが存在するわけではない。この点については、後述する。

② 　指導目標と評価

　教育実践を絶えず省察し、改善し続けていき、学びの質を高めていくためには、以下のような観点からの吟味が重要になってくる。

●何を評価するのか
●どのような方法で評価するのか

　何を評価するのか、すなわち評価対象を考える上では、具体的な指導目標を設定するということが前提となる。つまり、学習指導目標そのものが評価の対象となる必要があるということである。中学校や高等学校の英語教育において、現実には、この点が十分に認識されず、学習指導目標から評価の対象を絞り込むというよりも、教科書から評価する事柄を選択するということが行われているケースもある。

　前述した「指導と評価の一体化」を本来の意味において実現するためには、学習指導目標を具体的に設定し、その目標から評価すべき内容を決定するという流れが必要である。言い換えるならば、ある教育プログラムを計画・立案する段階において、そのプログラムの目標を考えるわけであるが、目標設定の時点において、目標達成を測る評価の観点も取り上げ、検討しておく必要があるということである。

　小学校の英語活動における学習指導目標の設定に関して、金森（2003）は、「知識」「態度・価値観」「スキル」の3つの観点を取り上げ、学習者の発達段階に応じて、これら三者の比重を適切に調整すべきであるとしている。つまり、小学校の段階では、「知識」や「スキル」よりも「コミュニケーションへの関心・意欲・態度」の育成を重視する必要があるということである。誤解のないように付け加えるならば、金森も指摘するように、「態度・価値観」のみを指導目標に設定したり、逆に「スキル」のみを指導目標に設定するということはあり得ず、コミュニケーションへの関心・意欲・態度を育てる指導を行うことが、結果的に「スキル」の育成にもつながらなければならない。この意味で、小学校における英語活動の指導目標には、情意的な目標（「コミュニケーションへの関心・意欲・態度」）と技能的な目標（「聞く、話すを中心にした英語のコミュニケーション・スキル」）といった二つの側面が含まれる必要があろう。同時に、教育プログラム全体の評価においても、また、毎回の活動の評価においても、こうした二つの観点からの評価が実施されなければならないと言える。

　では、具体的な評価対象となる学習指導目標をどのような形で記述すればよいだろうか。以下、小竹（1993）の実践事例を取り上げ、評価対象の設定に関して検討を加える。小竹では、例えば、ある特定のトピックについて（ここでは「家の中」が題材として取り上げられている）、以下のような評価の観

点が提示されている。

　　　〈お家の中をのぞいてみれば〉
　　ベッド、たんす、ピアノなど家具を 10 ヶ以上言える
　　台所、階段とかが 7 つ以上言える
　　お皿やお茶碗が 10 ヶ以上言える
　　ただいま！　おなかへった、おやつある？　と聞ける
　　電話が鳴って、もしもし、こちらは～ですと言える
　　電話が鳴ってママはいませんと言える
　　TV つけていいですか？　と聞ける
　　何している？　今あそんでいるよ、今 TV 見てるよ、とか答えられる
　　おやつもっとちょうだいと言える
　　ジュースやお水をいっぱいくださいとか頼める
　　自分の家の近くにあるものを説明できる
　　お砂糖やバターなどをとってくださいと頼める
　　勉強はしたくないと叫べる

　ここでは、具体的な評価の観点が学習者の行動目標として記述されている。したがって、教師による評価にももちろん使用可能ではあるが、むしろ、学習者自身による自己評価にも耐えられる記述内容となっている。また、個々の観点は、大きくは ① 語彙レベルの目標、② 言葉の機能レベルの目標、③ 思いや気持ちを伝達し合うレベルの目標、の 3 つの範疇から成立していると考えられる。これらは、スキルの視点からの目標であり、同時にコミュニケーションへの関心・意欲・態度を育てる上での目標としても機能していると言える。

　次に、評価の方法に関して述べる。まず、上述のような学習指導目標を評価する上では、どのような手段を用いるにせよ、その評価方法は基本的に以下の 3 つの条件を備えている必要がある。
　●その評価は目標に照らし合わせて妥当なものか（妥当性）
　●その評価はだれが行っても、何度行っても結果は一定であるか（信頼性）
　●その評価は容易に実施可能なものか（実施可能性）
　例えば、具体的な言語行動を評価するといった場合に、その言語行動が要求されるタスクを学習者に与え、そのプロセスにおいて見られる学習者の言語行動を資料として評価すれば、妥当性が高いと言えよう。一方、コミュニ

ケーションへの意欲を評価するといった場合に、授業中の学習者の挙手回数をカウントするというのは、妥当性が高いとはならない。

また、言語行動を直接評価するといった場合、評価者によって評価が大きく異なるとしたら、その評価方法は信頼性の点において疑問視される。

さらに、妥当性や信頼性といった点から、いかに優れた評価方法であったとしても、その実施に莫大な時間や労力、あるいは資金がかかるのであれば、それは実施することは不可能とは言わないまでも、極めて難しいということになる。

具体的な評価の方法に関しては、特に、英語のコミュニケーション・スキルの評価に関わっては、英語を実際的な場面で使用する力がどの程度あるかを直接測定する必要がある。したがって、実施可能性という点からは、評価者にある程度の負担を課すことにつながるものの、学習者の言語行動そのものを時間をかけて評価する必要が出てくる。例えば、面接（個人あるいはグループ）、スピーチ、ペアによるロールプレイ、グループによる劇、などが想定される。関心・意欲などの情意面の評価では、授業観察、質問紙による調査、学習者自身による学習記録、学習者相互による相互評価なども取り入れることによって、学習者の学びの実態をできるだけ客観的に、また、総合的に把握することが可能となってこよう。

2. 児童の動機づけのための評価

① なぜ「児童の動機づけ」のための評価が必要か

小学校英語で育てたい力とは何であろうか。私の勤務している島根県浜田市立雲城小学校では、平成16年度から「英語表現科」という新教科を設置し、次のような目標を掲げて教科としての英語活動に取り組んでいる。

(1) 関心・意欲・態度について：
 基礎的な英語表現を用いた活動に慣れ親しみながら、自己表現やコミュニケーションを積極的に楽しもうとする態度を育てる。
(2) コミュニケーション能力について：
 いろいろな表現手段を用いて自分の思いを表現したり、相手の思いを尊重しながら、関わることのできるコミュニケーション能力の基礎を養う。
(3) 国際理解について：
 英語という言葉や英語を話す人、英語の世界への興味・関心を培う。

これらの3つの中でも「英語活動を積極的に楽しむ態度」と「学習した英

語を使って、体全体で思いや願いを伝える表現力」の育成の必要性を強く感じている。そのためにも、すべての英語活動を通して、児童に「英語学習は歌があったり、ゲームができたりして楽しそうだからやりたいな」「外国の人とたくさん触れ合い、英語でやり取りできたらどんなに楽しいだろうな」といった英語学習へ向けての「心構え」や「やる気」を喚起させる取り組みが求められる。「もっと授業を楽しみたい」、「ゲーム中はもっとたくさん英語を使いたいな」、「スキットや英語劇を、もっとうまく演じたいな」、「広島平和学習でのインタビュー活動では、リハーサルのときよりもたくさん外国の人に話したいな」等々、次の目標を児童にしっかり持たせることができるような教師側の工夫が必要となる。ここに、「児童の動機づけ」のための評価が必要となってくる。

② 「児童の動機づけ」のための評価の実際について

先にも述べたように、本校では、平成16年度から本格的に「英語表現科」という教科を設置して小学校英語教育に取り組んでいる。平成16年度の本校の実践を通して、この「児童の動機づけ」のための評価活動を紹介したい。

本校では1, 2年生は年間20時間（平成17年度からは年間25時間）、3年生以上は年間70時間の英語表現科の授業を実施している。また、数単位時間をひとまとめにして、テーマを決めて学習に取り組む「ユニット制」を導入している。ここでは、5年生のUnit 7「英語劇──ヤマタノオロチ──を楽しもう」で実践した評価活動を紹介する。

まず、このユニットは総時数16時間をかけて実施した。また、評価活動では、（ア）毎時間後の振り返り（グループ内評価）、（イ）自己評価（自己評価カードの活用）、（ウ）形成的評価（教師による評価──指導過程時の個人およびグループ活動の評価）、（エ）総括評価（「発表会」と「まとめ」）の4つに大きく分けて実施した。

（ア） 毎時間後の「振り返り」について：
　　今回のユニットは、グループ活動が主活動となるため、毎時間後の振り返りをグループ内で行い、団結力と向上心を評価した。

（イ） 「自己評価」について：
　　自己評価については毎時間、授業後に記入させた。その中で①「今日のめあて」、②「今日の学習の感想欄」と③「教師からのコメント欄」を設け、児童一人ひとりの「がんばり度」と「やる気度」を評価した。

（ウ） 形成的評価について：

今回の劇の「動機づけ評価」で最も力を入れたのが、この形成的評価である。5つのステージ(劇場面)に4つのグループ(各グループ4,5人程度)を振り分け、各グループ活動および個人の形成的評価を実施した。評価項目は、その日のグループ活動のめあてとグループの進捗状況、課題、問題点、変更点、また個人の活動の成果と問題点・課題であり、これらが一目でわかる場面別グループ評価表を作成した(図3参照)。

(エ) 総括評価:

ユニット終了時に、児童のがんばりや、楽しかったこと、難しかったことなどを児童に記入させ、総合的なユニット評価を行った。この他に劇の発表会を他の学年の児童や先生方に見てもらい、第三者的な立場からの評価を受けた。

③ 成果

今回、形成的評価を行ったことで、グループや個人が次の目標を明確に持て、やる気を倍増させることができた。教師の労力は大変であるが、児童の動機づけの面から、このような地道な評価活動が大変重要であることを立証できた。

3. 授業改善のための評価

① 授業改善の視点——児童の何を評価するか

「児童の何を評価するか」を考えるとき、当然目の前にいる児童にどんな力をつけたいのか、つまり自校の英語活動の目標を明確にしておかなければならない。同時に、児童の実態と願いを十分把握し、年間指導計画や評価方法の策定にあたっては、それらを十分に反映させなければならない。

本校では、外国人指導教員(NET)とのティーム・ティーチングをほぼ週1回程度、全クラスで行っている。アンケート調査(H.17.3.10実施)によると、「授業はとても楽しい」と答えた児童はどのクラスも90%以上(1,2年生はほぼ100%)である。また、「NETと一緒に遊んだり、触れ合ったりすることが楽しい」と答えた児童はどのクラスも80%を超えており、5年生、6年生はほぼ全員の児童が「はい/とても」と答えている。さらに、それと同程度に「NETともっと英語で話したい、話せるようになりたい」と答えている。

このような児童の傾向は、平成16年度当初に実施したアンケート調査でも同様に見られていたので、特に平成16年度は技能面において「外国人の話す英語に十分反応でき、簡単な英語で応答できるような『しっかり聞けて、思

〔図3〕 場面別グループ評価表
「オリジナルヤマタノオロチ」指導内容　　　　　　２場面　グループ（下界から

			1月17日 月	1月18日 火
グループ全体を通して		時限	5・6	7
		担当教員	NET（外国人英語講師）・担任	担任
		めあて	自分のセリフが英語で理解できる。イメージをふくらませる。	イメージをふくらませ、場面を考える。話し合いで自分のアイディアを言う。
		指導ポイント　進度　グループの様子　グループの課題	前半、CDを聞きながら自分のセリフを「聞く⇒言ってみる」の繰り返しをした。友達との教え合いや、友達のセリフも練習したりする姿が見られた。カタカナは書かないように伝えた。後半はNETのセリフ指導。ナレーションの "old woman" などに反応していた。	はじめの15分ほど、前時のセリフの練習をした。ほぼ言えるようになった。あとから内容を膨らませた。「悲しんでいる場面」と「オロチの説明をするときの4人のやりとり」をユーモアも交えながら考えている。簡単な日本語で考えている。繰り返しも用いていた。
		問題点・変更点	発音練習に時間がかかりすぎ、まだ場面を考える段階までいっていないこと。	「ごめんね、ごめんね」「まじ？」のセリフを次回までに考える。"How many?" "OK." を新しいセリフに。
（指導ポイント、変化、つぶやき、のび）子ども一人一人の様子	スサノオの役	◎I・M	たくさんセリフがあるため、困っている様子だった。しかし何度も何度もCDを聞き一人で練習していた。	今日もCDを聞いて言おうとしていた。男子一人であるが、友達と関わろうとする力はある。一部のセリフの見直しをする必要あり。
	おじいさんの役	S・M	早くに英語を言えるようになった。台本の英文をそのまま読もうとしていた。	新しいセリフを英語で書こうとする。セリフは言えるのだが、通すところでは周りを気にしてしまい、どぎまぎして言えなくなる。自信を持たせたい。
	おばあさんの役	S・H	一度聞いた言葉をそのまま口にすることができる。K・Sに教えていた。「教えて！」と言える。NETと笑顔でやりとりをできる。	話し合いの中心となって、身振りを交えながら考えていた。ユーモアを取り入れようとしている。
	くしなだ姫の役	K・S	前半はセリフがないので、作る必要あり。スムーズに英語が入っていっているようだ。	話し合いをして、前半部分に姫の悲しむセリフを作った。その様子をどれだけ出せるかがポイント！

8章 よりよい授業を展開するために——基礎編　203

下りたスサノオ)の形成的評価

1月19日 水	1月20日 木	1月21日 金
8・9	10	11
担任	NET・JTE（日本人英語専科）	NET・JTE
昨日の話し合いをもとに新たなストーリーを作り上げる。	そのときの気持ちを考えながら演じる。正しい発音がわかる。	動きの工夫を考えながら演技練習をする。
前時に作っていく楽しさを味わえたらしく、どんどん自分たちで進めた。台本への書き込みも進み、体を動かしながらの練習にまでいった。動きをもっとつける必要がある。伝えるという意識を持つことが必要である。	校長先生とNETの音声指導、演技指導のもと、繰り返し練習に取り組んだ。気持ちをこめた言い方、ジェスチャーなどをよく考えることができている。自信を持って演技できるようになることが次の課題である。	セリフをはっきりと大きな声で言うこと、ジェスチャーをつけて演技することをグループのめあてにして練習に取り組んでいた。人前でも照れずに演技できるようになることが、次の課題だろう。
やりとりが多すぎて難しくならないように。行間の思いを気にしたい。CDでの発音を確認すること。	オロチの話題になったとき、4人がかかわる動きを取り入れた。	姫、おじいさん、おばあさんのやりとり（英語、動き）に工夫、付け加えがあった。
見直しの必要はなかった。堂々とした演技ができてきた。"very bad"のアイディアを出した。"near"を「ニ ear」として覚えていた。	難しいスサノオのセリフを何度も言い直していた。発音が不自然なところを修正できれば、さらに良くなると思われる。	友達に演技の工夫の仕方をしきりに伝えていた。自分の演技に関しては、振り付けにまだ納得がいかない様子である。
「She likes 〜 の書き方を教えてください。」「まつりが好きなのに．．．．」のアイディアを出した。	NETに演技を見せたことで、度胸が少しついた様子である。グループ全員でもっと自信を深めさせたい。	言葉に自信がついてきたようだ。動きをつけながらの練習になると不安そうな様子を見せていた。
「"She likes 〜 very much"だあ！」と思い出す。練習の中心となって楽しく進めることができた。セリフにも心がこもっている。	感情のこめ方が上手で、見る側に訴えかけるものを持っている。友達の手本となる役割を求めたい。	黒板にグループのめあてを書き、それを目指して練習に取り組むよう、友達に声をかけていた。
セリフは完全に言えるようになっている。発音の確認が必要である。セリフがないときの動きも考えさせたい。	自分たちで納得のできる演技を目指そうとしている。発音に進歩が見られた。	友達の助言もあり、セリフだけでなく動きを取り入れることを意識して練習していた。

い切って話そうとする』力を個人のレベルで育成すること」とした。そこで、この点を授業改善の視点に置くこととし、平成16年度の具体目標を次のように掲げた。

具体目標
- NETの先生と、学習した英語を使ってコミュニケーションができる。
- 初めて会う外国の人と、学習した英語を使ってコミュニケーションができる。

また、この具体目標を実現するための評価方法を次のように策定した。

具体的評価方法と評価の視点
- NETとの一対一によるインタビュー活動を取り入れ、NETが話す英語を一生懸命聞き取ろうとしているか、また体全体を使って聞かれたことに対し反応しようとしているか。
- 広島平和学習の一環として、広島平和公園に行って外国人にインタビューを行うことで、初めて会った外国人と積極的に関わろうとしたり、そこから得る楽しみや喜びを感じ取っているか。

② 授業改善のための評価の実践──NETとのインタビュー活動から

本校では、年間指導計画の中に3年から6年まで「NETと話そう」のユニットを設け、ほぼ学期に1回、年2～3回程度、それまでに学習した内容を中心に一対一による「聞いて話す」評価活動を実施している。これにより、授業で扱った言語活動や言語材料の成果について評価し、次の授業改善に生かすことができた。ここでは、平成17年3月に実施した5年生のインタビュー活動とその評価活動を紹介する。

(ア) インタビューの話題
- 「数に慣れ親しもう」(Unit 2)──動物園(ズートピアマップから)
- 「家族紹介」(Unit 5)──のびた君の家族

(イ) 質問事項と評価規準(例)
- 尋ねられた動物を正しく聞き取り、指し示すことができる。
- 尋ねられた動物の数、名前、特徴などを簡単な英語で答えることができる。
- 尋ねられた家族について、指や声、動作で反応できる。
- 与えられた家族絵カードを使って簡単な英語で家族紹介ができる。

(ウ) 評価項目と評価基準

評価項目(評価部分の割合)

- 挨拶(導入)、聞く力(全体の50%)、話す力(全体の20%)、意欲・態度(全体の30%)

評価基準(評価規準をどの程度満たしたか)

- ◎ Excellent (9割以上反応・応答)、○ Good (7割以上反応・応答)、△ More efforts (6割以下の反応・応答)

③ 授業改善のための評価活動を実施して

　評価規準を作成し、評価表をもとに行ったこの評価活動は、大きな成果があった。特に言語活動や言語材料がそれぞれの学年に合っているかどうかを明確に判断できるようになった。そして、NETとの一対一での5分間の対話の経験は、すべての児童にとって、まさに英語を身近に感じ、NETともっと楽しく話したい、もっとうまく話せるようになりたいという児童の英語学習への興味・関心の拡大と、それを受けての「教師の授業改善」への意識改革をもたらすことになった。

〔参考文献〕

Curtain, H. & Pesola, C. A. B. (1994) *Languages and Children: Making the Match*. N.Y.: Longman.

Gibbons, P. (1991) *Learning to Learn in a Second Language*. Portsmouth, N.H.: Heinemann.

樋口忠彦, 中山兼芳, マスミ・ホーマンディ他(2000)『ONE WORLD Kids』バードコース　東京: 教育出版.

─────(編著)(2003a)『児童が生き生き動く英語活動の進め方』東京: 教育出版.

─────(監修), 衣笠知子(著)(2003b)『英語ではじめよう国際交流 ③──英語で歌おう』東京: 学習研究社.

─────, 衣笠知子(2004)「小学校の英語教育はいま...③──充実感、成就感を味わえる授業」『英語教育』12月号. 大修館書店.

金森　強(2003)『小学校の英語教育』東京: 教育出版.

小竹恵美子(1993)『I made it!』International Kiddy Club. (非売品)

松川禮子(編)(2003)『小学校英語活動を創る』東京: 高陵社書店.

松沢伸二(2002)『英語教師のための新しい評価法』東京: 大修館書店.

Rivers, W. M. (1981) *Teaching Foreign-Language Skills*. 2nd ed. Chicago: The Univ. of Chicago Press.

『世界の子どもたちはいま』(全24巻)　東京: 学習研究社.

Slattery, M. & Willis, J. (2001) *English for Primary Teachers*. O.U.P.

杉浦理恵(2005)「小学校における英語の「話すこと」の評価に関する一考察」『言語表現研究』21号, 兵庫教育大学言語表現学会. pp. 23-37.

9章　よりよい授業を展開するために
——発展編

1節　単元学習の進め方と展開例

　単元とは、学習の一つのくくり、ユニットという意味で用いられる。例えば、生活科では「私たちの町」、音楽科では「作ろう歌おう、ぼくらの歌を」などを単元として設定している。英語活動においても、トピックをベースとした単元学習を、既習の内容を活用しながら発展的な内容にも取り組ませる意図で設定することができる。英語活動における単元学習は、教科書などを用いて内容をしっかり理解させる活動の次の発展とも言えるもので、身についた英語の力をフルに使って、総合的にそしてダイナミックに取り組ませる学習である。そして、児童が主体的に活動を創っていく学習の場でもある。

　例としては、「買い物ごっこ」「学校案内」「英語劇——『大きなカブ』をモチーフに」「スキットを作ろう」などの単元があげられるが、その学校の指導内容、時間、指導形態、児童の発達段階や特性などに合わせて、自由にアレンジすることができる。その可塑性の高さが単元学習のおもしろさであり、メリットであると言える。

1.　単元学習の計画

　話題場面を想定して発話させたい表現を精選することが、計画立案の重要な部分である。しかしながら、その前にまず場面をどう設定するかが、児童の興味・関心の持ち方を大きく左右することを念頭に置きたい。つまり、児童にとって親しみのある場所で、よく起きている状況を設定することで、児童はより興味を持って前向きに取り組むことができる。

　児童に発話させたい表現は、自然な状況のもとでよく耳にする使用頻度の高い表現を選ぶようにする。児童に状況を説明し、「こういうとき、みんなは何て言いたい？」と聞きながら、児童の言いたいことを整理して、それを指導内容に加えていくということも、児童の主体的な学習を促す上で有効である。

また、学習に必要な教具も、児童のアイディアを取り入れながら、児童とともに準備することが望ましい。他の学習とは異なり、単元学習の教具は小道具の意味合いが強く、その作製を児童の手に任せることで、活動がより主体的なものとなる。時には調べ学習に基づき小道具を作製する必要が出てくることもある。そうした奥行きのある学習の可能性は単元学習の大きな魅力であるが、これは時間の枠組みに応じて、何を児童が作製し何を教師が準備するか、そしてどこまで深めるかといった見通しを立て、計画を立案する必要がある。

　他教科とのリンクも単元学習の大切な要素である。例えば、児童が生活科で学習した内容は、英語の単元学習に活用できる事柄を多く含んでおり、生活科単元「働く人たち」は、英語活動の単元「お店やさんごっこ」に活かすことができる。他教科の学習内容を効果的に活用しながら英語活動の単元開発を行うことは、小学校の英語活動を推進していく上で、常に考えていかなくてはならない課題であると言えよう。

2. 単元「ハンバーガー・ショップで」の授業計画

　ここで、私がこれまでに扱ってきた単元の中から、児童に特に人気の高かった「ハンバーガー・ショップで」を取り上げて、その授業計画を紹介することにする。

　対象は3年生児童で、指導の時期は10月である。本校(玉川学園小学部)では3年生が10月に総合科の単元「海の学校」で魚市場見学を行っている。この見学を通して、大勢の児童が物の売り買いに興味を示すようになる。そこでこの時期に合わせて、ハンバーガー・ショップという場面を設定し、英語を使って品物を売り買いする本単元の学習を行っている。本単元には5時間を当てる。

① 本単元の指導目標
  - ハンバーガー・ショップに関する語句を学習したり、注文するときに必要な表現を学習する。
  - ハンバーガー・ショップの店員になったり客になったりして、英語でやり取りができるようにする。

② 本単元の授業計画
  - ハンバーガー・ショップを開店するために、メニュー、品物、お金などを作り、同時に必要な英単語を学習する。（1時間）

- ハンバーガー・ショップで売り買いに必要な英会話の表現を学習する。（2時間）
- 実際にお店を開き、店員やお客になり、学習した英会話表現を使い買い物をする。（2時間）

　上記の計画では5回の授業を当てているが、5回でなければならないというものではない。3回で行うことも可能である。その場合、小道具となる教具は教師が準備する。そして売り買いに必要な会話表現の学習に1時間、実際にお店を開いてのごっこ活動に2時間を配当する。本単元のやま場とも言える最も大切な学習場面は、ハンバーガー・ショップを開いてのごっこ活動であるから、これには最低2時間配当することが望ましい。メニューにある品物の値段を決め、売り買いに使うお札やコインを作ったところ、お金のやり取りには数の言い方が必須であることがわかり、数の言い方の学習に1時間を使い、全体計画を6時間としたこともある。配当時間を柔軟に調整することで、そのとき児童が必要としていることを丁寧に指導し、欲求不満や消化不良を起こさせない配慮が必要である。

3. 単元「ハンバーガー・ショップで」の活動の実際

① ハンバーガー・ショップを開くのに必要な物をそろえる。

　メニュー作りから始める。ハンバーガー、ドリンク、サイドオーダーの品目を決めていく。扱う品物が多すぎると煩雑になり、メインのアクティビティである英会話に集中できなくなる恐れがあるので注意したい。

　以下に扱う品物の例を示す。

　ハンバーガー (hamburger)、チーズバーガー (cheeseburger)、フィッシュバーガー (fish burger)、チキンナゲット (chicken nuggets)、フライドポテトL、M、Sサイズ (French fries, large, medium, small size)、アイスクリーム (ice cream)、アップルパイ (apple pie)、コーラL、M、Sサイズ (cola)、オレンジジュースL、M、Sサイズ (orange juice)、コーヒー (coffee)

以上の10品目であるが、時間的に余裕があれば品数を増やしたり、そのお店のスペシャルメニューを工夫してもよい。

　メニューはテンプレート（型版）を印刷して配付し、品物の絵だけを描かせるという方法を取るが、時間を短縮する場合は、教師が作製してもよい。ハンバーガーやジュースなどの作製はできるだけ簡素化する。ハンバーガーは

9章 よりよい授業を展開するために——発展編

新聞紙を丸め、紙で包む。その紙に英語で hamburger と書いて完成である。フライドポテトは封筒を大中小と用意し、ハンバーガー同様に新聞紙を丸めて紙で包み封筒に入れ、封筒の表面に英語で French fries M のように書く。ジュースは紙コップ大中小を用意し、紙コップの表面に英語で orange juice L のように書く。書くことに無理がある場合は、教師があらかじめシールに書いておき、それを貼るようにさせる。

　お金は画用紙を使って、アメリカのコインとお札を作る。おもちゃのお金を画用紙にコピーして、それを切り抜いて作る。市販のものもあるので、それを使ってもよい。アメリカではクオーターと呼ばれる25セント硬貨をよく使うので、これを多めに用意する。品物の値段であるが、端数のない50セント、75セント、1ドルといった値段に設定すると、計算が容易になる。

② 英会話の練習を行う。

　店員とお客の会話をシナリオのような構成にまとめたプリントを配付する。プリントでなく英会話カードのような形でもよい。基本的な会話の内容は以下の通りである。

　　　　Cl = Clerk（店員）　Cu = Customer（お客）
- Cl: May I help you?（いらっしゃいませ。）
- Cu: Yes. One hamburger, two medium French fries and three small orange juices, please.（ハンバーガー1個、フライドポテトのM 2つ、オレンジジュースのS 3つ、おねがいします。）
- Cl: Anything else?（何かほかには？）
- Cu: No, thank you.（いいえ。）
- Cl: OK. Just a moment, please.（わかりました。少々お待ちください。）
- Cl: Here you are.（はい、どうぞ。）
- Cu: Thank you. How much?（ありがとう。いくらですか？）
- Cl: Four dollars fifty cents.（4ドル50セントです。）
- Cu: Here you are.（はい、どうぞ。）
- Cl: Here's your change.（おつりです。）Thank you. Bye.（ありがとう。さようなら。）
- Cu: Bye.（さようなら。）

　ペアを作り役割を決め、買う品物をいろいろに換えて繰り返し練習させる。

③ ハンバーガー・ショップを開店して活動をする。

　店員とお客に分かれ、実際にごっこ活動を行う。お店には売り子と店長が

3年生児童の英会話練習の様子　　　ハンバーガー・ショップのメニューと品物

いる設定にしたり、お客も親子連れがいるような設定にすると、活動の幅が広がり英会話表現もそれだけ多様になる。

　教師はショップでの様子を見て回ったり、何を買ったかを報告させるなどして、それぞれの場面でできるだけ英語で児童とコミュニケーションを図るようにする。例えば、ショップでは "How much is a small size orange juice?"（オレンジジュースの S はいくらですか?）、お客には "What did you buy?"（何を買いましたか?）などの Q&A を行う。こうすることで児童の英会話の運用力をチェックすることができ、これを評価の参考にすることもできる。

　一通り活動したら、それまでに習っていないが必要になった表現について、児童から質問を受ける。例えば、「すみません。それは売り切れです。」（I'm sorry. It's sold out.）「少しまけてください。」（Small discount, OK?）などである。これを全体でシェアしながら言い方を学習させる。こうして活動をふくらませていく。

　活動の締めくくりとして、全体の活動の様子をビデオに収め、全員で鑑賞する。そしてお互いの頑張りを認めると同時に、反省をして次の学習へとつなげていく。

4. まとめ

　単元学習は一人ひとりの児童を生かすことができる絶好の機会である。物作りの得意な子、文字の読み書きに興味を示す子、おしゃべりな子、スキットをすることが大好きな子など、それぞれの興味・関心、得意な面を思う存分発揮させることができる。これが単元学習の最大の利点である。教材の準備や教室のセッティングなど、教師の負担は大きいが、児童が生き生きと活

動する様子は、何ものにも代えがたい。

　最後に、学年末に児童が書いた英語の学習についてのレポートの一部を紹介する。「ぼくは英語の勉強で、ハンバーガー屋さんが一番おもしろかったです。友だちとたくさん英語をしゃべったからです。大学生のお兄さんが来ていっしょにショッピングした時、英語を教えてもらったし、少し教えてあげました。前にグアムに行った時、お父さんもお母さんもぜんぜん英語を話せなくてたいへんだったけど、今度はぼくが助けてあげます。」

2節　調べ学習の進め方と展開例

1. 調べ学習のねらいと英語学習における位置づけ

　子どもを教えるときに教師が忘れてはならないのは、子どもが自分で気づき、自分で学びの世界を広げることができるようにする、ということである。学校で、私たちが教えられることは限られている。子どもたちに身につけてほしいことは、社会に出たときに、自分で生きていく力、自分で世界を広げ、自分で歩いていくことができる力であり、学校はいわば、その練習の場でもある。調べ学習は、子どもが自分で学びを肥やすためにあらゆる教科で取り入れられている。

　一方、英語学習が公立の小学校に取り入れられたそもそもの始めは、国際理解教育の一環としての英語活動を取り込んだときに教育課程はどう変わるかということへの挑戦であった。多くの学校が、活動そのものを楽しむことをねらいとし、活動を通して英語にまつわる文化や英語を話す人に慣れ親しんでほしい、いわば、「英語によるコミュニケーションの基礎感覚」と、「異質なものへの関心の芽」を子どもたちに、との願いを持って英語をスタートさせた。そして、それをより効果的にしたのが「調べ学習」である。ALTと英語活動を楽しんだ後には、「Robertさんの国ニュージーランドは人間より羊のほうが多いんだって。どんな国なのだろう。」「Lincolnさんが掘ってくれたカボチャは玄関に飾るんだって。ハロウィーンってどんなお祭りなのだろう。」という子どもの感情が起こる。これを利用したのである。

　このように、調べ活動は、英語活動だけでは限界のある、子どもが知らない外の世界への関心や知識を補完し、英語を使うことの先が、新しい出会いや知らなかった価値観につながっているということを体感させるのに重要な役割を担っている。英語学習なのだから、英語に習熟することはもちろん大

切なのだが、子どもの心が育つ学校という場では、この基礎感覚の醸成なくして何が早期英語ぞ、というところである。

　先のようなねらいを持って進められる調べ活動であるので、英語学習の中心には位置づかない。英語を聞いたり話したりする直接的な英語学習を補完し、子どもの興味・関心をより高めるといった役割を担うには、英語活動（ここでは、英語を聞いたり話したりする直接的な英語学習をさす）や交流活動と効果的に組み合わせる必要がある。英語活動の後には、先に述べたように、活動の中で興味を持ったことを広げたり、交流活動の前には、準備や交流相手に関する下調べ等に使うとよい。ただし、仮に英語活動を年間35時間行うとしたら、そのうちのせいぜい1/4程度、8時間から10時間にしたい。

2.　計画にあたっての留意点

　国際理解の一環としての英語活動だからということで、「世界の食事を調べよう」「世界の学校について調べよう」等といった調べ活動の実践を目にすることがある。しかし、このような、いわば英語とは全く関係のないところからスタートする調べ活動は、基本的に小学校英語学習の中に位置づくものではないことを認識する必要がある。

　では、どのように計画をすればよいのだろうか。

　英語を使いながら英語以外のことに気づく、興味の対象が生まれるといった、いわゆる「内容知」を英語活動に取り入れるとよい。

　高学年では、知的好奇心を満たすのは文字指導だと思われがちである。しかし、子どもの聞いたり表現したりする英語に、子どもの知らないこと、新しい価値観に出会う内容があれば、知的好奇心を充足させてやることができる。簡単な英語を使いながら、ある活動をするうちに新しい英語を自分のうちに取り入れ、いつの間にか気づきが生まれる。そして、「知りたい」から「調べよう」へ発展させ、調べたことをまた英語活動でシェアしていくといった英語活動を構想したいところである。実際、本校では、子どもへのアンケート「おもしろいこと」の回答に、「英語を使いながらいろんなことがわかること」「ゲームをしながら、知らないことがわかること」という記述が多く見られ、英語導入後10年を経ても、英語への興味・関心が高いパーセンテージで維持される大きな要因となっている。

　このときに大切なポイントは、ごく基本的な英語表現と発達段階に応じた豊かな内容である。つまり、スキルと内容のバランスに配慮することである。

日本語を使わないと説明できないような複雑な内容は避けなければならない。

3. 調べ学習の実際

先にも述べたが、調べ学習は、直接的に英語を聞いたり話したりする英語活動の時間から独立して存在することはない。ここでは、英語活動や交流活動と関連させた実践例を紹介する。これも先述したが、調べ活動に使う時間はせいぜい全英語活動の時間の 1/4 程度までにしたい。

【単元実践例―第6学年】
① 単元名　Where is ズック from?
② 目標
- 世界の地域や身近な国の言い方、その国の言葉を表す英語を知り、出身地を尋ねたり、伝える表現を使いながら、外来語のふるさとを伝えることができる。(Where is ... from? It's from ....)
- カタカナ言葉には外来語や日本で生まれた和製英語、英語に入っていった日本語等があることを知り、言葉の往来には壁がないことに気づく。

③ 単元計画　（全6時間）

時	ねらい	学習の流れと主な言語材料
1	世界の6地域を知る	世界地図を見てみよう。Japan is in Asia. Oceania is under Asia. South America is next to Oceania. ... area, country
2	いろいろな国の名前や特徴、言葉を知る	6つの地域にある国をみてみよう。Japan, China, France, Portugal, Germany, Italy, Netherlands, U.K., Canada, the U.S.A., Zambia, ... 国あてクイズをしよう。They eat pizza. They speak Italian. They have pandas.
3	外来語の由来や英語に入っている日本語を知る	カタカナ言葉のふるさとをみてみよう。Japanese, Chinese, Portuguese, German, Dutch, English, I think ... is from .... 英語になっている日本語もあるのか。
4	**外来語の由来の国を調べる**	身の回りにあるカタカナ言葉のふるさとを調べよう。和製英語というのもあるのか。
5	調べたことを発表し合う	外来語ふるさとクイズをしよう。Where is ゴム from? I think it's from Dutch.
6	振り返りをする	Where is カステラ from? I think it's from ....

④ 本時の学習について （6時間中の第3時）
  1) 本時のねらい
  ● 外来語のふるさとについて、"I think it's...." を使って考えを伝えることができる。由来を表す表現 "... is from ..." の習熟を図る。
  2) 学習過程

活　動	学習の流れ	留意点等
ウォームアップ	Let's start English lesson. How are you?	天気、曜日、日付等を確認する
導入	We have studied some languages so far. Let's think about *katakana* words today. カタカナか。外来語だ。	いくつかのカタカナ言葉を紹介する
	I'll show you some *katakana* words. But some of them are not 外来語. Which words do you think are from Japanese? I think マンガ is from Japanese. Yes. That's right. I think おてんば is from Japanese. No. Sorry.	●カタカナ語カード 日本生まれのカタカナ語を予想する ●I think it's... を導入 子どもが使うのを助けるようにする
●活動1: 日本語見つけ	日本語生まれのカタカナを紹介する。 I'll show you some *kanakana* words. マンガ is from Japanese. カラオケ is from Japanese. Others are from other countries.	●カタカナ語カード
	Today let's think of their home countries of these words. Let's check some languages. This is France. In France, they speak French. This is the Netherlands. In the Netherlands, they speak Dutch.....	外国語の言い方を紹介する ●絵カード(国と言葉)
●活動2: グループクイズ	グループでクイズをする。 I think it's from ....で言葉のふるさとを見つけるのだな。 英語グループの(英語からやって来た)外来語は何だろう。 I think オルゴール is from English. No. Sorry.	●問題カード、回答シート ●子どもたちがALTの英語を聞いて外来語のふるさとを見つけるゲームであることやそのルールをわかるようにする
シェア	えっ！ オルゴールは英語ではないのか。 I think オルゴール is from Dutch. Yes. It's	●発言を板書に位置づけ外来語のふるさとを

	from Dutch. Let's share the information you have. Where is オルゴール from? — It's from Dutch. Where is カバン from? — It's from Chinese.	確認する • 英語になっている日本語があることを知る nashi, tsunami, judo, teriyaki, shiitake
ふりかえりをする	オランダ語多いなぁ...ずいぶん多くの言葉が外来語として入って来たのだなぁ。日本語は外国語に入っていないのかな。 今度は自分たちでクイズを作ろう。 いろいろな外来語のふるさとを調べよう。	

⑤ 考察

　単元計画中に太字で示した第4時間目が調べ活動である。英語を使う直接的な英語活動の充実があってこそ、調べ活動も意味を持つのである。

　授業で本当のコミュニケーションが起こるためには、扱われる英語が児童の側に「聞きたい」「言いたい」内容であることが必須であると考え、本単元では国語科と関連させてこれまで他教科で断片的に出てきている外国を取り上げ、外来語のふるさとについて考えさせ、英語表現にのせて自分の考えを伝える活動を組んだ。子どもたちは、鎖国や文明開化など日本の歴史に思いを馳せたり、以前に自己紹介で扱った "I'm from ...." を想起し、さらなる習熟と拡張を図ることができた。さらに、これらの活動を通して、子どもが、言葉の往来には壁がないことに気づいたり、現実社会にはだかる壁について思いをめぐらすことをねらい、子どもの英語での学びが他教科や総合的な学習での学びと相まってより意味のあるものに発展するよう構想したものであり、調べ活動を入れることにより、より主体的に進めるように仕組んだ。時間外に設置した国際交流の際には、調べ活動で、自分たちで調べ、クイズにしたてた言葉(外来語や英語に入ってしまった日本語、実際には英語ではない和製英語)を "Do you have 梨 in English?" "Do you have パソコン in English?" と尋ねる場を設けた。全6時間のうちの1時間を調べ活動にあて、交流活動で調べたことが生かされる活動を取り入れた実践である。

4. よりよい調べ学習を実施するために

　発達段階に応じた内容をどこから持ってくるかであるが、先の実践例でわかるように、他教科の内容と関連させると、子どもの学びが豊かになる。ま

た、他教科の内容を利用するだけでなく、英語が他教科に影響していくことがあってもよい。本校では、英語の持つ特性からか、主に社会科や国語、総合的な学習と自然につながっていく内容が多くなっている。

「英語が他の教育活動から不自然に浮き上がらず、連動して教育課程を担っている」「英語で行ったことが他教科で生かされ他教科で行ったことが英語で生かされる」ことは大きな意味を持つ。実際、本校では、英語が入ったことにより、各学年の教育課程が変わってきている。その手法、授業構成、教育課程上果たす役割等自然な形で英語が位置づいている。そういう意味では、小学校への英語導入は、単に日本人の英語力向上の旗印だけでなく、教育課程が変わる、学校が変わることに寄与する力を持っていると言えるだろう。

3節　国際交流活動の進め方と展開例

1. 国際交流活動の進め方

① 国際理解教育と英語活動の接点の役割を担う国際交流活動

本校では、国際理解教育の単元の終わりに、国際交流活動を位置づけるケースが多くある。そこで下記の表のように、どのような英語を使うのかを見通した中で単元を構成している。

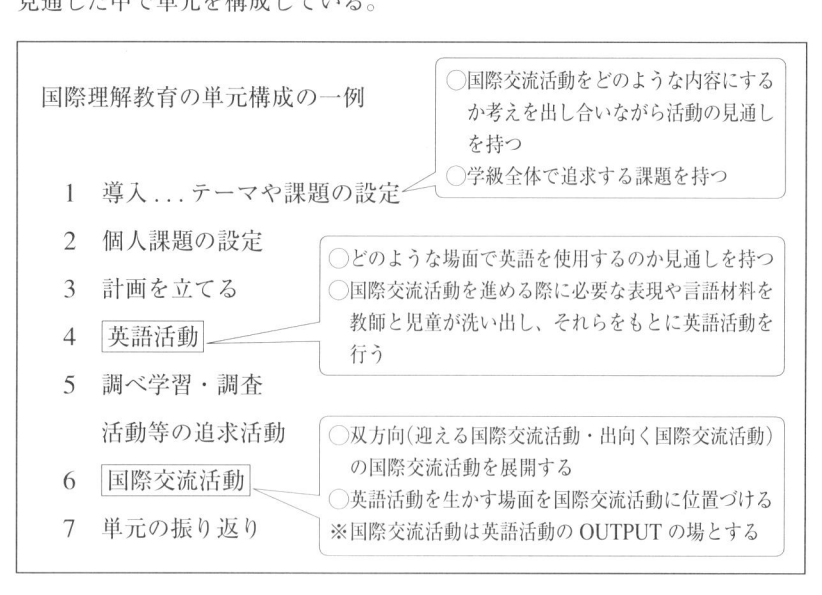

国際理解教育の単元構成の一例

1　導入...テーマや課題の設定
- ○国際交流活動をどのような内容にするか考えを出し合いながら活動の見通しを持つ
- ○学級全体で追求する課題を持つ

2　個人課題の設定
3　計画を立てる
4　英語活動
- ○どのような場面で英語を使用するのか見通しを持つ
- ○国際交流活動を進める際に必要な表現や言語材料を教師と児童が洗い出し、それらをもとに英語活動を行う

5　調べ学習・調査活動等の追求活動
6　国際交流活動
- ○双方向(迎える国際交流活動・出向く国際交流活動)の国際交流活動を展開する
- ○英語活動を生かす場面を国際交流活動に位置づける
- ※国際交流活動は英語活動のOUTPUTの場とする

7　単元の振り返り

〔表1〕 OUTPUT において重視する4要素

B-SLIM における OUTPUT の4要素	低学年	中学年	高学年
① Develops　（自発的に）	→→→→→→→→→→→→→→→→		
② Personal　（直接の）	→→→→→→→→→→→→→→→→		
③ Integrated　（統合して）		→→→→→→→→→→	
④ Creative　（創造的な）		→→→→→→→	

② ESL 教授法（B-SLIM）と関連づけた国際交流活動

　本校では、英語活動を進める際に、ESL 指導方法である B-SLIM（カナダ・アルバータ州立大学 Olenka Bilash 博士が提唱する指導理論）を導入し、指導方法を共有化し、全校体制で英語活動に取り組んでいる。

　また、本校では、国際交流活動を英語活動における「OUTPUT」の段階（場）として位置づけている。その際、O. Bilash 博士が提唱する「OUTPUT で重視する4要素」（表1参照）を学年の発達段階に合わせ、内容を吟味しながら国際交流活動を構成している。そうすることで、英語活動の指導過程の「INPUT」や「INTAKE」の段階で身につけた英語の表現や言語材料を国際交流活動の場で十分生かすことができるのである。

O. Bilash 博士を迎えて

③　環境を整えることで充実する国際交流活動

　単元構成に結びつく情報をリアルタイムに得ることで、国際交流活動の幅が広がり、同時に活動の質も向上する。本校では、JTE（日本人英語担当教師）が、十数年来、旭川市国際交流委員会・国際交流ボランティアとして活動に携わっていることから、旭川市の国際交流事業および JICA、姉妹都市委員会等、外部団体の事業内容の情報が早い機会に入手できる環境にある。また、各種事業の日程や内容が、早い段階でわかることにより、各学年担任は、年間を見通した総合的な学習の時間の BASIC PLAN（本校では、「ストリー

ム」と呼び、全学級担任が年度始めに作成し、交流をしている。)に国際交流活動を位置づけやすくなる。さらに、本校が会場になることも度々あることから、教師や児童にとっては、恵まれた環境の中で国際交流活動を展開することができるのである。

2. 国際交流活動の展開例
① 双方向を視野に入れたダイナミックな国際交流活動

本校では、平成14年以降、下記のような双方向の国際交流活動を単元に取り込み、英語活動とリンクさせながら実践してきた。（展開例参照）

出向く国際交流活動
- 国際交流フェア
- フレンドシップ・パーティー
- 留学生との交流会 等

迎える国際交流活動
- ゲストティーチャーとして招き、交流活動
- 人材バンクに登録してある外国人を招いた交流活動

5・6年フレンドシップ・パーティー参加

② 姉妹校交流―児童同士の理解を深める国際交流活動

2002年、旭川市と姉妹都市であるアメリカ合衆国・イリノイ州ブルーミントン・ノーマル市にあるメットカフ（METCALF）小学校との交流を開始した。開始当初は、手紙や作品・写真等の交流を中心に全校体制で進めた。2003年度からは、交流活動を教育課程(年間指導計画)に位置づけて展開している。英語VET（ボランティア・イングリッシュ・ティーチャー）を各学級に1～2名ずつ配置し、送られてきた作文や手紙の内容を紹介していただいている。ALTの協力を得ながら、「学校や学校周辺の紹介ビデオ」の作成や相手校にアンケート調査を依頼し、その結果をもとに単元を構成するなど、活動の質・内容共に年を重ねるごとに高まりを見せている。

③ 国際交流活動が展開できる機会の積極的な受け入れ

本校は、市内中心部にあり交通の便が非常によいことに加え、平成2年度

9章 よりよい授業を展開するために——発展編

具体的な展開例——英語活動と国際交流活動の関連を中心に
〔単元名〕 世界の国々に目をむけよう（30時間扱い）
～6年生『フレンドシップ・パーティーに参加しよう』より

【単元の計画を立てる段階で児童のニーズを集約する】
○昨年は姉妹都市について学習したので、今年はもっと色々な国のことについて調べたいな。英語を使って交流したいね。昨年6年生が参加したフレンドシップ・パーティーは、いつなのかな。

↓

【単元のねらいとグループ（個人）課題の設定】
○フレンドシップ・パーティーにみんなで参加することにしよう。学級全体のねらいは、① 英語で交流する（内容は、自己紹介・相手の国のことについて聞く・日本の印象を聞く等）② ゲストティーチャーとして学校に来てもらうように交渉する。ねらいを達成するためにしなければならないことは。

↓   ↓

【英語の表現や言語材料を洗い出し、カテゴリーチームを作り調べ学習をする】
○自己紹介の仕方を復習しよう。旭川市の印象を聞く表現は何かな。自分たちがやっている総合的な学習の内容も伝えたい。どこの国から来たのかも聞いてみたい。学校にゲストティーチャーとして来てもらうように頼みたい。

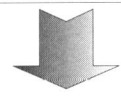

【課題の追求: フレンドシップ・パーティーに関すること以外の課題の追求】
課題別ワークチームでの追求
① 計画
② 調査活動・調べ学習・現地訪問等
③ 課題のまとめ
④ 発表会・交流会等

↓

【英語活動】
○児童のニーズに基づいて英語活動を行う
Hello. I'm a 6th grader of Nissyo Elementary . . .
What country are you from?
We are now studying about . . . .
Would you come to our school to talk about . . . . 等

↓

【フレンドシップ・パーティー参加】＝国際交流活動（第1次）
○ねらいや自己課題に基づき参加した外国の方々と交流をする。

↓

【学習の発展】
○スウェーデンとアメリカの人がゲストティーチャーで来てくれることになったよ。
○どういう交流会にしようか。こんなことを聞きたいね。今まで調べたことを伝えてあげたいね。

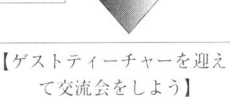

→

【ゲストティーチャーを迎えて交流会をしよう】
＝国際交流活動（第2次）

↓

【単元を通しての反省・新たな課題】

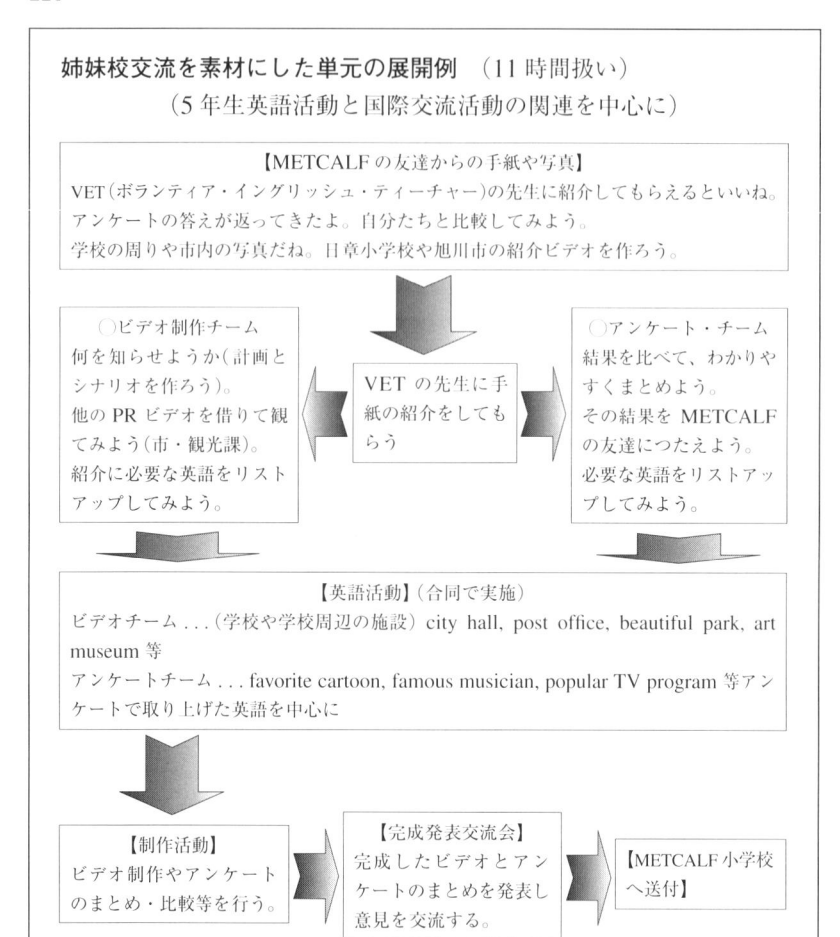

```
┌─────────────────────────────────────────────────────────────┐
│ 姉妹校交流を素材にした単元の展開例 （11時間扱い）            │
│   （5年生英語活動と国際交流活動の関連を中心に）             │
│                                                             │
│   ┌───────────────────────────────────────────────┐        │
│   │      【METCALFの友達からの手紙や写真】        │        │
│   │ VET（ボランティア・イングリッシュ・ティーチャー）│      │
│   │ の先生に紹介してもらえるといいね。            │        │
│   │ アンケートの答えが返ってきたよ。自分たちと比較│        │
│   │ してみよう。                                  │        │
│   │ 学校の周りや市内の写真だね。日章小学校や旭川市│        │
│   │ の紹介ビデオを作ろう。                        │        │
│   └───────────────────────────────────────────────┘        │
│                          ↓                                  │
│  ┌──────────────┐   ┌──────────┐   ┌──────────────┐       │
│  │○ビデオ制作チーム│ ← │VETの先生 │ → │○アンケート・ │       │
│  │何を知らせようか │  │に手紙の紹│   │チーム        │       │
│  │(計画とシナリオを│  │介をしても│   │結果を比べて、│       │
│  │作ろう)。        │  │らう      │   │わかりやすく  │       │
│  │他のPRビデオを借り│  └──────────┘   │まとめよう。  │       │
│  │て観てみよう(市・ │                 │その結果を    │       │
│  │観光課)。        │                 │METCALFの友達 │       │
│  │紹介に必要な英語を│                 │につたえよう。│       │
│  │リストアップして │                 │必要な英語をリ│       │
│  │みよう。         │                 │ストアップして│       │
│  │                 │                 │みよう。      │       │
│  └──────────────┘                    └──────────────┘       │
│                          ↓                                  │
│  ┌─────────────────────────────────────────────────┐       │
│  │           【英語活動】（合同で実施）            │       │
│  │ ビデオチーム…（学校や学校周辺の施設）city hall,│       │
│  │ post office, beautiful park, art museum 等      │       │
│  │ アンケートチーム…favorite cartoon, famous      │       │
│  │ musician, popular TV program 等アンケートで取り │       │
│  │ 上げた英語を中心に                              │       │
│  └─────────────────────────────────────────────────┘       │
│                          ↓                                  │
│  ┌────────────┐  ┌────────────┐  ┌────────────┐           │
│  │【制作活動】│→ │【完成発表  │→ │【METCALF   │           │
│  │ビデオ制作や│  │交流会】    │  │小学校へ送付│           │
│  │アンケートの│  │完成したビデ│  │】          │           │
│  │まとめ・比較│  │オとアンケー│  │            │           │
│  │等を行う。  │  │トのまとめを│  │            │           │
│  │            │  │発表し意見を│  │            │           │
│  │            │  │交流する。  │  │            │           │
│  └────────────┘  └────────────┘  └────────────┘           │
└─────────────────────────────────────────────────────────────┘
```

から国際理解教育・英語活動を行ってきたという経緯もあり、外国人の方々の訪問が数多くある。本校では、それを積極的に受け入れ、国際交流活動の絶好の機会としてとらえている。平成14年以降、フルブライト・メモリアル財団米国教育者学校訪問団、エジプト教育関係者、姉妹都市中学生交流訪問団、JICA研修員(マレーシア他)等を受け入れてきた。

　本校では、ゲストティーチャーをピンポイントで迎えるイベント的な「全校集会」は実施していない。あくまでも国際交流活動は、国際理解教育の単

9章 よりよい授業を展開するために──発展編　221

```
フルブライト・メモリアル財団米国教育者学校訪問団との国際交流活動
を素材にした単元の展開例　(5時間扱い)
　　　　(3年生英語活動と国際交流活動の関連を中心に)

【外国からのお客様が来校することになったよ。交流活動の動機づけ】
私たちの英語活動を見てほしいな。いっしょに英語のゲームをしたいな。
アメリカの学校のことも聞きたいな。給食をいっしょに食べたいな。
                            ↓
【英語活動】
交流のために必要な表現を復習しよう。英語ゲーム(Activity)で使う英語を決めよう。
① ペア・アクティビティ:「Do you like ～?」をたくさん使おう(fruit, sport, flower,
food, color 等)
②「Touch the base」(animalバージョン)をしよう。
○英語活動で取り上げた表現や言語材料:挨拶や自己紹介の表現、交流をするためのアク
ティビティで使う fruit, sport, flower 等の言語材料(多くは1・2年で学習済み)。
         ↓                              ↓
【国際交流活動(I)              【国際交流活動(II)
   ...英語活動の一環として】        ...国際理解教育の一環として】
○OUTPUTの場としての交流活動。    ○給食をとりながら交流する。
○アクティビティやペアワークを通し  ○アメリカの学校の様子を質問し交流する。
 ての交流活動。                   ※VETを2名配置する。
                                 ○簡単な日本の歌や折り紙を教える。
```

元構成の一環であり、活動の延長線上にあるというスタンスで臨んでいる。

このように、本校では、英語活動を国際交流活動で生かすという考え方に基づき、充実したOUTPUTの場を構成し、児童がコミュニケーションを図る喜びを味わい、さらに英語活動に対する意欲が高まるように配慮している。

フルブライト・メモリアル財団学校訪問団

10章　指導者と指導者の研修・養成

　「教育は教師次第」という言い古された言葉がある。21世紀を迎え、世界は激変した。教材や指導法も変化し、教師の役割も変わってきている。しかし、それでも「教育は教師次第」という言葉は今でも生きている。小学校における英語教育の成否も教師の資質や能力に負うところが大きい。本章では、小学校の英語を担当する望ましい教師の資質・能力とは何なのか。また、専科教員、担任、ALT、中学校英語教員の役割は何なのか。さらに指導者研修および指導者養成プログラムについて、これまでの議論を振り返りながら論じていく。

1節　望ましい指導者の資質・能力を考える

　樋口ほか（2005）は、全国の指導者を対象にした「どのような研修が必要か」というアンケート結果なども参考にして、担任、英語専科教員、ALT（外国語指導助手）、英語非常勤講師など、それぞれの立場によって程度の差はあっても、次のような資質や能力が必要であると述べている。

① 小学校における英語教育の意義、目的の理解。
② 英語で授業を進めたり、児童にモデルを示したり、ALTとのTT（ティームティーチング）の打ち合わせができる英語能力。
③ 指導目標に沿って年間指導計画を作成する能力。
④ 学習指導案を作成し、授業を円滑に進めたり、児童の達成度を評価する能力。
⑤ ゲームや歌、チャント、絵本の読み聞かせなど、児童の興味・関心、発達段階を考慮した教材開発・収集能力、児童に合うように改良する能力。
⑥ 国際理解教育の本質を理解し、気づきから共感、そして行動に導くような異文化素材の掘り起こしと教材化、指導ができる能力。
⑦ 発達段階にふさわしい英語教育を展開するために、児童に適した英語教授法に加え、第二言語習得、言語発達、言語心理学など関連諸分野

の理論、学習心理学、発達心理学などの知識。

本節では、特に①、②、⑥、⑦を取り上げ、指導者の資質・能力を考えてみたい。

1. 小学校における英語教育の意義や目的を理解する

小学校の英語活動に関わっている外部講師や、外国人講師の方々から、「小学校の英語はいったい何のためにやっているのかわからない。あれでは英語の力がつかない...」という疑問を時々耳にすることがある。それは、多くの場合、英語活動の目的を十分理解していないためである。小学校の英語教育の位置づけや目的については本書2章において詳しく論じている。賛否はともかく、研究開発校や英語特区の認定を受けた地域以外で英語教育を実施するとなると、現時点では、「総合的な学習の時間」を使って、「国際理解教育の一環として」行う以外に方法はない。指導者は、そのことを、まずはしっかり理解しておくことが必要である。そうでないと、目標とは違う授業が展開されることになる。

さて、総合的な学習の時間とは別に、一部の学校では研究開発学校の指定を受けて教科としての英語の研究・実践を始めている。また、英語特区の認定を受けて、教科としての英語を導入したところもある。これらの「教科としての英語」の場合、「総合的な学習の時間の英語」とは違う目標が設定されるのは当然のことである。総合的な学習で行われる英語活動と、教科として実施される英語は、どこが同じで、どこが違うのかについても第2章で論じられているが、いずれにしても、指導者は、まずはじめに自分が関わっている学校の英語教育の目標をしっかり理解しておくべきである。

2. 英語の運用能力がある

指導者にとっては英語で授業を進めたり児童にモデルを示したり、ALTとのTTの打ち合わせができる英語力は当然必要になってくる。樋口ほか(2005)のアンケート結果によると、授業は担任が関わったTTが望ましいという回答が大多数(83%)を占めている。

樋口らは、大多数の担任は、英語力に自信がない、英語科教育法など英語教育関係の教育を受けていない、英語授業の経験が乏しい、といったことが理由で、このような結果になったのであろうと述べている。担任の単独授業を望む割合が7.9%と低いことから、担任が一人で授業を担当することは、現

時点では厳しいことがわかる。そうなると、英語の運用能力についても、専科教員と担任は分けて考えたほうがよさそうである。

　まず、英語専科教員に必要な英語力について具体的に検討する。平成14年に文部科学省が発表した「『英語が使える日本人』育成のための行動計画」では、英語教員が備えるべき英語能力の目安は英検準1級とされている。さまざまなテストがある中で、英語検定試験が適当であるかどうかという議論はあるものの、英検準1級という英語のレベル自体に関しては、異議を唱える者はほとんどいない。このことは大方の英語教員にとって、英語検定準1級レベルは、英語教員が備えておくべき英語力の目安として受け入れられていることを意味しているのではなかろうか。

　筆者は、大学において学生の模擬授業や教育実習などを指導している。その経験からすると、やはり英検準1級レベルの英語力はどうしても必要であると感じている。小学校で教える場合は、その小学校の英語活動の目標にもよるが、英語運用能力は低くても構わないということはない。一方、担任の英語力については、単独で授業をする場合を除き、あまり高いレベルは要求しなくてもよいのではないだろうか。クラスルーム・イングリッシュや簡単なコミュニケーションをALTなどととれる程度の英語力があれば十分である。

3. 国際理解教育の一環としての英語教育を理解する

　樋口らも述べているように、国際理解教育の本質を理解しておくことは、指導者の資質・能力としては欠かせない項目である。わが国の国際理解教育の原点となっているのはユネスコの1974年の勧告である。1987年に出された臨時教育審議会の最終答申において、「日本のことを知り、異なるものの価値をも認め、地球的視点で国際社会に貢献できる人材の養成」という文言が登場し、各教科、領域、学校行事などを通して、国際理解教育を進めることが求められるようになった。しかし、学校現場において、「国際理解教育」をどのように位置づけ、どのように発展させていけばよいのかということについては、理論面、実践面の両面において、まだまだ模索の段階にある。

　では、国際理解教育の一環としての英語教育はどのように考えればよいかということになる。いろいろな考え方があるが、和田（1996）は「国際理解を英語学習の学習指導の場で行うとすれば、英語学習のレベルに合った文化事象を対象とすべきであり、そのためには、日常学習の対象としている教科

書教材に見出される事柄を取り出し、英語という言語に結びつけて具体的な言語活動として行うようにするのが望ましい」と述べている。テキストがほとんど使用されていない小学校の英語で考えると、教師が直接提供する題材に国際理解の内容を含ませるということになるだろう。

また、教師としては、単に知識を与えることにとどまらず、世界的な視野でものをみる態度面の変容を促す教材や指導法の開発ができる能力が必要である。

4. 基礎的な理論と指導法について理解する

大城・金森（2000）が1999年に沖縄県の小学校の教員を対象に「必要な研修は何か」というアンケート調査をしたところ、その第1位は「歌・ゲーム等の紹介」（19％）で、次に「一般的な英会話」（18％）が続き、「英語教授法」は最下位でわずか5％であった。ところが、英語特区に認定された沖縄県宜野湾市で、大城・與儀・上江洲（2004）が同じような内容のアンケート調査を2004年に行ったところ、第1位は「歌・ゲーム等の紹介」（21％）で変わらなかったものの、第2位は「英語教授法」（20％）であった。前述の樋口のアンケートでも「背景的、理論的な内容」を研修として望む教員の割合は21％で、だいたい同じ結果になっている。

ところで、2004年の調査で、1999年と比べ教授法に関する研修を望む教員の割合が増えたのはなぜだろうか。筆者は、授業時数が増えたことが大きな理由ではないかと考えている。1999年当時は、英語活動といっても単発的な活動で、とにかく「明日使える何か」を教員は求めていたのではないだろうか。ところが2004年になり、授業時数が増えてくると、教員が自ら活動を考えたり教材を作成したりする必要が生ずる。そうなると、カリキュラムや授業を計画する際に必要な理論（教授法や背景知識）が必要になる。そこで理論を必要と考える教員の数が増えたのではなかろうか。

前述の樋口らは、「発達段階にふさわしい英語教育を展開するために、児童に適した英語教授法に加え、第二言語習得、言語発達、言語心理学など関連諸分野の理論、学習心理学、発達心理学などの知識」ということをあげている。この内容を検討してみると、どの程度深く学ぶかはともかく、結局、大学の小学校教員養成課程で学ぶ科目と中・高の英語教員養成課程で学ぶ科目を合わせた内容であることがわかる。つまり、小学校で英語を教える指導者にとって必要な基本的な知識とは、小学校教員としての知識と中・高の英語

教員に求められる知識の二つということになる。

2節　専科教員、担任、ALT、中学校英語教員の役割を考える

これまでの研究開発学校での授業実践をみると、ほとんどが英語専科教員、担任、ALT 間の TT という形態でなされている。そこで TT を前提としてそれぞれの役割を考えてみたい。

1. 専科教員の役割

専科教員の第一の役割は、当然のことではあるが、それぞれの学校の英語教育の位置づけと目的を十分に理解し、小学校段階にふさわしい英語教育を担任や ALT と協力して計画・実践していくことである。

第二の役割は、学校全体の英語教育がスムーズにいくように、人やモノや時間などを調整していくプログラム・コーディネーターとしての役割である。教育委員会などから派遣されてくる ALT などに対して、学校のシステムや英語教育の目的などについて十分説明し、指導できなければならない。特に指導経験のない ALT や、外国語教育について専門に学んだことがない ALT に対しては、十分に指導することが必要である。仮に語学の専門的知識を持った ALT であっても、彼らの国における外国語教育とは事情が大きく違っていることもあるので、専門知識を持っているからといって、任せっきりにせず、勤務校の方針や ALT の役割などを十分理解させることが重要である。

第三の役割としては、担任と協力してカリキュラムを作成していくことである。将来、英語が教科として導入され、学習指導要領でガイドラインが示されることになれば、カリキュラム作成の役割は不要になってくるかもしれない。しかし、「総合的な学習の時間」の内容が各学校に任されている以上、英語専科教員が担任の協力を得ながらカリキュラムを作成していくことが必要であろう。また、特区などの認定を受け、教育委員会などからカリキュラムなどが示されている場合は、実態との乖離や不都合なところはないか、絶えず点検し、提言・改良していく役割が期待される。

2. 担任の役割

Driscoll（1999）は、「担任以外の教師にとって、児童との信頼関係を築く

のは普段彼らと接していないだけに難しい。児童にとっても、週1時間または2時間だけの教師になかなか心を開かない。」と指摘している。このことからすると、児童のことを最もよく知っている担任が指導するのが望ましいと言える。しかし、やむを得ず担任以外の教員（専科教員やALT）が中心となって授業を進める場合は、授業を行う教師にとっても、また児童にとっても、担任のサポートは不可欠である。

　授業を行う教員へのサポートとしては、クラスの状況をうまく伝えることである。例えばクラスの中に、誕生日を迎える児童がいる場合や風邪ぎみの児童がいる場合、授業の前にそのことを授業担当教員に伝えておくとよい。授業を行う教員はそれらの情報を基に、授業の中で、誕生日を迎えた児童に"Happy birthday."と声をかけることができるし、風邪ぎみの子には"Are you feeling good now?"と声をかけることもできる。このような会話を通して、授業は人間味あふれるものとなり、児童も授業担当者を身近に感じるようになるだろう。また、児童にとっては、担任が教室にいるだけで心理的な安心感が得られる。担任が一緒に学んでいる姿勢を見せれば、児童のやる気もますます高まっていくことになるだろう。

3. ALTの役割

　ALTには、第一に生の英語を提供するインフォーマントとしての役割を期待したい。ただし、児童のレベルを見極めながら、自由自在に発話レベルをコントロールできるインフォーマントであってほしい。児童が英語を理解していないからといって、同じ単語をむやみに繰り返すだけではわかるようにならない。また、不自然にゆっくり発話してもかえってわからなくなることがある。適切なジェスチャーや絵などを使いながら、または、パラフレーズ（言い換え）などを行いながら、児童が理解できる英語を提供することが大切である。

　第二は児童の発話をうまく引き出すことができるfacilitatorとしての役割である。児童の興味や関心を理解した上で、児童が話したくなるような発問をしたり、児童が必要とする単語などをヒントとして与えながら、児童の発話をうまく引き出す役割を期待したい。

　最後に、国際理解の視点から、言語や文化に関する情報を提供する役割である。例えば、小学校でよく見られる活動に、色についての学習がある。色の学習を一通り終えたら、日本では太陽を赤く塗るのが普通だが、アメリカ

では黄色に塗ることが多いことなどを話し、絵本を使ってその絵を見せてほしい。そのことによって同じ太陽を見ても、赤と認識する文化と黄色と認識する文化があるということに気づくであろう。同じものを見ても、違う認識の仕方があることに気づくことが、異文化理解や国際理解につながっていくのである。

4. 中学校英語教員の役割

　小・中の連携が模索されているなか、中学校の英語教員による小学校での指導が地域によっては実践されている。また、実際に指導しないまでも、小・中連携の視点から小学校の英語の授業を参観したり、小学校の先生方と話し合う機会も、以前に比べてだいぶ増えてきている。そのような状況の中で中学校教員の役割を考えてみたい。

　第一の役割は、中学校で行われている優れた指導方法や指導技術を小学校の英語教育でも生かしていくことである。長瀬（2001）は「小学校の英語学習を論じるとき、中学校の優れた英語指導に目を向けず、指導目的の違いをもって排除しようとする態度は、せっかく導入されるであろう小学校の英語教育を破綻させるものでしかない。話せる英語をめざす小学校の英語学習に求められているのは、中・高等学校英語教育の長所と短所にしっかり目を向けて、優れた点を積極的に取り入れようとする指導者の態度である」と述べている。「小学校の英語は中・高等学校の英語とは違う」という主張がよくなされる。確かに違う面もある。しかし、例えば小学生に英語を指導するために知っておくべき指導法として本書4章にも紹介されている指導法は、中学校の先生にとってはすでに実践済みである。それらの経験を生かして、指導方法や指導技術を小学生向けに改良するなどして、小学校でも生かしたい。

　第二の役割は、小学校の英語教育の実情を踏まえて中学校の英語教育を改良・発展させていくことである。仮に小学校3年生から6年生まで週1時間の英語の授業を受けるとするなら、小学校卒業時には105時間の英語学習を経験したことになる。これは中学校の1年分の授業時数である。中学校の英語教育がそのままでよいはずがない。教科になればなおさらである。中学校英語教員には小学校の英語教育を踏まえて中学校の英語教育を改良・発展させていく役割がある。

3節　指導者研修プログラムを考える

　「総合的な学習の時間」における「国際理解教育の一環としての英語会話」を指導する場合、教員にとってどのような研修が必要だろうか。韓国では、英語が教科としての導入であったことから、実施前に大規模な現職教員研修が実施された。一方、日本では「総合的な学習の時間」が各学校に任されていることから、文部科学省による小規模な現職教員研修(詳しくは後述)は実施されたものの、すべての教員を対象にした研修は実施されていない。しかし、英語活動の広がりとともに、最近では、地方の教育委員会が主催する研修が行われるようになってきている。また、学会や民間の教育機関が主催する研修会も活発になってきている。本節では、教員研修の現状に言及しながら、今後、どのような研修プログラムが必要かについて考えてみたい。

1. 国が実施する研修

　文部科学省は、独立行政法人教員研修センターとの共催で、2001年度(平成13年度)から、「小学校英語活動研修講座」を実施している。研修内容・講師陣・研修期間(約5日間で年間3回〜4回)は毎年ほぼ同じである。参加人数は、2001年度(464人)、2002年度(436人)、2003年度(549人)、2004年度(450人)となっている(2004年度については予定人数)。

　2004年度(平成16年度)の実施要項をみると、趣旨、受講資格、および内容は、以下の通りである。

- 趣旨: 小学校の「総合的な学習の時間」において、各学校が国際理解に関する学習の一環としての英語活動を行う場合に、小学校段階にふさわしい学習活動ができるよう支援するため、指導的な立場を担う<u>小学校教員及び教育委員会の指導主事等</u>に対して、基本的な知識や指導方法を習得させる。(下線筆者)
- 受講資格: 各都道府県内において<u>指導的立場にある小学校(盲学校、聾学校及び養護学校の小学部を含む)の教員又は教育委員会、教育センターなどの指導主事等</u>で、都道府県教育委員会等所属機関の長が推薦するものとする。(下線筆者)
- 研修内容: 英語活動の基本的な知識(英語活動の理論や内容、方法など)、英語活動の実際的な知識(年間活動計画や教材教具の作成)、英語活動の実

践（模擬授業及び意見交換）。
　この研修の特徴は、一般教員を対象としたものではなく、指導的立場の教員や指導主事を対象としていることである。韓国が、一般教員を対象に大規模に実施したのとは対照的である。
　2001年12月に行われた研修に実際に参加した菅（2002）は、以下のような感想を述べている。

> 　内容や運営は期待に沿うものであったが、幾分小学校の先生方には失望した。多くの先生方はすでに学校の中心となって英語授業を行っている。しかも皆自信家である。自分の実践が絶対であると思い、他の方の実践や方法論にはほとんど耳を傾けない。まるで群雄割拠の戦国時代のようである。しかも興味はゲームや活動に向き、シラバスや目的などには見向きもしない。その気持ちも分からない訳ではない。明日にでも使えるネタが欲しいのである。だが、そこからは年間を通した体系的な授業や数年にも及ぶ効果的な英語活動などは生まれない。このままでは小学校の英語活動は失敗に終わるのではないかと私は研修を終えて感じた。それは国がスタンダードを示さず、学校や市町村に任せていることに起因する。

　総合学習の内容は各学校に任せているので、菅が述べているように、結果的にさまざまな実践が展開され、まさに群雄割拠の状態になるのはやむを得ない。それをよしとするかどうかは、現状の「総合学習」の枠組みの中で英語活動を実施するのか、教科として実施するのか、あるいは「道徳」などのように領域として実施するのかということと併せて、意見が分かれるところであろう。今後、国がスタンダードを示すことになるのか興味深いところである。そうなると、研修の内容や様子も変わってくるであろう。

2. 地方自治体が実施する研修

　英語活動の広がりとともに、地方自治体の教育委員会や教育センターが主催する研修も増えてきている。文部科学省や各自治体が公開しているホームページなどを基に、その実態について考察してみたい。
　実施期間は、夏期休暇中の1日～3日程度が最も多い。中には、奈良県のように5月、6月の土曜日に5日間ほど、とびとびに実施しているところも

ある。

　内容は、大きく3つに分けることができ、小学校の英語活動の在り方や指導法理論などを含む講義と、教員の英語力アップをねらった演習、さらに実際の授業で使う歌やゲームを使ったワークショップから構成されている。これは樋口ら(2005)が、教員へのアンケートをもとに、教員自身が必要としている研修(① 授業に直接関わる内容 ② 背景的、理論的な内容 ③ 英語の研修)と一致している。

　募集人員については地域によって大きな開きがある。例えば平成15年度の例をみると、県レベルでは、秋田県(20名)、奈良県(25名)、埼玉県(120名)、長崎県(380名)となっている。また、市町村レベルでは堺市(98名)、相模原市(130名)、京都市(160名)、名古屋市(200名)などとなっている。研修対象者の数にこれほどの開きがあるということは、地域の教員数の違いというよりも、地域の英語教育事情の違いを反映しているものであろう。また、この違いは、現在の小学校の英語教育が「総合的な学習」の枠組みで行われていることに起因するものであろう。

　全国的な注目を集めている研修としては京都市の取り組みがある。京都市は全国に先駆けて有志の先生方を中心に小学校英語研究会が発足したところである。市の教育センターと小学校英語研究会が共催して研修などに取り組んでいる。(松川(2004)参照)

　その他、ユニークな取り組みとしては、鳥取県が小学校教員5人をオーストラリアに派遣し、1カ月にわたり大学での研修(英語演習、指導法、学校訪問)などに参加させている。また、沖縄県教育センターでは小学校教員12人を前期・後期に分け、長期(6カ月)にわたって研修させている。講師は大学教員や外国人講師、指導主事などが担当している。特徴的なことは、理論面を含め講義は基本的にすべて英語でなされており、教員の英語力アップが重要な目的の一つとされていることである。また、研修員の12人は各教育事務所から推薦された者であり、研修後は地域に戻ってリーダー的な役割を果たすことが期待されている。

3. 大学や学会、民間が主催する研修会

　大学が主催する研修も開催されるようになっている。例えば鳴門教育大学は1998年から毎年夏期休暇を利用して公開講座を実施している。期間は3日間程度で、松川(2004)によると、平成13年度の内容は、「小学校英語学習

の2つの教科性：日本と韓国の実践から」「NHK 教育テレビ『えいごリアン』を活用した総合的な学習」「小学校英語教育：教科としての小学校英語教育」などである。講師は、主催大学の教員と現場の教員が担当している。

また、同じく松川（2004）によると、岐阜大学では2000年度（平成12年度）から「小学校英語活動のための教員研修シリーズ」と銘打って小学校教員向けの1日程度のセミナーを毎年開催してきている。内容を見ると「小学校英語活動の実際と課題」「小学校英語活動の指導技術と教材」「『総合的な学習の時間』における英語活動展開のヒント」「『えいごリアン』を利用した英語活動の実際」「小学校英語活動のカリキュラム構成の実際」「岐阜県の小学校英語活動の現状と課題」などである。講師はほとんどが現場の教師である。

学会が主催する研修会も開催されている。児童英語教育を専門とする全国的な学会は1980年に設立された日本児童英語教育学会（JASTEC）と、2000年に設立された小学校英語教育学会（JES）がある。いずれも全国規模の研究大会や支部レベルの研究大会、さらに指導者向けのセミナーなどを開催している。

民間の主催する研修会も活発である。出版社などの企画する研修や指導者養成講座などは年間を通じて開催されている。また、専門学校などでも数日間のセミナーから1年および2年にわたる児童英語教員養成コースなどが設けられている。

これらの研修内容をタイトルから見てみると、小学校の英語教育の位置づけや教授法理論を含む講義と、歌やチャントなど、教室での実践的技術を身につけるワークショップから成っているものが多い。しかし、実際の講義やワークショップの内容や質は、それぞれの大学や主催団体によって、かなりバラエティーに富んだものになっているのではなかろうか。菅（2002）は、「中・高の英語教育を長年担当してきた方が、ここ数カ月で、急に小学校英語の専門家として語る。これは危険である。それより、長年研究に携わってきた方々のお話を伺った方がはるかに学ぶことが多い。つまり先生方には本物を見極める目を是非とも持って頂きたい」と述べている。これまでの日本の英語教育を振り返ると、「理論（大学）から実践（小・中・高校）へ」という流れが主で、現場での実践が従とされてきたように思われる。今後は、「実践から理論へ」という流れを大切にしながら、研修プログラムの充実を図るべきである。

なお、ティームティーチングを支えるもう一方の外国人講師の研修につい

ては、ほとんど実施されていない。ネイティブ・スピーカーだからといって研修をしなくても教えられるということはない。今後もティームティーチングを視野に入れた授業を展開する方針であるならば、国レベル、地方レベル、大学・学会・民間レベルにおいても、外国人講師向けの研修がもっと準備されるべきである。

4節　指導者養成プログラムを考える

　2002年度から「総合的な学習の時間」を使って「国際理解教育の一環としての外国語会話」という枠組みの中で、小学校において英語を教えることが可能になった。しかし、「教科」としての導入ではないため、新たな教員免許が必要になったというわけでもなく、また、大学の教員養成課程に大きな変化が起こったというわけでもない。小学校の英語活動の導入に関連して、現段階では、大学の教員養成課程は制度上何も変わってはいない。本節では、大学における指導者養成の現状と課題について検討する。

1.　大学における教員養成の問題点

　冨田(2003)は、大学での教員養成における問題点として、① 対象の不明確さ(小学校教育における「英語教員」とは何を指すのか) ② 内容の不明確さ(英語教員は何を学ぶべきなのか) ③ 方法の多様性(英語教員はどこで養成されるべきなのか)の3点をあげている。また冨田は、今後の課題として、① 教育的枠組みの明確化(「国際理解教育の一環としての外国語会話」or「教科としての英語」) ② 養成の対象の明確化(「担任」「専科」「日本人外国語教師」「非常勤講師」)、③ 養成における指導内容の明確化(国際理解教育、外国語(英語)教育、児童理解、児童への外国語教育指導法)の3点を指摘している。
　ここで指摘されている問題点や課題は、「英語活動」が教科でないために、目的や内容が不明確であることに起因しているものが大半である。教育的枠組み、養成の対象、さらに指導内容が明確になれば、それに合わせて大学での教員養成カリキュラムを考えることが可能になるであろう。現状では、現在の小学校学習指導要領を踏まえて、これまでの講義科目に若干指導内容を追加する形で、現在の教員養成カリキュラムがしばらく続いていくことになろう。まさに、小学校に英語を教科として導入した韓国が、大学での教員養

成カリキュラムを大きく変えたのと対照的である。歯痒い思いもするが、しばらくは現状を踏まえて、限られた枠内で小学校の英語活動を担当できる教員の養成を進めていく以外に方法はないと思われる。

2. 教員養成カリキュラム——千葉大学教育学部の場合

大学や短大などで、小学校の英語教育の内容を含む講座は、すでにいくつか開講されている。しかし、将来の教科化を視野に入れた本格的な小学校教員養成のカリキュラムを持った大学は極めて少ない。その中で、千葉大学教育学部小学校教員養成課程で始められたカリキュラムは、今後の参考になる。ここでは、大井（2003）のJASTEC全国大会での大会資料および口頭発表

〔表1〕 千葉大学小学校教員養成課程「異文化コミュニケーション選修」カリキュラム

科　目　区　分			単　位　数	
普遍教育科目			18～22	
専門基礎科目			6	
専門科目	教職に関する科目		41	
	小学校課程に関する科目		8	
	教科に関する科目		14	
	選修に関する科目	小学校英語入門	2	
		言語コミュニケーション教育	2	
		小学校英語演習	2	これらの中から4単位選択
		ドラマ教育論	2	
		メディアリタラシー教育	2	
		異文化とコミュニケーション	2	
		子どもの本と読書	2	
		現代文化論	2	
		小計	8	
	卒業論文		6	
自　由　選　択			19～23	
合　　計			124	

を基に、千葉大学の小学校教員養成課程における「英語教員養成カリキュラム」を検討する。

大井によると千葉大学の小学校教員養成課程の場合、学生は入学の時点で12ある選修の中から、希望により所属する選修を決めることになっている。2002年度に小学校教員養成課程のカリキュラム改革があり、それに伴い、小学校英語を念頭において、新たに「異文化コミュニケーション選修」を開設することになった。「英語選修」としなかったのは、小学校において英語が「教科」になっていないからであるという。

教員養成系大学における小学校教員養成課程は、ほとんどの大学で小学校の9教科についてその指導法と内容を広く浅く学び、いずれかの科目（選修またはコース）については少し多めに学ぶというようなカリキュラム構成になっている。千葉大学の場合も各教科に関する科目を14単位履修した後、英語（現在は異文化コミュニケーション選修）を選んだ学生は、英語に関する科目を8単位履修することになっている。小学校英語に直接関連する科目は「小学校英語入門」と「小学校英語演習」の2科目4単位である。

韓国国立全州教育大学の小学校教員養成カリキュラムを見ると、学生はまず教科教育およびクラブ活動に関する科目を65単位履修することになっている。その後英語専攻の学生は、発音（3単位）、教室英語（3単位）、英文法・作文（3単位）、英米文化理解（2単位）、英会話中級（2単位）、英米児童文学（2単位）、英語教育演習（3単位）、英会話（3単位）の21単位を履修することになる。それに比べると千葉大学の場合ははるかに少ない単位数になっている。（全州教育大学のカリキュラムについては松川（2004）を参照。）

前述したように、日本の小学校教員養成課程は、9教科についてその指導法と内容を広く浅く学ぶというのが基本的な考えである。浅く学んだとしても、それでも指導が可能であるのは、学生が各教科について、小・中・高での基礎的な知識を十分身につけているからであろう。だからこそ、教職に関する科目を学んだ後、各教科の指導法を若干学ぶことによって、その教科の指導が可能になるのであろう。

英語も同じように中・高で学んできている。したがって、他の教科と同じように基礎力がついているならば、指導法を若干学ぶ程度で小学校での指導は可能になるはずである。しかし、そうなっていないところが日本の英語教育の問題であり、小学校で英語を教える教員養成の難しいところである。だからこそ、前述の樋口らのアンケートでも、担任は「英語力アップを図る研

修が必要」だと答えているのである。

　今後、英語活動が教科あるいは領域扱いということになれば、指導者の英語力ということが、ますます重要になってくるであろう。だれに、どの程度の英語力を要求するのかは、小学校の英語教育をだれが担うのか、また、どのような内容を含むものにするのかとも関わってくる。結局、冨田の指摘する「教育的枠組み」「養成対象」「指導内容」等を明確にしないかぎり、小学校教員養成プログラムをどのようなものにするのか、現時点では、判断もなかなか難しいものである。

〔参考文献〕

Driscoll, Patricia and Frost, David (eds.) (1999) *The Teaching of Modern Foreign Languages in the Primary School*. Routledge.

樋口忠彦，泉惠美子，衣笠知子（2005）「小学校の英語教育はいま ⑤——指導者の研修と養成」『英語教育』2 月号，大修館書店，pp. 48–50.

菅　正隆（2002）「（やっぱり）どこか変だよ英語教育」『英語教育』3 月号，大修館書店，p. 37.

松川禮子（2004）『明日の小学校英語教育を拓く』　東京：アプリコット．

長瀬荘一（2001）『小学校英会話の授業』　東京：明治図書．

大井恭子（2003）「小学校教員養成課程における英語教員養成カリキュラム：千葉大学の場合」日本児童英語教育学会第 24 回全国大会資料集．

大城賢，金森強（2000）「公立小学校における英語教育：今どのような教員研修が必要か」沖縄国際大学総合学術研究紀要，第 4 巻第 1 号．

大城賢，與儀峰奈子，上江洲隆（2004）「宜野湾市の小・中学校教員を対象としたアンケート調査」未発表資料．

冨田祐一（2003）「教員養成における問題点と課題」日本児童英語教育学会第 24 回全国大会資料集．

和田稔（1996）「投げ込みアクティビティーの基本的な考え方」『英語教育事典』　東京：アルク．

11章　これからの英語教育の方向
―小・中・高一貫の英語教育を考える―

　世界の多くの国々でグローバル化の加速度的な進展に対応するために、外国語教育の改革・改善が推進されている。わが国でも「『英語が使える日本人』育成のための行動計画」(2001)とその後の施策に見られるように、英語教育改善のための試みはなされているが、諸外国と比べると抜本的な改革・改善とは言い難い。その主たる原因は、
　① 確固とした言語教育政策の欠如
　② 安易にその場しのぎに設定された到達目標
　③ 小・中・高に一貫するナショナル・シラバスの欠如
にある。これからの激変する時代を展望すると、今、確固とした言語教育政策を確立し、明確かつ具体的な到達目標を核とした小・中・高に一貫するナショナル・シラバスを設定し、外国語教育の改革・改善を進めなければ、日本は世界に冠たる外国語教育の後進国に陥ることは明白である。
　本章では、1章で取り上げた7つの国、地域における小・中・(高)一貫の外国語教育の現状を概観するとともに、これからの日本の英語教育の方向を考えるために、小・中・高一貫のナショナル・シラバス試案を提案する。

1節　諸外国における小・中・高一貫の外国語教育

　上記の7つの国、地域においては外国語教育の理念/目的が明確に示されており、表1、表2から明らかなように、教育課程において外国語教育がしっかり位置づけられ、ナショナル・シラバスあるいはそれに準ずるものが設定されている。また、ナショナル・シラバスまたはそれに準ずるものにおいて、学校段階別、学年別あるいは小・中・(高)を通した到達目標を設定し、指導内容、指導方法、評価方法についても指針を示し、小・中・(高)一貫の外国語教育を体系的に展開している。

〔表1〕 諸外国の教育課程における外国語教育の位置づけ

	小学校		中学校		高等学校	
	時間数/週	クラスサイズ	時間数/週	クラスサイズ	時間数/週	クラスサイズ
中国	3,4年：20分×4 5,6年：20分×2、40分×2	平均50名	50分×4以上＋第二外国語選択可	平均50名	50分×4以上＋第二外国語選択可	平均50名
韓国（注1）	3,4年：40分×1 5,6年：40分×2	平均32.9名	1,2年：45分×3 3年：45分×4＋第二外国語選択可	平均35.2名	1年：50分×4 2,3年（人文系高校）：50分×8＋第二外国語選択必修	平均32.1名
台湾（注2）	3〜6年：40分×2	30名程度	45分×3〜4	35名程度	50分×4＋第二外国語選択必修	40名程度
スペイン	3〜6年：40〜60分×3	平均25名	40〜60分×3＋第二外国語選択必修	平均30名	50〜60分×3＋第二外国語選択必修	平均30名
イギリス（注3）	Key Stage 2（3〜6年、7〜11歳）：毎日10分程度推奨	26名程度	Key Stage 3（7〜9年、11〜14歳）：120分程度（3回程度）	22名程度	Key Stage 4（10〜11年、14〜16歳）：90分程度（2回程度）	22名程度
アメリカ・ペンシルバニア州 SL校区（注4）	1〜5年：46分×1	25名程度	6〜8年：40分×2	30名以下	9〜12年：45分×2	30名以下
カナダ・オンタリオ州（注5）	Core French Program 4〜8年：5年間で最低600時間（→週4.3時間）	平均24.5名以下			9〜12年：年間最低110時間（→週3.9時間）	平均21名以下

注1）中学校の第二外国語は、「教科裁量活動」として校長の裁量で選択可能。
注2）従来、小学校5,6年で実施されていたが、2005年度より小学校3年から実施。
注3）Key Stage 2 では外国語は必修ではないが、各学校長の裁量で実施が可能。なお、外国語が必修である Key Stage 3 の第7学年は日本の小学6年生に相当する。
注4）州、校区によって異なる。
注5）州によって異なる。なお、オンタリオ州では表中の Core French の他に、Extended French、French Immersion Program も実施している。また、週あたりの授業時間数は、年間授業日数を194日（オンタリオ州の規定最低日数）として計算した。

〔表2〕 諸外国のナショナル・シラバス、またはそれに準ずるものにおいて示されている内容

国名	4技能の指導／到達目標	指導内容	指導方法の指針	評価方法の指針	備　考
中国	○ 小・中・高を通し、9段階レベルで設定	○ 「言語知識」として5項目を3段階で提示	○ 9項目の留意点、およびレベル別授業事例を提示	○ 9項目の留意点、および6つの評価事例を提示	到達目標として「言語知識」「意欲・態度」「学習ストラテジー」「文化理解」についても3段階で設定
韓国	○ 小学校は学年別、中1から高1までは各学年を2段階に分けて提示	○ 話題、機能別音声語例文、語彙、文字言語例文の4項目を提示	○ 小学校で13項目、中・高1で17項目の留意点を提示	○ 小学校で5項目、中・高1で6項目の留意点を提示	小学3年生から高校1年生までの一貫した外国語(英語)教育の指針として設定
台湾	○ 学校段階別に設定。文化理解も含む	○ 話題、機能、語彙の3項目を小・中一括して提示	○ 各学校段階で発音指導を重視し、小学校の「読むこと」でフォニックス使用を推奨	○ 多角的な評価形態とポートフォリオ方式を提示	2006年度の高等学校新課程綱要の導入に際し、小・中・高一貫の英語教育が実現される見込み
スペイン	○ 学校段階別に設定。文化理解も含む	○ 話題、機能、語彙の3項目をごく簡単に提示	○ 聞く・話す、読む・書く、文化理解の3項目について学校段階別に提示	○ 簡潔な評価規準とポートフォリオ方式を提示	いずれの項目も国家レベルでは大まかな記述に留め、詳細は各自治州で設定
イギリス	○ 小・中・高を通し9段階レベルで設定。小ではそのうち4段階レベルで設定	× ただし、Web上のモデル指導案で概要を提示	○ Key Stage 3、4の指導について、実用的運用能力育成のための留意点を提示	○ 目標規準準拠、タスク準拠、継続的評価を提示	小学校(Key Stage 2)の外国語は必修ではないが、ガイドラインを提示
アメリカ	○ 幼稚園児から高校生までを対象に設定	× ただし、ACTFL (1998)において、5項目提示	×	×	ACTFL (1998)に基づき、詳細については各州、各校区で設定

カナダオンタリオ州	○ 学年別に設定	○ 題材、文法、語彙の3項目を学年別に提示	○ 言語活動例とともに5項目の留意点を提示	○ 学年別に、4つの観点について4レベルで提示	プログラム別に各内容を提示。左は履修者の多い（2002年度資料で86%）Core French 例

注）指導内容の5項目は、題材、機能、文法事項、語彙、発音。

2節　ナショナル・シラバス試案の構成，内容案

　日本における小・中・高一貫のナショナル・シラバスの構成とその内容は、前節の諸外国の例も参考にし、次のようなものとする。

① 外国語／英語教育の理念：
　国家として、どのような目的で外国語／英語教育を実施し、どのような資質や態度を備えた人材を育成するのかを示す。

② 指導目標：
　理念を反映した指導の指針として、「英語学習に対する興味・関心、意欲、態度」「文化理解」「コミュニケーションに対する積極的な態度」「英語の理解、運用能力」等について、小・中・高の各段階別に示す。

③ 到達目標：
　理念、指導目標に基づき、「英語学習に対する興味・関心、意欲、態度」、「国際理解」「4技能」について小・中・高の各段階あるいは学年別に示す。
　なお、これらの到達目標はできるだけ多くの学習者が達成を期待される努力目標とする。

④ 指導内容：
　設定された到達目標を達成するために必要な指導内容を、「題材（話題・場面）」「機能と言語形式」「文法事項」「語彙」の4項目について示す。

⑤ 指導にあたっての留意点：
　学習者に到達目標を達成させるために、充実した授業運営を促進するための指導にあたっての留意点を示す。

⑥ 評価にあたっての留意点：
　指導と評価の一体化を目指し、学習者の発達段階に応じた適切な評価がなされるよう、評価の観点と評価にあたっての留意点を示す。

3節　ナショナル・シラバス試案の外国語教育の理念と教育課程

　グローバル化時代を逞しく生き、地球市民としての責務を果たせる態度や能力を備えた日本人の育成を目指す外国語教育の理念は、次の通りとする。

外国語教育の理念

　グローバル化が加速度的に進展するこれからの時代においては、世界の国々の間の相互依存関係がますます強くなり、世界の国々に共通するさまざまな課題について相互に協力し、解決していくことが一層重要になる。同時に、生活のさまざまなレベルにおいて、「物の交流」に加え、「人の交流」「文化の交流」が日常化する。

　このような時代の外国語教育は、国際的視野を持ち、世界の人々と交流を図り、協力し合える態度や能力を備えた日本人を育成することが国家としての重要な使命である。そのためには、異言語・異文化に対する理解を深め、異言語・異文化を持つ人々と心を開いて積極的にコミュニケーションを図る態度、およびコミュニケーション能力の育成を図ることが不可欠である。

　また、この外国語教育の理念を実現するために、小・中・高の教育課程における外国語教育の位置づけを、表3のように充実させる。

〔表3〕　小・中・高: 教育課程における外国語教育の位置づけ

小学校		中学校		高等学校	
時間数	クラスサイズ	時間数	クラスサイズ	時間数	クラスサイズ
3、4年: 週1時間 5、6年: 週2時間 （必修）	30人以下	全学年: 週4時間(必修)	35人以下	全学年: 週4時間(必修) ＋3年間で英語または英語以外の外国語のいずれかを2単位以上選択必修	35人以下

4節　小学校ナショナル・シラバス試案

小学校英語科の指導目標、到達目標、指導と評価にあたっての留意点を示す。なお指導内容は7節に小・中・高を一括して示す。

1. 指導目標

異なる言語や文化に抵抗感が小さく、新しいものを体得する柔軟性を備える児童期は、言語習得や異文化受容において適齢期である。小学校英語科の指導目標は、英語学習を通して英語や外国の文化に慣れ親しむことで、英語や外国の文化に対する興味・関心や学習意欲を高め、また、「聞く」「話す」を中心とする初歩的なコミュニケーション能力を育成するなど、中学校、高等学校における体系的な外国語学習や国際理解学習につながる基礎的な態度や能力を育成することが重要である。指導目標は次の7項目とする。

① 英語学習に対する興味・関心、意欲を高める。
② 英語学習を通して、英語をはじめ世界の異なる言語や文化、人々に興味・関心を高め、異なるものを理解・尊重しようとする態度の基礎を育成する。また、日本語や日本文化への興味・関心を高める。
③ 英語でコミュニケーションを楽しみ、積極的にコミュニケーションを図ろうとする意欲や態度を育成する。
④ 身近な事柄について、英語を聞くことに十分慣れ親しみ、わからない表現があっても大まかな意味を推測する習慣を身につける。
⑤ 身近な事柄について、また相手や自分の考えや気持ちについて、英語で聞いたり話したりする初歩的なコミュニケーション能力を育成する。
⑥ 英語特有の音声的特徴に慣れ親しみ、英語の音や抑揚、リズムなどを身につける。
⑦ 英語の音声に十分に慣れ親しんだ後、文字に親しみ、読んだり書いたりすることへの興味・関心を高める。

2. 到達目標

指導目標に基づき、「英語学習に対する興味・関心、意欲、態度」「国際理解」「4技能」の到達目標を次のように設定する。

(1) 英語学習に対する興味・関心、意欲、態度の到達目標
① 3, 4年生: うた、ライム、チャント、クイズ、ゲーム、ごっこ遊び、簡単なスキットやロールプレイなどの活動に楽しく取り組むことができる。
② 5, 6年生: コミュニケーション活動や自己表現活動、また外国人とのコミュニケーションにおいて、身の回りのことや自分のことを伝えたり、相手のことを知ろうと、意欲的、積極的に取り組むことができる。
(2) 国際理解の到達目標
英語学習を通して外国の文化に触れたり、外国の人々と交流することによって、世界の国々や人々に興味・関心を持ち、生活習慣や価値観などの多様性に気づくことを国際理解の第一歩とし、以下の到達目標を設定する。
① 英語圏をはじめ、外国の子どもの日常生活や学校生活などに触れ、共通点や相違点を知り、その背景には理由や必然性があることに気づく。
② ALTや外国人との授業での交流や国際交流活動において、相互の文化紹介や文化体験を楽しみ、世界の国々や人々への興味・関心を高める。
③ スポーツ・遊びが発祥地から世界に広がっていく過程における変化・発展や、食べ物の主要産地や輸出入先など、児童に身近な話題から世界の国々がつながりあっていることに気づく。
(3) 4技能の到達目標
小学校における英語学習はあくまでも音声中心であるが、児童の興味・関心に配慮し文字に親しむことを目的として、4年生後半から「読む」、5年生から「書く」学習を開始する。「聞く」「話す」については、児童が英語の音声的特徴や初歩的なコミュニケーション能力を身につけることを目的として、次の7つの下位技能について到達目標を設定する。
① 発音、② 日常生活に関わる慣用的な会話表現、③ 教室英語、④ 身近な事柄について事実情報に関わる文、短い文章や会話、⑤ 身近な話題について自己表現的な文、短い文章や会話、⑥ 場面別会話(スキット、ロールプレイ)、⑦ 絵本、ビデオ、ALTの話など内容的にまとまりのある英語。
「読む」「書く」については、アルファベットや、音声で慣れ親しんだごく基本的な単語やごく簡単な文を学習対象とし、到達目標を設定する。
以下、スペースの関係上、3年と6年の4技能の到達目標を表4に示す。なお到達目標は3年から6年まで段階的に発展している。例えば、「聞くこと」の③の教室英語は、4年では「少し複雑な指示や、大きな声で話すことを求

〔表4〕 小学校3、6年　4技能の到達目標

	3年	6年
聞くこと	① 簡単なうた、ライム、チャントや標準的な発音に多く触れることで、英語の音声上の特徴（音、抑揚、リズムなど）に親しむ。 ② 朝、昼、夕の挨拶、曜日、月、天候や、名前、年齢などの日常生活に関わる慣用的な会話表現を理解することができる。 ③ 簡単な指示や提案、賞賛、励ましなど、ごく基本的な教室英語を理解することができる。 ④ 食べ物、文具、色、動物などごく身近な事柄について、単語、ごく簡単な事実情報を伝える文や対話を聞いて、理解することができる。 ⑤ 自分や話し相手の好きな色、好きな食べ物、飼いたいペットなどごく身近な事柄について、気持ちや欲求を伝える文や気持ちや欲求に関する対話などを聞いて、理解することができる。 ⑥ 初対面の挨拶、お誕生会、店のレジなどの場面でのごく簡単な会話を聞いて、内容を理解することができる。 ⑦ ALTやゲストなどのごく簡単な自己紹介などを聞いて、また絵本やビデオなどを見ながらごく簡単な内容の話を聞いて、概要を推測することを楽しむ。	① うた、ライム、チャントや標準的な発音に多く触れることで、英語の音声上の特徴（音、抑揚、リズムなど）に慣れ親しむ。 ② 住所、電話番号や、身体の調子などの日常生活に関わる慣用的な会話表現を理解することができる。 ③ ほとんどすべての教室英語を理解することができる。 ④ 家庭生活、学校生活などの身近な事柄について、すでに起きたことやこれから起こることなどを伝える文や文章、対話や会話を聞いて、理解することができる。 ⑤ 自分やクラスメートの将来の夢や行きたい国とその理由などについて、文章や会話を聞いて、理解することができる。 ⑥ 道案内、国際交流会、観光地でのインタビューなどの場面での比較的やり取りの多い会話を聞いて、内容を理解することができる。 ⑦ 外国の小学生の生活や文化などについて、ALTやゲストなどの比較的長い話を聞いて、また絵本、写真、ビデオなどを見ながら比較的長い話を聞いて、概要や要点を理解することができる。
	① 簡単なうた、ライム、チャントや標準的な発音を聞いて、英語の音声上の特徴を模倣し、指導者の後について歌ったり言うことを楽しむ。 ② 挨拶、曜日、月、天候や、名前、年	① うた・ライム・チャントや標準的な発音を聞いて、英語の音声上の特徴を模倣し、歌ったり言ったり暗唱することに慣れ親しむ。 ② 住所、電話番号や、身体の調子な

話すこと	齢などの日常生活に関わる慣用的な会話表現を言ったり、問答することに慣れる。 ③ 簡単な指示や提案、賞賛、励ましなど、ごく基本的な教室英語を聞いて、短い言葉で承諾や断わりなどを伝えることができる。 ④ 食べ物、文具、色、動物などごく身近な単語、ごく簡単な事実情報を伝える文や対話を聞いて、繰り返したり、質問にYes/Noで答えたりすることができる。 ⑤ 自分や話し相手の好きな色、好きな食べ物、飼いたいペットなどごく身近な事柄について、気持ちや欲求を伝える文を言ったり、尋ねたり答えたりすることができる。 ⑥ 初対面の挨拶、お誕生会、店のレジなどの場面でのごく簡単なスキットやロールプレイをすることができる。 ⑦ ALTやゲストなどのごく簡単な自己紹介などを聞いて、また絵本やビデオなどを見ながらごく簡単な内容の話を聞いて、指導者の後につづいて繰り返したり、ごく簡単な質問に単語やYes/Noなどで答えることができる。	どの日常生活に関わる慣用的な会話表現を言ったり、問答することができる。 ③ ほとんどすべての教室英語に対して、承諾、同意、断わりなどを伝えることができ、また英語による表現や意味がわからない時に尋ねることができる。 ④ 家庭生活、学校生活などの身近な事柄について、すでに起きたことやこれから起こることなどを伝える文や文章を言ったり、尋ねたり答えたりすることができる。 ⑤ 自分やクラスメートの将来の夢や行きたい国とその理由などについて、文章で言ったり、尋ねたり答えたりすることができる。 ⑥ 道案内、国際交流会、観光地でのインタビューなどの場面で、文や文章を言ったり、尋ねたり答えたりすることができる。 ⑦ 外国の小学生の生活や文化などについて、ALTやゲストなどの比較的長い話を聞いて、また絵本、写真、ビデオなどを見ながら比較的長い話を聞いて、自分の感想や意見を2〜3文で言うことができる。
読むこと		① ごく基本的な単語を読むことができる。 ② 口頭練習で十分慣れ親しんだごく簡単な文を読むことができる。
書くこと		① アルファベット・ブロック体の大文字・小文字を書くことができる。 ② ごく基本的な単語やごく簡単な文を書き写すことができる。

める表現など基本的な教室英語を理解することができる」、5年では「ほとんどの指示、依頼、勧誘などの教室英語を理解することができる」である。また「読むこと」は、4年生後半では「聞くことの活動の中で、絵カードや絵本などの文字が目に触れることを通して、文字に興味・関心をもつ」、5年では「アルファベット・ブロック体の大文字・小文字を読むことができる/絵カードに書かれたごく基本的な単語やごく簡単な文を、指導者の後に続いて読むことができる」と設定している。

3. 指導にあたっての留意点

楽しく、リラックスした雰囲気の中で、多様な言語活動を通して英語を体得する児童中心の体験的学習が望ましい。指導にあたり次の点に留意する。

① クイズ、ゲーム、スキット、ロールプレイなど多様な言語活動を通して、児童が単語や文の意味、語順、使い方などに気づき、英語を自然に体得する児童中心の体験的学習となるよう授業を計画する。
② うた、ライム、チャントを多く取り入れ、それらを楽しみながら、英語の音声的特徴、および単語や文法構造、さらには異文化に触れることを重視する。
③ 児童の発達段階や言語習得上の特徴を考慮し、発達段階にふさわしい活動を選び、充実感や達成感が味わえる授業を展開する。
④ 地域の外国人を招いての国際交流会や外国の小学校との作品交換などの国際交流活動を計画し、英語を使う喜びや満足感を味わう機会を設ける。
⑤ 「読む」「書く」については、文字に慣れ親しむことが主眼であることに留意し、児童の興味・関心に応じ、少しずつ段階的に導入する。

4. 評価にあたっての留意点

指導と評価の一体化を心がけ、児童にとっては学習の動機づけや方向づけとなり、指導者にとっては教材や指導方法の改善の資料となるような評価を心がける。評価の観点と評価にあたっての留意点を次にあげる。

(1) 評価の観点
① 英語学習に対する興味・関心、意欲
② 言語や文化に対する興味・関心、態度
③ 積極的にコミュニケーションを図ろうとする意欲、態度

④　コミュニケーション能力（理解力と表現力）
　　⑤　文字や読んだり書いたりすることに対する興味・関心
(2)　評価にあたっての留意点
　　①　結果重視の評価ではなく、観察評価、自己評価、ポートフォリオなどを用いて、活動や課題への取り組み方など学習の過程を重視した評価を行う。
　　②　コミュニケーションを楽しみ、意欲的、積極的に取り組んでいるか、伝達目的を達成するために工夫や努力をしているかなどを評価する。
　　③　話し手の言うことが理解できているか、自分の言いたいことが表現できているか、理解・表現の達成度や進歩度を評価する。観察評価を中心とするが、例えば「聞く」では英語を聞いて絵を完成させるなどのクイズを活用した評価や、「話す」ではパフォーマンス評価なども考えられる。
　　④　文字については、単語や文を音読したり、なぞったり書き写したりすることなどに興味を持って取り組んでいるかを評価する。

5節　中学校ナショナル・シラバス試案

　中学校英語科の指導目標、到達目標、指導と評価にあたっての留意点を示す。なお指導内容は7節に小・中・高を一括して示す。

1. 指導目標

　中学校では小学校での英語学習を踏まえ、英語でコミュニケーションを図る積極的な態度やコミュニケーション能力をさらに伸ばし、高等学校の学習へとつなげていく時期である。小学校で慣れ親しんだ「聞く」「話す」といった音声を中心とした指導と、「読む」「書く」を含めた4技能を統合的に指導する中で、異文化や自文化を理解し、自分の意見などを積極的に発信しようとする態度と、英語の基本的運用能力の育成を目指す。指導目標は次の6項目とする。
　①　英語学習に対して興味・関心を持ち、英語の基本的な学習方法や学習習慣を身につける。
　②　英語学習を通して、異なる文化や習慣を知り、それらをもつ人々を理解し、尊重しようとする態度を育成する。また、日本語や日本文化へ

の理解を深め、積極的に自文化を発信しようとする態度を育成する。
③ 英語で積極的にコミュニケーションを図ろうとする意欲や態度を育成する。
④ 家庭、学校、地域、国際社会などに関するさまざまな話題について、情報や意向、意見を聞いたり、意見や気持ちを大切な点を落とさないように話したりする基本的なコミュニケーション能力を育成する。
⑤ 家庭、学校、地域、国際社会などに関するさまざまな話題について、読んで話の概要や要点を理解したり、意見や気持ちをまとまった文章で書いたりする基本的なコミュニケーション能力を育成する。
⑥ 英語特有の音声的特徴を理解し、国際的にある程度通じる発音を身につける。

2. 到達目標

指導目標に基づき、「英語学習に対する興味・関心、意欲、態度」「国際理解」「4技能」の到達目標を次のように設定する。

(1) 英語学習に対する興味・関心、意欲、態度の到達目標
① 英語学習に興味・関心を持ち、授業中の活動や家庭学習、また授業外で英語を利用した自主的な活動に積極的に取り組むことができる。
② 自己表現活動やコミュニケーション活動などに、さまざまな工夫をしながら、積極的かつ意欲的に取り組むことができる。

(2) 国際理解の到達目標

英語学習を通して、多様な価値観を知り、異なる文化や考え方を理解、尊重するとともに、国際感覚を持って行動できる態度を育成するために、次の到達目標を設定する。
① 英語圏をはじめ、外国の人々の基本的な風俗、生活習慣、伝統行事や学校生活などについて共通点や相違点を認識し、異なる価値観やそれを持つ人々を尊重することができる。
② 英語をはじめ外国語の基本的な挨拶、人称、別れなどの表現、依頼、勧誘などの丁寧表現、身振りなどに興味・関心を持ち、共通点や相違点を理解することができる。
③ ALTとの交流や国際交流活動など外国の人々との触れ合いの場で、生徒に身近な自国の文化や外国の文化についての紹介や体験をともに楽しみ、英語で積極的に自分の意見を世界へ発信していくことができる。

④ 生徒に身近な事柄から地球規模の問題(地球温暖化、環境破壊など)を知り、共存する世界の国々が力を合わせて解決しなければならない問題について解決策を考え、できる範囲で解決のために行動することができる。

(3) 4技能の到達目標

　生徒に身近な日常生活の中で、言葉の使用場面と働きを意識しながら、オーラル・コミュニケーション能力を身につけることと、多様な話題について読んで話の概要や要点を理解したり、まとまりのある文章で自分の意見や気持ちを表現したりする能力を身につけることが大切である。

　そこで「聞く」「話す」に関して次の6つの下位技能について到達目標を設定する。① 機能表現、② 話題別の会話、③ 話題別の内容的にまとまりのある文章、④ 場面別の会話、⑤ コミュニケーション・ストラテジー、⑥ 発音。また「読む」については、① 音読、② 内容理解、③ インターネット、④ リーディング・ストラテジー、⑤ 辞書の使用、「書く」については ① 話題別の文章、② 話題別の感想や意見、③ 図表などの文章による説明、④ 伝言・手紙・カードなどの形式、⑤ 書き方のルールを下位技能とする。

　以下、スペースの関係上、3年の4技能の到達目標を表5に示す。なお到達目標は1年から3年まで段階的に発展している。例えば、「話す」の⑤の1年では「つなぎ言葉や、聞き返し、ジェスチャーを用いるなどの簡単なコミュニケーション・ストラテジーを用いて話すことができる」、2年では「言い換えなどのコミュニケーション・ストラテジーや例示や順序などの談話を表す言葉を用いて話すことができる」としている。

〔表5〕 中学校3年　4技能の到達目標

	3年
聞くこと	① 賛成する/反対する、忠告/警告などの機能を表す表現を聞いて、理解することができる。 ② ボランティア、文化と生活、平和学習など、さまざまな話題に関する会話を聞いて、正確に理解することができる。 ③ 食糧問題と健康、インターネット、多民族共生など、さまざまな話題に関するまとまりのある話を聞いて理解し、内容や要点を整理したり記録することができる。 ④ 週末の過ごし方を聞くなど電話での応答、旅行先などでの会話を聞いて、理解することができる。

	⑤ 文脈の助けを借りて未知の単語を推測したり談話の成り立ちなどを理解することができる。また、自己修正や確認などのコミュニケーション・ストラテジーを表す言葉を聞き取り、話の流れを正確に理解することができる。 ⑥ 英語の音声の特徴を理解し、正確に聞き取ることができる。
話すこと	① 賛成する/反対する、忠告/警告などの機能を適切に表現することができる。 ② ボランティア、文化と生活、平和学習などのさまざまな話題に関して、自分の考えや気持ちなどを整理し、大切な点を落とさないように述べることができる。 ③ 将来の夢や職業、学校生活、環境問題など、さまざまな話題に関して、発表したり、討論や初歩的なディベートに参加して問答をしたり、情報を伝え合ったりすることができる。 ④ 週末の過ごし方を尋ねるなどの電話での応答、旅行などに関するロールプレイやスキットをすることができる。 ⑤ 修正や確認などのコミュニケーション・ストラテジーや意見を尋ねる、話題転換などの会話ストラテジーを用いて話すことができる。 ⑥ 英語の音声の特徴を理解し、国際的にある程度通じる発音をすることができる。
読むこと	① さまざまな話題に関するまとまりのある文章を、ほぼ正確に、かつ流暢に音読することができる。 ② 食糧問題と健康、インターネット、多民族共生などの話題に関するまとまりのある対話文、物語文、随筆文、感想文、手紙文、e-mailなど、さまざまなスタイル/文体の文章を理解することができる。 ③ 簡単な内容のインターネット上の情報を大まかに理解することができる。 ④ まとまりのある文章を短い時間で読んで、必要な情報の概要や要点をおおまかに理解することができる。 ⑤ 辞書を積極的に活用し、まとまりのある文章を読んで理解することができる。
書くこと	① ボランティア、文化と生活、平和学習など、さまざまな話題に関して、順序や論理構成なども意識しまとまりのある文章を書くことができる。 ② 食糧問題と健康、インターネット、多民族共生などの話題に関するまとまりのある対話文、物語文、随筆文、感想文などさまざまなスタイルの文章を読み、感想や意見を書くことができる。 ③ 与えられた絵、写真、実物、グラフ、表などに関して、まとまりのある文章で正確に描写したり、説明することができる。 ④ 伝言、カード、手紙、e-mailなど、まとまりのある文章で自分の意向が伝わるように書くことができる。 ⑤ 大文字、イタリック、字下げなどの決まりを理解し、正確に使うことができる。

3. 指導にあたっての留意点

　生徒の興味やニーズも考慮して習熟度別クラスや小人数指導なども取り入れきめ細かな指導を通して基礎・基本の定着を図ったり、ペア活動やグループ活動などを用いて多様なコミュニケーション活動や問題解決学習などに取り組ませることが大切である。指導にあたっての主な留意点を次にあげる。

① 生徒の発達段階や学習段階に応じて学習方法や、ストラテジーを指導することで、基本的な学習方法と学習習慣を身につけさせる。
② 生徒の興味・関心を喚起したり、知的好奇心を刺激し、自主的に問題を解決する場を提供し、達成感や満足感を与える活動を行う。
③ 生徒が自主的に学習できる英語学習支援ツールや条件を整備し、生徒の実態や教材の内容に応じて、マルチメディア教材、コンピュータや情報通信ネットワークを有効活用したり、ネイティブ・スピーカーの協力を得たりする。
④ レシテーション・スピーチ・スキットコンテストなど、英語学習の成果を実践、発表する機会を提供する。

4. 評価にあたっての留意点

　小学校の場合と同様、指導と評価が一体となるように常に留意し、生徒に学習の成功体験を通して自信をつけさせ、学習動機をさらに高めるとともに授業や指導方法の改善に生かせる評価活動を行う。評価の観点と評価にあたっての留意点を次にあげる。

(1) 評価の観点
　① 英語学習に対する関心、意欲、態度、② 言語や文化に対する知識や理解、③ コミュニケーションに対する関心、意欲、態度、④ オーラル・コミュニケーション能力、⑤ 読む能力、⑥ 書く能力

(2) 評価にあたっての留意点
① 英語学習に対する興味・関心を持ち、言語についての知識や、日本や外国の文化や習慣を知るとともに、積極的に調べ、発表するなど、それらをもつ人々を理解し、尊重しようとしているかを評価する。
② 積極的にコミュニケーションを図ろうとしているか、また伝達目標を達成するためにコミュニケーション・ストラテジーを使用するなど、さまざまな工夫をしているかを評価する。
③ 実際に使用されている英語を聞かせて、内容や話し手の意向を理解し

ているか、適切に話すことができるかどうかなどパフォーマンス評価を行う。
④ 読んで文章の概要を把握したり、要点や細部などを正しく理解しているか、必要な語彙や表現などを適切に用いて、まとまった文章で書くことができ、その内容が正しく伝わるかどうかを提出課題なども用いて評価する。
⑤ 複数の技能が要求されるスキットの創作と上演、TVニュース・ショー、学校紹介のホームページ作成などのプロジェクト学習といった統合的なタスクを用いて、統合的な評価活動を行う。
⑥ 授業における学習過程を重視し、学習の成果である作文、課題、提出物等を整理して、個人の成長がわかるようなポートフォリオを残す。また、学習者による自己評価や相互評価などを用いて、評価の客観性を高める。

6節　高等学校ナショナル・シラバス試案

高等学校英語科の指導目標、到達目標、指導と評価にあたっての留意点を示す。なお、指導内容は7節に小・中・高を一括して示す。

1. 指導目標

高等学校では、小・中学校の英語学習を踏まえ、英語学習に意欲的に取り組む自律した学習者の育成、英語圏を含め外国の文化や価値観を理解し、尊重する態度や、教室内外で英語で積極的にコミュニケーションを図る態度の育成を目指す。また、4技能を総合的に高めることによって、真の実践的コミュニケーション能力を育成する。指導目標は次の6項目とする。
① 英語学習に対して積極的に取り組み、自分に適した学習方法を工夫するなど自律的な学習態度を身につける。
② 英語学習を通して、異なる文化や習慣を持つ人々の価値観や意見を理解し、尊重しようとする態度や相互に協力し合う態度を育成する。
③ 教室内・教室外において、英語で積極的にコミュニケーションを図ろうとする意欲や態度を育成する。
④ 身近な話題から比較的抽象度の高い話題まで、また時事的な話題についても、情報や意向、意見などを聞いたり、意見や気持ちを効果的に

話したりする実践的なコミュニケーション能力を育成する。
⑤ 身近な話題から比較的抽象度の高い話題まで、また時事的な話題についても、情報や意向、意見などを読んで、要点や論点を整理したり、また意見や気持ちについて、まとまった文章で効果的に書いたりする実践的なコミュニケーション能力を育成する。
⑥ 英語特有の音声的特徴を理解し、国際的に通じる発音を身につける。

2. 到達目標

指導目標に基づき、「英語学習に対する興味・関心、意欲、態度」「国際理解」「4技能」の到達目標を次のように設定する。

(1) 英語学習に対する興味・関心、意欲、態度の到達目標
① 英語学習に興味を持ち、授業中の活動や自分に適した学習方法で家庭学習に意欲的に取り組む自律的な学習態度を身につける。
② 外国の人々と英語で積極的にコミュニケーションを図り、伝達目的を達成するためにコミュニケーション・ストラテジーを用いるなど、さまざまな工夫をしてコミュニケーションに取り組むことができる。

(2) 国際理解の到達目標
国際感覚を育成し、真の実践的コミュニケーション能力を育成する国際理解の到達目標を次のように設定する。
① 英語圏をはじめ、外国における日常生活レベル、伝統文化レベル、高等文化レベルの文化について共通点・相違点を認識し、異なる価値観を持つ人々を尊重することができる。
② 諸外国の人々の間に親しまれていることわざ、慣用語句などを理解し、言語と文化や社会の結びつきに興味・関心を持ち、理解することができる。
③ 異文化との比較を通して自文化の理解を深め、自分の意見や日本の文化を世界へ発信することができる。
④ 資源、環境、人権問題や人口問題など地球規模の諸問題を理解し、世界の国々や人々と共生・共存に向けて協力の必要性を認識し、解決策を考え、自分でできる範囲で行動することができる。

(3) 4技能の到達目標
日常生活、学校、職場などで国際的にある程度通じるコミュニケーション能力の育成を目標に到達目標を設定する。その際、各技能の有機的なつなが

りに配慮する。また、中学校の4技能の到達目標の下位技能を段階的に発展させるとともに、必要に応じて新たな下位技能を設定する。表6に4技能の到達目標を示すが、中学校の下位技能と異なるものは次の通りである。

「聞く」「話す」については、④ TV、ラジオなどのメディアの英語を聞いたり、聞いた内容の要点などを伝達することを加えている。「読む」では③ 各学年にふさわしい語彙レベルの青少年向けの文学作品などの読書や④ インターネットに加え、英字新聞や英字雑誌から情報を読み取ること、さらに⑤ 新聞などの記事、論説、広告など文章の構成や文体の違いに対応できる読解力の育成を加えている。「書く」については、中学校と比べ段階的に発展させているが、下位技能を新たに追加していない。なお、表6中の＊印は「発展項目」を示し、学習進度が早いクラスまたは学習レベルの高いクラスにおいて積極的な導入が望まれる項目である。

〔表6〕 高等学校3年生　4技能到達目標　　＊は発展項目を表す。

聞くこと	＊① ディスカッション、ディベートなどグループにおけるコミュニケーション場面で使用される機能表現(同意・反対、勧誘、推量、説得など)を聞いて、理解することができる。 ② 道徳・倫理、科学技術、時事問題など、比較的抽象度の高い話題に関する会話を聞いて、相手の意見を理解することができる。 ③ 道徳・倫理、科学技術、時事問題など、比較的抽象度の高い話題に関するまとまりのある話を理解し、要点・論点を整理することができる。 ④ ラジオなどの聴覚メディアによる天気予報やニュースを聞いて、概要を把握することができる。 ＊⑤ 発話場面、対人関係などによって変化する待遇表現(丁寧表現、聞き手に配慮する発言など)を聞き取り、日常会話における社会言語学的側面を理解することができる。 ⑥ 英語の音声的な特徴を十分理解し、自然な速さの発話を理解することができる。
話すこと	＊① ディスカッション、ディベートなどグループにおけるコミュニケーション場面で必要な機能表現(同意・反対、勧誘、推量、説得など)を適切に使うことができる。 ② 道徳・倫理、科学技術、時事問題など、比較的抽象度の高い話題に関する会話に参加し、相手の発話に応じて発展的に応答ができる。 ③ 道徳・倫理、科学技術、時事問題など、比較的抽象度の高い話題に関して、自分の考えや気持ちを整理し、意見を効果的に述べることができる。

	*④ ラジオなどの聴覚メディアによる天気予報やニュースなどの情報の概要を伝達することができる。 *⑤ 発話状況、対人関係などによって変化する待遇表現(丁寧な表現、聞き手に配慮する発言など)を使い、日常会話ができる。 ⑥ 国際的に通じる発音、リズム、イントネーションで伝えたいことを明確に言うことができる。
読むこと	① 比較的難易度の高い語句が含まれた文章を正確かつ流暢に音読することができる。 *② クローンなど科学と倫理の問題など、比較的抽象度の高い話題について読み、概要や細部事項を的確に理解し、著者の意図を正確に把握することができる。 *③ 2500 語レベル程度で書かれた青少年向け小説や、やさしい文学作品を読んで、主題、人物、構成、背景などを理解することができる。 *④ インターネット、英語雑誌、英字新聞などの情報源を有効に利用して、必要な情報を入手し、活用することができる。 ⑤ 観光案内、広告、規則などを理解することができる。 *⑥ 目的や状況に応じて、速読や精読などを使い分け、文章の中でキーとなる語句や文、段落の構成や展開などに注意して読むことができる。 ⑦ 平易な英英辞典を用いることができる。
書くこと	① クローンなど科学と倫理の問題など、比較的抽象度の高い話題に関する内容を聞いたり読んだりしながらメモを取り、それをもとに概要や要点を書くことができる。 *② 比較的抽象度の高い話題について、一定の視点に対する支持や反対の理由をパラグラフや文章で書くことができる。 ③ 絵、写真、表、グラフに基づき、詳細な説明文や報告書などを作成することができる。 ④ 適切な丁寧表現を用いて、形式的な手紙を書くことができる。 *⑤ FAX、手紙、e-mail などにおいて、出来事に対する経験の重要性や意義、また感情の度合いが伝わるように書くことができる。 ⑥ 句読点や段落など、書き方のルールに従って書くことができる。

3. 指導にあたっての留意点

　習熟度別クラスや少人数指導を活用し、習熟度の低い生徒には基礎学力を保証し、習熟度の高い生徒には学力を一層伸ばす指導が大切である。また、自律した学習者を育てるために、習熟度に応じた学習方法の指導、英語学習に達成感を持たせるための工夫や、意欲を損なわない誤りの訂正方法などに

配慮する。以下、4技能の指導を中心に指導にあたっての留意点を示す。
① 「聞くこと」の指導では、さまざまな話者の話す多様な英語に触れる機会を与える。
② 「話すこと」の指導では、自分の意見や気持ちをまとめ、効果的に表現する能力を育成するために、コミュニケーション・自己表現活動の機会を頻繁に与える。また、社会言語学的側面に配慮して、言語の使用場面に適した話し方ができるよう指導する。
③ 「読むこと」の指導では、読んだ内容について要約したり、意見をまとめたりすることによって、話したり書いたりする活動につながる指導を行う。
④ 「書くこと」の指導では、自分の意見や気持ちをまとまりのある文章で効果的に書き表す自己表現能力の育成に重点を置く。その際、目的に応じて、形式や文章の構成を考えながら、適切に書けるよう指導する。
⑤ 地域に住む外国人や留学生と交流させたり、インターネットやTV電話を利用して外国の高校生と文化交流や意見の交換などを行う機会を積極的に設定する。

4. 評価にあたっての留意点

評価の観点や評価にあたっての留意点は基本的に中学校と同じである。指導と評価を一体化し、4技能の到達目標の達成度を下位技能に照らして直接評価するとともに、活動の過程や様子を重視する。また、自己評価、相互評価、ポートフォリオ等を活用する。ただし、高校では言語や文化の学習内容が大幅に増加する関係上、「言語」と「文化」に対する知識や理解をそれぞれ独立した観点として設定する。以下、中学校と異なる観点のみ、留意点を簡単に示す。

(1) 評価の観点
① 英語学習に対する関心、意欲、態度、② 言語に対する知識や理解、③ 文化に対する知識や理解、④ コミュニケーションに対する関心、意欲、態度、⑤ オーラル・コミュニケーション能力、⑥ 読む能力、⑦ 書く能力。

(2) 評価にあたっての留意点
① 語彙、熟語、文法を正しく理解し、機能や社会言語学的知識を活用した解釈を行っているか、また、話題、場面にふさわしい機能や社会言語学的知識を正しく適切に使用した表現ができているかを評価する。

② 自国と外国の文化を正しく理解しているか、価値観や考え方の違いを理解し、尊重しようとしているか、言語と文化や社会の結びつきを理解しているか、自分の意見や日本の文化を自信を持って世界に発信できているか、地球規模の諸問題を理解し、解決のために考えたり発表したりしているか、などを評価する。

7節　小・中・高における指導内容

　指導内容は、小・中・高各段階の指導目標および到達目標を適切に反映し、かつその達成を容易にするために、小・中・高を通して一貫性が必要である。本シラバス案の指導内容はこれらの点に留意し、1. 題材(話題・場面)、2. 機能と言語形式、3. 文法事項、4. 語彙の4項目について作成した。なお、本稿ではスペースの関係上、各項目作成の基本的な方針と概要のみを示す。

1. 題材(話題・場面)

　題材(話題・場面)は、学習者の発達段階や学習段階に十分配慮して選択することが重要である。

　小学校では、日常生活や学校生活、さらに地域の生活など、児童の生活や文化を反映した身近な話題・場面を中心に選択することが大切である。また、児童の知的好奇心を刺激するために、他教科の内容と関連した話題、児童の目を世界に広げさせるために、外国の小学生の生活や文化など国際理解を促す話題なども取り上げる。

　中学校では、小学校で扱った題材を中学生にふさわしい内容に高めるとともに、中学生の興味・関心の広がりや深まりに応じ、科学技術、平和、環境、人権、福祉など、より幅広い題材を取り上げる。なお、これらの題材を取り上げるにあたり、中学生に身近な事柄と絡め、これらの問題に対する自分自身の意見や気持ちを整理したり、発表したりすることを促すように配慮することが大切である。

　高校でも、中学校で扱った題材を高校生にふさわしい内容に高め、取り上げる。すなわち、高校生に身近な題材から比較的抽象度の高い話題、さらに時事的な題材などを取り上げる。その際、高校生の精神的、社会的発達段階を考慮し、臓器移植、クローンなど自分自身の確固とした考えが求められる医療や科学における倫理問題、資源、地球温暖化など、世界の一員としての

自覚が求められる環境問題などを取り上げる。またこれらの題材を取り上げるにあたり、自分自身の意見を整理し、意見を発表したり、交換し合うことを促すように配慮することが大切である。

2. 機能と言語形式

　コミュニケーション能力を育成するためには、語彙や文法を身につけさせるとともに、言葉の使用場面と働き(機能)を重視した指導が重要である。それゆえ、小・中・高の各段階にふさわしい話題・場面において展開される会話やストーリーに必要な機能を選択する必要がある。

　その際、小学校では、できるだけ簡単な言語形式を選択し、中学、高校と段階が進むにつれ、より豊かな言語活動を可能にするために、より幅広い機能、より複雑な言語形式を新たに加えるとともに、対人関係に配慮した言語形式を加えていく。言語学習においては当然のことではあるが、中学校では小学校で学習した機能・言語形式を、高校では小・中で学習した機能・言語形式に繰り返し触れさせながら、同じ機能でもより複雑な言語形式や、新たな機能・言語形式を身につけさせていくよう指導することが大切である。

　以上の点に留意し、Van Ek 他(1998)の機能分類を参考にして、表7に示すように、小・中・高を通し8つの基本機能、合計58の下位機能を設定した。また、表8に基本機能3の言語形式を示す。いずれも特定の段階で重点的に扱う機能に関しては、【高】のように印を付した。

〔表7〕　小・中・高で取り上げる言語機能

基本機能	下位機能
1. 社交儀礼的活動の表現	1.1　注意を引く表現【小/中/高】 1.2　挨拶【小/中】 　1.2.1　出会いの挨拶【小/中/高】 　1.2.2　別れの挨拶【小/中/高】 1.3　紹介【小/中/高】 　1.3.1　自己紹介【小/中/高】 　1.3.2　だれかを第三者に紹介する【小/中/高】 　1.3.3　紹介に応える【小/中/高】 1.4　謝意を述べたり、応えたりする【小/中/高】 1.5　謝罪を述べたり、受け入れたりする【小/中/高】 1.6　祝福の表現【小/中/高】 1.7　賞賛する【小/中/高】

	1.8 励ます【中/高】
2. 事実に関する情報を伝えたり、求めたりすること	2.1 事実に関する情報を述べる【小/中/高】 　2.1.1 確認・報告・描写【中/高】 　2.1.2 習慣の叙述【小/中】 　2.1.3 発表【中/高】 　2.1.4 修正【中/高】 2.2 事実に関する情報を尋ねたり答えたりする【小/中/高】 　2.2.1 一般疑問文とその応答【小/中】 　2.2.2 Wh-疑問文とその応答【小/中】 　2.2.3 付加疑問文とその応答【中/高】 2.3 頻度に関する疑問文とその応答【中/高】 2.4 程度に関する疑問文とその応答【高】 2.5 推量や見込みに関する疑問文とその応答【高】
3. 知的態度や能力を表現したり、求めたりすること	3.1 同意や反対・意見を述べたり求めたりする【小/中/高】 3.2 事実に関して知識のある・なしを述べたり、尋ね答えたりする【小/中/高】 3.3 何かをする能力がある・ないを述べたり、尋ねたり答えたりする【小/中/高】 3.4 確信・不確信を述べたり、尋ねたり答えたりする【小/中/高】 3.5 許可を求めたり、許可したり・しなかったりする【小/中/高】 3.6 義務について述べたり、尋ねたり答えたりすること【中/高】
4. 気持ちや態度・感情を表現したり、求めたりすること	4.1 欲求、願望を述べたり、尋ねたり答えたりする【小/中/高】 4.2 喜怒哀楽や驚きなどを述べたり、尋ねたり答えたりする【小/中/高】 4.3 好きまたは嫌いなもの・ことを述べたり、尋ねたり答えたりする【小/中/高】 4.4 苦情を述べたりする【中/高】 4.5 遺憾の気持ちを述べたりする【中/高】 4.6 満足する、失望する【中/高】 4.7 興味・関心、無関心を表す【中/高】 4.8. 同情する【中/高】 4.9 恐れを表す【中/高】
5. 勧誘・依頼・指示など相手の行為に影響を与えること	5.1 何かをしようと誘う・提案する、誘いや提案に同意する・断わる【小/中/高】 5.2 何かをするように依頼する、依頼を受け入れる・断わる【小/中/高】 5.3 何かをする、しないように指示・命令したりする【小/中/高】

	5.4	援助を申し出る、申し出を受け入れたり、断わったりする【小 / 中 / 高】
	5.5	忠告したり警告したりする【小 / 中 / 高】
	5.6	招待したり約束したりする、またそれを承諾したり断わったりする【中 / 高】
	5.7	禁止する【中 / 高】
6. 会話を円滑にする表現	6.1	意味、表現やスペルがわからないときの尋ね方【小 / 中】
	6.2	繰り返す、話す速度を落とす、大きな声で話すなどを求める表現【小 / 中 / 高】
	6.3	つなぎ言葉【小 / 中 / 高】
	6.4	確認したり、明確にしたりする表現【中 / 高】
	6.5	言い換えたりして理解を促す表現【中 / 高】
	6.6	あいづちの表現【中 / 高】
	6.7	理解できていないことを表明する【中 / 高】
	6.8	相手に配慮して発言する【中 / 高】
7. 談話を円滑にするための表現や語句	7.1	会話を始めたり終わらせたりする表現【中 / 高】
	7.2	例をあげたり、話題を転換したりする表現【中 / 高】
	7.3	順序立てて述べるときの表現【中 / 高】
	7.4	相手の意見を尋ねる表現【中 / 高】
	7.5	賛成する・同意する・反対する【高】
	7.6	修正する【高】
	7.7	中断する【高】
	7.8	推論・仮定する【高】
	7.9	説明する・理由を述べる【高】
	7.10	結論づける【高】
8. 小学校で扱う典型的な場面で使用する機能	8.1	道案内【小】
	8.2	買い物【小】
	8.3	レストラン・ファストフード店【小】
	8.4	電話【小】
	8.5	教室英語【小】

〔表8〕 基本機能3の言語形式：知的態度や能力を表現したり求めたりすること

3.1 同意や反対・意見を述べたり求めたりする
 （小） Me, too. That is right. That is a good idea.
 （中） I think/do not think so. I agree/do not agree with you. What do you think of . . . ? What is your opinion of . . . ? Do you think . . . ? — No, I

	do not think so.
（高）	She agreed to go.　We objected to the plan.　It is excellent, isn't it?　Exactly!
3.2　事実に関して知識のある・なしを述べたり、尋ねたり答えたりする	
（小）	I know . . . .　I do not know . . . .　Do you know . . . ? — Yes, I do. / No, I do not.
（中）	Do you remember . . . ? — Yes, I do. / No, I do not. / I have forgotten it.
（高）	Are you sure you know nothing about this?
3.3　何かをする能力がある・ないを述べたり、尋ねたり答えたりする	
（小）	I can swim.　I cannot swim fast.　Can you swim? — Yes, I can. / No, I can not.
（中）	Are you able to ride a horse? — Yes, of course. / No, I am not.
（高）	Tell me what you are capable of. — Well, I can handle a PC and speak French.
3.4　確信・不確信を述べたり、尋ねたり答えたりする	
（小）	Really? — Yes. / No.
（中）	I am sure that she will come.　I do not think she did such a thing.　Are you sure?
（高）	I wonder if she will.　Are you confident? — No doubt!
3.5　許可を求めたり、許可したり・しなかったりする	
（小）	May I use your pencil? — Yes. / Of course.
（中）	Can I have some more? — Sure!/No, you can not.
（高）	Could I use your computer? — Go ahead! / I am afraid not.　Would you mind my sitting here? — Sorry, but the seat is taken.　You are not allowed to keep pets here.
3.6　義務について述べたり、尋ねたり答えたりすること	
（中）	We must stay home tonight.　Does he have to go there? — No, he does not.
（高）	You are supposed to be there right now.

3.　文法事項

　現行の中学・高校の学習指導要領は、中・高を総合的に見ると、4技能の言語活動に必要な事項は網羅されていると考えられる。それゆえ、小学校でどのような文法事項をどの程度まで指導するか、中学校の言語活動を豊かなものにするためにどのような文法事項が必要かといった点に配慮し、現行学習

指導要領の文法事項を小・中・高に適切に配分することが重要である。その際、小・中・高各段階で扱う題材および機能との関連性を考慮しながら、段階的かつ発展的に導入するよう配慮する。以下、スペースの関係上、小・中・高別に、文法事項選択の視点を紹介する。

小学校では、コミュニケーション・自己表現活動に必要な文法事項のうち、より簡単でより汎用性の高いものを取り上げ、「聞く」「話す」といった音声中心の体験学習を通して十分慣れ親しませることを目指すが、指導したからといって、必ずしも定着を期待しなくてもよい。また、児童の表現意欲を満たすために、いくつかの規則・不規則動詞に限定して過去時制も扱う。

中学校では、小学校での学習事項を口頭活動を通して復習しながら、新しい文法事項を導入し、必要に応じて簡潔な文法解説を加え、「読む」「書く」活動も活用して定着を図る。また、従来高校段階で導入されてきた文法事項についても、コミュニケーション・自己表現活動を豊かにするという視点から付加疑問文、関係代名詞の what を扱うとともに、「聞く」「読む」活動で必要な関係副詞 where、when などを「理解事項」として扱う。

高校では、小・中学校からの段階性を念頭に置きながらも、より高度化した言語活動に対応できることを目的として、運用にまで高める事項と理解にとどめる事項を区別して文法事項を設定し、習熟を図る。

4. 語　彙

語彙は4技能のいずれの技能にも必要不可欠な知識であるが、学習目的や学習負担を考慮し、小・中・高各段階で扱う適切な語彙数を決定することが大切である。その際、過去の学習指導要領における語彙数および、コミュニケーション能力の育成を重視し、外国語学習環境が日本に近い近隣諸国の語彙数を参考にする。

また、本シラバスでは「運用語彙」および「理解語彙」という概念を取り入れる。「運用語彙」とは、「話す」「書く」活動において使用する語彙、「理解語彙」とは「聞く」「読む」活動において使用する語彙である。

小学校では、児童に身近な、視覚的に提示できる単語や、コミュニケーション・自己表現活動に必要な単語を優先して取り上げる。小学校で扱う総新出語彙数については、表9の資料ならびに国内の教科「英語科」の研究開発学校の資料などをもとに、授業で扱う語彙を 500 語前後に設定し、そのうち「聞く」「話す」活動で運用できる語彙数は 350～400 語程度、「読む」「書

〔表9〕 韓国、中国、台湾の小・中・高における語彙数

	小学校	中学校	高校
韓国	3〜6学年: 450語	800語	1700語[*]
中国	3〜6学年: 600〜700語	1500〜1600語	1500語
台湾	小学5年〜中学3年: 2000語		2800語

　* 韓国の高校2・3学年は選択科目で、複数のコースがある。ここでは「英語I」、「英語II」で新規導入される語彙数に1学年目導入の450語を加えたものを高校3年間の総語彙数とした。

〔表10〕 学習指導要領における中・高の語彙数の変遷

指導要領告示年度	中学校	高校
1969年(中)/1970年(高)	950〜1100語 （週3時間）	2400〜3600語 （週5時間）
1977年(中)/1978年(高)	950〜1050語 （週3時間）	1400〜1900語 （週3時間＋α）
1989年(中・高とも)	1000語程度 （週3時間＋α*）	1400語以上 （週3時間＋α）
1998年(中・高とも)	900語程度 （週3時間）	1300語程度 （週3時間＋α）

　* 学習指導要領において最低履修時間が示され、それ以上の履修が望ましいとされているものについては「α」で示してある。

く」活動では「聞く」「話す」活動で十分慣れ親しんだ語彙のうち50〜100語程度に慣れ親しむことを目標とする。

　中学校では、表9、10の資料を参考に、総新出語彙数は1000語程度とする。うち、運用語彙を800語、理解語彙を200語とし、理解語彙は高校で定着を図る。

　高等学校も、表9、10の資料を参考にし、総新出語彙数は1500語程度とし、運用語彙を1100語、理解語彙を400語とする。

　スペースの関係上、語彙リストを掲載できないので、以下に語彙選択の視点を2点示す。第一に、小・中では「話題と品詞」を中心に語彙を選択し、高校では言語活動の高度化・複雑化に対応させるために「話題と品詞」に加

え、「意味範疇と品詞」を中心に語彙を選択する。第二に、語彙の選定にあたり、母語話者の間で使用頻度の高い単語を選択するために、頻度を基準としたデータベースであるコーパスを活用する。

〔参考文献〕
（第1章に掲載した参考文献および以下のもの）

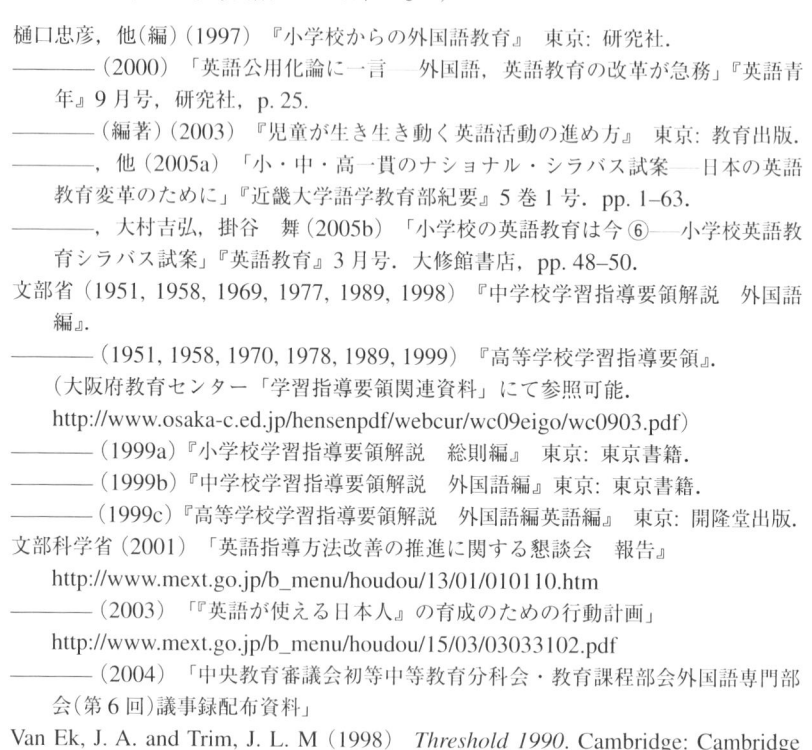

樋口忠彦，他（編）（1997）『小学校からの外国語教育』 東京: 研究社．
――――（2000）「英語公用論に一言――外国語，英語教育の改革が急務」『英語青年』9月号，研究社，p. 25．
――――（編著）（2003）『児童が生き生き動く英語活動の進め方』 東京: 教育出版．
――――，他（2005a）「小・中・高一貫のナショナル・シラバス試案――日本の英語教育変革のために」『近畿大学語学教育部紀要』5巻1号．pp. 1–63．
――――，大村吉弘，掛谷 舞（2005b）「小学校の英語教育は今⑥――小学校英語教育シラバス試案」『英語教育』3月号．大修館書店，pp. 48–50．
文部省（1951, 1958, 1969, 1977, 1989, 1998）『中学校学習指導要領解説 外国語編』．
――――（1951, 1958, 1970, 1978, 1989, 1999）『高等学校学習指導要領』．
（大阪府教育センター「学習指導要領関連資料」にて参照可能．
http://www.osaka-c.ed.jp/hensenpdf/webcur/wc09eigo/wc0903.pdf）
――――（1999a）『小学校学習指導要領解説 総則編』 東京: 東京書籍．
――――（1999b）『中学校学習指導要領解説 外国語編』東京: 東京書籍．
――――（1999c）『高等学校学習指導要領解説 外国語編英語編』 東京: 開隆堂出版．
文部科学省（2001）「英語指導方法改善の推進に関する懇談会 報告」
http://www.mext.go.jp/b_menu/houdou/13/01/010110.htm
――――（2003）「『英語が使える日本人』の育成のための行動計画」
http://www.mext.go.jp/b_menu/houdou/15/03/03033102.pdf
――――（2004）「中央教育審議会初等中等教育分科会・教育課程部会外国語専門部会（第6回）議事録配布資料」
Van Ek, J. A. and Trim, J. L. M（1998）*Threshold 1990*. Cambridge: Cambridge University Press.

資料: JASTEC 25年の歩みと今後の課題

25周年を迎えたJASTEC

　日本児童英語教育学会（JASTEC）が設立されたのは、1980年11月16日のことであった。したがって、2005年秋に25回目の誕生日を迎えることになる。ようやく「社会人」として一人前になったことを祝いたい。

　学会自らが存在意義を積極的にアピールすることももちろん必要であるが、ことさらパフォーマンスを印象づけようとしなくても、世間が見るところそこに真実が存在し、問題解決への道筋が示されている、という状況が、この四半世紀のうちに着実に形成されてきたと認められる。このような現実が、「わざとらしさ」を感じさせない学会としての活動実績を如実に物語っている。

　JASTECの、地味ではあるが誠実なイメージは、いくつかの要素によって説明できる。

　第一に、商売と無縁であることを挙げたい。設立当初から親身になって応援してくださる複数の賛助会員が存在したことは事実であるが、特定企業の利益に結びつくような活動には取り組まず、公正・中立な立場を貫いてきた。

　第二は、前項とも関連するが、特定の教材や指導法を普及することを主たる目的とせず、外国語（英語）教育に関するさまざまな主張や検証、提案を発表する「場」を提供することを一貫して最も重視してきたことである。

　第三に指摘しておきたいのは、日本の外国語教育政策に関する提言を繰り返してきたことである。1980年代から90年代にかけて、学会の事業の一環として、関西支部プロジェクトチームが早期英語学習経験者の追跡調査に継続的に取り組み、その研究成果を踏まえて日本英語教育改善懇談会（現在の日本外国語教育改善協議会）において提言を行ったほか、1995年夏の第16回全国大会では「JASTECアピール——小学校から外国語教育を！」を、また2004年秋の第24回秋季研究大会においては、「JASTECアピール——小学校で望ましい外国語教育を実現するために」をそれぞれ採択し発表した。スペースの関係上、上記2つの「アピール」のうち後者を、本稿の末尾に掲げる。

初代会長のお人柄

　上記の日本児童英語教育学会（JASTEC）の特徴として挙げた要素の由来するところをさかのぼろうとすると、いずれも初代会長の五島忠久先生のお人柄に帰着する。五島先生の学問に対する真摯な態度、各研究会への積極的な参加、わけても各研究大会におけるご挨拶・ご講演を通じての積極的な情報の発信を中心とした活動ぶりは、今日まで JASTEC の活動を導く「良き手本」となっているのである。

さらなる活性化を推進

　さて、順調に発展してきた学会は、設立 10 年を一つの節目として、人心の一新を図ることになった。さしもの五島先生も傘寿を迎えられ、陣頭指揮は難しいと思われたのかもしれない。会長辞任の意思を表明され、1990 年 7 月に神戸商科大学において開催された第 11 回全国大会に伴う役員総会において役員改選が行われた。

　出席役員全員の投票により、理事のなかから伊藤克敏氏が第 2 代会長に選ばれ、補佐役の副会長には、野上三枝子氏と樋口忠彦氏が選任された。筆者も新たに理事に選ばれ、事務局長として学会の運営に携わることになった。

　思えばこの時の初代会長のご英断が、学会役員の世代交代を促進すると共に、組織の一層の活性化に決定的な影響をもたらしたのである。

　ここで忘れてはならないのが、現会長の樋口忠彦氏および現副会長の金森強氏を中心とする活性化推進委員会の活動である。上記の組織改革は比較的若い役員たちの改革への意欲と周到な準備なくしては、実現し得なかったに相違ない。

出版に関する事業

　1987 年秋には、「五島忠久先生の喜寿をお祝いして」日本児童英語教育学会（JASTEC）編『児童英語教育の常識——子どもに英語を教えるために』を（株）杏文堂（現、（株）アプリコット）を版元として刊行した。「第 1 部　児童英語教育の意義」「第 2 部　児童英語教育の実践」「第 3 部　児童英語教育者の養成」の 3 部から成る。

　また、1990 年秋には、10 周年記念事業の一つとして、五島忠久監修『Q & A 形式による　児童英語指導法ハンドブック』を同じく（株）杏文堂から刊行した。「第 1 部　なぜ子どもに英語を教えるか」「第 2 部　いかにして子どもに英語を教えるか」では合計 47 の「質問」に実践に通じた執筆陣が具体例を挙げて回答。「第 3 部　児童英語指導法ア・ラ・カルト」では Oral

Method をはじめとする 8 つの指導法の根幹をそれぞれの専門家が要領よく解説している。

　1995 年頃からは 15 周年記念事業の一つとしての出版企画が動き出し、97 年 2 月に樋口忠彦ほか編『小学校からの外国語教育』(研究社出版　現、研究社)として結実した。本書の兄貴分ともいうべき力作であり、教育政策における課題として登場して以来の議論の経緯を踏まえて、理論と実践の両面から余すところなく論じたロングセラーとなっている。

　また 2001 年 4 月には 20 周年記念事業の一つとして樋口忠彦・行廣泰三編著『小学校の英語教育』が、KTC 中央出版から上梓された。

　いずれの著作も、JASTEC の会員・役員をはじめとする研究者・実践者による最新の専門的知見が盛り込まれ、幼児・児童を対象とする外国語教育の学徒や実践者にとって必読の基本図書として各方面から高い評価を得ている。これらの著作と同様に重要なのは、毎年度発行を重ねて第 24 号まで刊行を終えた『日本児童英語教育学会（JASTEC）研究紀要』(英語名: *JASTEC JOURNAL*, ISSN: 1343–716X) であり、これらの出版物はすべて、JASTEC の活動の成果であり、活動の歴史そのものでもある。

JASTEC の課題

　分業のシステムが発達した現代社会において、学問の領域も細分化が進んでいるが、JASTEC がさらに発展し、社会的影響力を増していくためには、関連する学問諸領域の研究者との共同研究が行えるような環境を整える努力をしなければなるまい。例えば言語習得(特に第二言語習得)、社会言語学、言語教育政策、児童心理学などを専攻する研究者たちとの意見交換、共同研究などの交流活動に積極的に取り組む必要があると思われる。

[付属資料]

文部科学大臣　中山　成彬　殿

　　JASTEC アピール――小学校で望ましい外国語教育を実現するために

　　日本児童英語教育学会（JASTEC）第 24 回秋季研究大会(2004 年 10 月 17 日)

　21 世紀に入り国際化、情報化が一段と進展し、地球的な規模で相互依存関係が加速している。今や、人種、民族、宗教、文化、言語の壁を越えて、世

界中の人々が理解し合い、協力し合い、共生していくことが不可欠な時代である。

このような時代の要請に応えるために、国際理解教育、外国語教育は極めて重要であり、諸外国では改革、改善が推進されている。例えば、EU では加盟 25 カ国間の相互理解を高めるために多文化理解教育と母語以外に二言語習得を目標とする外国語教育を奨励している。その結果、アイルランドを除く EU 加盟国及び加盟候補国では小学校での外国語は必修科目である。韓国、台湾、中国といった日本の近隣諸国も同様である。韓国では小学校 3 年生から、台湾では小学校 5 年生から（2005 年からは小学校 3 年生から）教科として実施されている。中国でも 2001 年度から小学校 3 年生より教科として試行的に実施されている。またこれらの国々では、小・中あるいは小・中・高に一貫する指導/到達目標、指導内容等が設定されており、小学校で英語を指導する教員の研修、養成も計画的かつ本格的になされている。

これらの諸国と比べて、日本の小学校英語教育は非常に遅れている。2002 年度から開始された「総合的な学習の時間」で国際理解の一環として「英語活動」を実施する小学校は年々増加し、2003 年度には 88.3% に達したと報告されているものの、開始学年、実施時間数、指導内容等がさまざまであり、地域や学校間の格差が大きい。

それにもかかわらず、JASTEC プロジェクトチーム等の調査によれば、学習時間にもよるが小学校英語活動経験者に、以下の成果が見られる。

- 英語活動に対する興味・関心が高い。
- 外国の生活や文化に対する興味・関心が高い。
- 英語でコミュニケーションを積極的に図る態度が形成されている。
- 英語によるコミュニケーションの初歩的な能力が育成されている。

他方、小学校英語活動の問題点として以下の点があげられる。

- 英語や国際理解に対して自信のない担任の先生が多い。
- 英語活動の指導法に対して不安感を持つ担任の先生が多い。
- 教材研究を始め授業の準備、指導法改善のための研修時間の確保が困難である。
- 小学校の英語活動経験が多様であり、中学校において小学校で身につけた技能や態度を伸ばすことが困難である。

日本の子どもたちを 21 世紀に逞しく生きる地球市民に育てるためには、上記の問題点を克服し、小学校英語教育の成果を一段と確実なものにすること

である。小学校英語教育の充実を図るために、文部科学省、関係諸機関、各種審議会等において、以下の諸課題について、広く英知を結集し、慎重に審議し、解決を図ることが肝要である。また施策にあたり、十分な予算措置も不可欠である。

1. 小・中・高における外国語教育の位置づけを明確にするとともに、小・中・高に一貫する英語教育のシラバス（指導 / 到達目標、指導内容、評価基準等）を設定し、小学校英語教育の役割を明確にすることによって、小・中の連携を促し、国際理解教育、英語教育の成果を高める。

その充実を図るために、小学校では開始学年、時間数、指導目標、指導内容等について、最低限のガイドラインを設定する。またできるだけ早い時期に教科に移行する。

2. 英語授業に対する興味・関心を高める、コミュニケーションの初歩的な能力を育成する、コミュニケーションを図る積極的な態度を育成するために、音声中心の体験的な学習を中心にする。併せて外国の生活や文化を積極的に取り上げたり、ALTや地域の外国人との交流会や外国の小学校との交流活動を通して、外国の生活や文化に興味・関心を高めるとともに、外国の人々と違和感なく接する態度を育成する。「読むこと」「書くこと」については音声による活動を十分に行ったのちに扱うものとする。

3. 多忙な小学校教員の負担を軽減し、全国で一定のレベルの英語教育を保障するために、研究者、実践者が協力し、小学校英語教育の指導 / 到達目標に基づく、指導者の創意工夫が可能な、柔軟な教材・テキストの開発に留意する。また担任が単独で授業を行うことを可能にするために、ビデオ、CD-ROM、CD、絵カードを始めとする教材、指導書を備えた総合教材の刊行が望まれる。

4. 英語活動の性質上、英語専科教員が必要である。また小学校教育の性質上担任の役割も大きい。それゆえ、各小学校に一人ずつ英語専科教員を配置し、英語学習の全体的な計画の調整、担任に対する支援、担任等とのティームティーチングにあたらせる。指導形態は、専科教員と担任のティームティーチングに加え、ALTを始めとする外国人講師、特別非常勤講師、中学校英語科教員と担任のティームティーチング、及び英語専科教員、担任の単独授業とする。

英語専科教員については、小学校教員、中学校英語科教員、及び民間の英語教室等で小学生に指導した経験を有する人材から、小学校で英語を指導す

る適性と資質を備えた希望者に対して十分な研修を実施して育成することができるよう教員免許法改正を含む制度改革を進める。同時に、教員養成大学で教員養成を早急かつ本格的に実施する。

　また ALT や担任についてもそれぞれに必要な研修を実施する。

以上

付記: 本アピールは 2004 年 10 月 16 日、JASTEC 臨時役員総会において審議され、出席者全員の賛同を得て採択した。翌 17 日の第 24 回秋季研究大会・総会において、出席会員のほぼ全員の賛同を得ました。なお、臨時役員総会の出席者は以下の通りである。
会長: 樋口忠彦、副会長: 矢次和代、金森　強、事務局長: 國方太司、理事: 金山　敬、國本和恵、後藤典彦、駒澤利継、築道和明、行廣泰三、渡辺一保、横山　東、会計監査: 福智佳代子、運営委員: 石井裕里、大城　賢、衣笠知子、高田悦子

〔参 考 文 献〕
後藤典彦（1987）「日本児童英語教育学会の 7 年」JASTEC 編『児童英語教育の常識』　東京: アプリコット．pp. 221–230.
行廣泰三，後藤典彦（1997）「日本児童英語教育学会（JASTEC）の沿革」樋口忠彦ほか編『小学校からの外国語教育』東京: 研究社出版．pp. 247–251.

これからの小学校英語教育
─理論と実践─

編者 樋口 忠彦（ひぐち ただひこ）近畿大学教授
日本児童英語教育学会（JASTEC）前会長、英語授業研究学会前会長。『小学校からの外国語教育』（共編著）、『個性・創造性を引き出す英語授業』（編著）いずれも研究社。『児童が生き生き動く英語活動の進め方』（編著）（教育出版）など著書多数。文部科学省 検定済中学校教科書 "One World English Course"（平成18年版、監修）（教育出版）

編者 金森 強（かなもり つよし）松山大学教授
日本児童英語教育学会（JASTEC）理事、中央教育審議会教育課程部会外国語専門部会委員

編者 國方 太司（くにかた たかし）大阪成蹊大学教授
日本児童英語教育学会（JASTEC）副会長、英語授業研究学会理事

2005年11月10日　初版発行　　2008年10月27日　2刷発行

編　者	樋口忠彦・金森　強・國方太司
発行者	関戸雅男
発行所	株式会社　研究社
	〒102-8152 東京都千代田区富士見2-11-3
	電話　編集 03(3288)7711(代表)
	営業 03(3288)7777(代表)
振　替	00150-9-26710
ホームページ	http://www.kenkyusha.co.jp
印刷所	研究社印刷株式会社
装　丁	(有)ラフト

ISBN 978-4-327-41065-0　C3082　　　PRINTED IN JAPAN